法 律 教 程

石华琴 主编

ZHEJIANG UNIVERSITY PRESS
浙江大学出版社

图书在版编目（CIP）数据

法律教程／石华琴主编. —杭州：浙江大学出版社，2011.12（2012.1 重印）
ISBN 978-7-308-09276-0

Ⅰ.①法… Ⅱ.①石… Ⅲ.法律－中国－教材
Ⅳ.①D92

中国版本图书馆 CIP 数据核字（2011）第 223141 号

法律教程

石华琴　主编

责任编辑	邹小宁
封面设计	续设计
出版发行	浙江大学出版社
	（杭州市天目山路 148 号　邮政编码 310007）
	（网址：http://www.zjupress.com）
排　　版	杭州中大图文设计有限公司
印　　刷	杭州日报报业集团盛元印务有限公司
开　　本	710mm×1000mm　1/16
印　　张	19.25
字　　数	334 千
版 印 次	2011 年 12 月第 1 版　2012 年 1 月第 2 次印刷
书　　号	ISBN 978-7-308-09276-0
定　　价	38.00 元

前　言

　　"依法治国是党领导人民治理国家的基本方略"，依法治国是"发展市场经济的客观需要"、"社会文明进步的重要标志"以及"国家长治久安的重要保障"。不管我们愿意不愿意，法律已经走进我们真实的生活。每一个公民都可以也应该能真切地感受到法律的需要、法律的威力以及法律给我们生活带来的影响，自己的一言一行都必须受到法律的约束。

　　社会主义市场经济已经建立并正在快速发展，市场经济的实质是法治经济，在加强社会主义民主法制建设的今天，大学生面对纷繁复杂的社会，学习法律，有助于增强民主法制观念；懂得用法律规范自己的行为；懂得合理合法地处理生活中遇到的法律问题；知道用什么方式、通过什么途径维护自身的合法权益，都具有重要意义。

　　法律是文明进步的标志，法律素养是现代法治社会公民整体素质的一个重要组成部分。如果欠缺了法律方面的素养，就不是一个完整的人，就有可能会吃亏碰壁，甚至一失足而成千古恨。法律是至高无上的，是不能侵犯的。任何人触犯了法律，必定受到法律的惩罚。

　　法律课程具有较强的综合性，内容丰富，涉及面广。法律与生活关系密切，具有较强的实践性。学好这门课程，重在平时积累，乐于亲身体验，开动脑筋多多思考，把所学的法律知识才能逐渐内化为个人稳固的法律意识和良好的法律素养，也才能使个人更好地适应和融入越走越近的法治社会。

目　录

第一章

法的基本理论

【本章导读】

本章简明讲述了法理学的基本知识:什么是法,法的本质和特征;法律关系及其构成要素;法与其他社会现象的关系;法的制定、实施及效力等。

【本章重点】

法的概念与本质。

法的特征。

法的制定与分类。

【本章难点】

法的渊源与效力。

第一节　法的本质和特征

法是什么? 千百年来,中外学者在这个问题上,展开了广泛的思考和研究,但从未形成一致的观点。这使得"法"这种社会现象,在人们的头脑中,显得更加扑朔迷离,错综复杂。

大多数西方学者认为,"法"有"自然法"和"实在法"(又称"人为法"、"制定法"、"人定法"、"人类法")之别;一些学者还认为,"神法"也是"法"的一种。因此,要解释"法"的概念,就要看人们是在什么语境中使用"法"这个字。在中国常以私了方式来解决法律问题,尤其是在民事侵权案件中。透过这种现象,我们又看到一种实然的"民间法"在调整着法律关系,应然的国家法律在此时往往失去其调节作用。这不得不引起我们的深思:法到底是什么? 应然的法与实然的法是什么关系? 法的本质和功能又是什么? 法与社会生活到底是什么关系呢?

一、法的概念

(一)法的定义

首先从词源上看,英文的 law 有规律、权利、正义的意思。汉字"法"的古体是"灋",这个字由三部分构成:氵,廌(音 zhì),去。《说文解字》廌部曰:"灋,刑也。平之如水,从水;廌所以触不直者去之,从廌、去。"这个"廌"是什么意思?《论衡·是应》曰:"獬豸者,一角之羊也,性知有罪。皋陶治狱,其罪疑者令羊触之,有罪则触,无罪则不触。"这里的"獬豸(音 xiè zhì)"又叫"獬斛(音 xiè hú)",与"廌"同义,都是指一种独角神兽,有说像羊,有说像鹿,相传中国最早的法官皋陶在裁断案件时曾借其神力识别罪与非罪。有罪则触之而去,是为祛除不法行为之意;无罪则不触。自汉以后,历代法官的冠服上都可见到獬斛的图案。因此说,汉字"法"有"平"、"正"、"直"和"公正裁判"的含义;汉字"律"有"均布"即"人人必须遵守"的含义。法定义为一种规范,由国家权力机关规定、认可和颁布的,规定人们权利和义务,并由国家强制力保障实施的行为规范的总和。

法是一个关乎人类社会生活大局的极为重要的现象,也是一个调整范围非常广阔、涉及问题甚为复杂的事物。人类自进入文明时代以来,就和法结下了不解之缘。在法治社会中,人们从生到死,一般都是在法和人的双重管辖之下生活的。对于这样一个极为重要的现象和甚为复杂的事物,人们需要有正确的认识和较为清晰的理解。

(二)具体的法与一般的法

法首先是具体的。对不同的人来说,法是不同的事物或现象。在有的人眼里,法就是身着制服的户籍民警、交通警察、派出所所长,公安局和法院的大门,拆迁房屋的通知,结婚证书;在有的人看来,法就是合同、董事会章程、毕业证书等。这些事物或现象,在一定程度上都体现着法,即具体的法。理解法的概念,需要深入研究这些具体意义上的法,认清它们所包含的种种成分。

但是,法不仅是具体的,还是抽象的,即一般的法。法的概念是由具体的法出发而提炼升华为一般的法的概念。理解法的概念,更需要研究一般的法,需要跳出具体的法的圈子而抓住它们所折射出来的带有普遍意义的东西,即一般的法据以构成的要素。

(三)真实的法与理想的法

法的概念问题,实际上包含两个方面:其一,法是什么?其二,法应该是什么?这两个方面的问题,就是真实的法与理想的法的问题,就是实然的法与应然的法的问题。

法是什么的问题，就是认识和解说实际生活中真实的法究竟是什么样的问题。法是真实的，可以看得见的，是同每个人的生活都有直接关联的，无论是在法治国家还是人治国家，法都存在并发挥着作用。正是通过法的作用，人们的社会行为才得以遵循其所处的社会、国家所选择的社会秩序。

什么是法的问题，就是探索和描绘在人类社会生活中发生重要作用的法应是什么模样的问题。由于这种法虽然源于实际生活但却高于实际生活，甚至与实际生活所能接受的状况差之甚远，因而人们难以对这种法给出一个大家都能认同的定义。应然的法，在不同时空条件下，在具有不同价值观、对法寄予不同希望的人们那里，难有一个共通的定义。

要全面认知和把握法的概念，需要明辨这两方面的问题，从观察实际生活中真实的法出发，结合对法的价值、法的理想等的探索，完整地揭示和把握科学的法的概念。要在坚持真实与理想相统一而以真实为主导、应然与实然相统一而以实然为主导的原则基础上揭示法的概念。如果只注意其一，不注意其二，便不能对法的概念作出完整的概括和理解。

（四）本质的法与形式的法

要达到对于法的概念的科学而完整的认识，还要全面把握法的本质和形式，在坚持法的本质和形式相结合的基础上揭示法的概念。不能只注意本质、以本质代替形式，或者相反。前述以应然法代替实然法的界说，往往也是以本质说代替形式说的观点。马克思主义经典作家关于法是统治阶级意志的体现、归根结底由统治阶级的物质生活条件所决定的观点，可以帮助人们在如何认识法的本质或根本属性问题上透过迷雾而达到真理性的境界。然而，认清法的本质或根本属性与圆满地解答法是什么和什么是法并不能画等号。认清法的本质或根本属性是正确解答这一问题的必要条件，但前者毕竟不能代替后者。

二、法的特征

1. 法是调整行为关系的社会规范

人们在社会生活的各方面和各种社会关系中都有许多规范需要遵循。这些规范都是为人们的行为提供标准和指明方向的，都在一定的范围发生效力。作为社会成员，需要遵从社会公德或道德；作为公民，需要遵守宪法、法律、法规和规章；作为国家工作人员，除了需要遵从社会公德和遵守宪法、法律、法规和规章之外，还需要遵守国家机关内部的种种制度；作为企事业单位的职工和负责人，还需要遵守企事业单位内部的规章制度；作为一名运动员,就要遵守运动员规范。生活中充满了各种规范。正由于这些规范的产生、存在和得以遵守,人们才能处于有秩序的状态之中。而法,正是这些社会规范的一种。它与其他社会规范相区别之处表现在它约束且只约束人的行为,至于人们是否心灵美好、道德高尚则在所不问,不在它的价值判断体系内。

2.法是国家制定或认可的行为规范

这里的"制定",是指国家通过组织专门的机构,按照严格的程序,创制法的活动;这里的"认可",是指主权者把在民众中久已形成的风俗、习惯(公序、良俗),通过一定的形式,改造成"制定法"的一种活动。说得形象一点,"制定"是"新瓶装新酒"的立法活动,"认可"是"新瓶装旧酒"的立法活动。

不管是哪一种立法活动,都是积极的、主动的,它把公众的意志或者个人的意志通过立法活动确定下来,以"制定法"的形式加以贯彻实施。在这一点上,"制定法"不同于同样作为行为规范的"道德规范"。

"道德规范"是公众在共同生活中,通过内心体验、修身养性,自觉形成的一种"善"的标准。公众既是它的创造者(这种创造是一种内部行为),又是它的受众(规范的对象),任何人不能超越于"道德规范"之外;而"制定法"的创造是一种外部行为,公众只能是它的受众,即它的规范对象,"制定法"的创制主体国家,一般超越于"制定法"的规范之外,不受其约束(但国际法除外)。

3.法具有普遍性、明确性和肯定性的特征

法与其他所有社会规范一样,是为人们的行为提供标准的。但法所提供的不是普通的行为标准,而是具有普遍性、明确性和肯定性的行为标准。这是法区别于其他社会规范的又一重要特征。①法通常是为一般的人、抽象的人而不是为具体的人、特定的群体提供行为标准的,它的适用对象是普遍的。其他社会规范则大多是为具体的人、特定的群体提供行为标准。例如,党、团、工会、学术委员会的章程、纪律都是社会规范,是为具体的人、特定的群体,即党员、团员、职工、学术委员提供行为标准。法的适用范围在时间上和空间上都具有普遍性。法在政权管辖范围内具有约束力,令行禁止,具有统一性。同时,法只要尚未失效,就能反复适用,而不是只适用一次或若干次。②法的形式和分类具有明确性、肯定性。法一般都以具体的形式,明确地、肯定地为人们的行为提供标准,而不是模糊的、伸缩性很大的社会规范。例如,法以具体条文的形式规定公民达到多大年龄可享有选举权、多大年龄才能结婚等。而其他社会规范则有许多是没有具体的表现形式因而不明确、不肯定的。比如,道德要求我们"尊老爱幼",究竟什么是"尊老爱幼"、做到怎样才算是尊老爱幼,可能一人一义,十人十义。

4.法以权利和义务为主要内容

法律规范从内容上看,以权利和义务为主要内容。这是法区别于其他社会规范的又一重要特征。

首先,法的规则由行为模式和法律后果构成。行为模式分为可以怎样行为、应当怎样行为和不能怎样行为三种,分别由授权性规范、命令性规范和禁止性规范来体现。授权性规范以规定主体的权利为内容。例如,《继承法》规定公民有财产继承权。这一规定对符合条件的公民来说,既意味着他们有权继承财产,也意味着他们有权要求他人不妨碍他们继承财产,当有人妨碍时,他们有权要求有关机关保护他们的财产继承权。命令性规范和禁止性规范以规定主体的义务为内容,通常亦被合称为义务性规范。例如,《婚姻法》关于夫妻有互相扶养的义务、父母对子女有抚养教育的义务、子女对父母有赡养扶助的义务等这类规定,就设定了人们应进行某种行为的义务。禁止性规范要求人们不能怎样行为,它规定人们应承担不能怎样行为的义务。例如,所有的违法犯罪行为对人们都体现为一种禁止性的义务要求。需要注意的是,禁止性规范常以底线规范的形式出现,此时法律所禁止的就不单是明文列举的事项。如公园管理条例通常禁止攀折花木,但其用意显然包含禁止其他更为严重的损害花木行为。

其次,无论是"授权性规范"、"禁止性规范"还是"义务性规范",都不是绝对地只规定"权利"或者"义务"。"权利"和"义务"是相对应的一对概念。没有"权利",就无所谓"义务";没有"义务","权利"便无从谈起。在大多数情形下,"权利"和"义务"会在一个人身上同时存在。"制定法"通过确定人的"权利"和"义务",使人们知道应该做什么、不应该做什么、可以做什么,使人们在实施具体的行为时,为了本人和他人利益的考虑,会适当作出选择。因此,从这个角度讲,"制定法"对人的行为起到了明确的指引作用。通过了解"权利"和"义务"的内容,人们也易于预见自己行为的法律后果。从这个角度讲,"制定法"对人的行为又起到了预测作用。法的规范中的几种行为模式都包含着权利和义务两方面的内容,实际上都是权利规则和义务规则的统一体。

再次,法的规则中的后果模式也以权利和义务为内容。后果模式分为肯定性的和否定性的两种。肯定性的后果模式是指国家依法对人们行为的有效性加以肯定,否定性的后果模式是指国家依法对人们行为的有效性加以否定。根据这两种后果模式,合法行为和法定权利受法的保障。例如,《宪法》规定国家保护公民的合法财产,违法行为和不履行法定义务受法的制裁或约束;又如,《合同法》规定欺诈合同无效。

而其他社会规范,有的不是规定权利和义务两方面内容的,如道德规范和宗教戒律,一般仅要求尽义务,不包含权利内容;有的虽然也有权利和义务的内容,如党、团组织的章程,但这些内容并不是此类规范的主要内容。

5.法是由国家强制力保证其实施的社会规范,具有特殊的强制性

任何社会规范都要以一定的强制力保证其实施。道德习俗依靠社会舆论监督和传统观念;宗教信条依靠教会约束和精神信仰;社团章程依靠组织力量和严明纪律。这些规范的实现也都需要一定的强制力量,但都表现为一般强制。而法律的实施虽然一般也靠自觉遵守,但由国家强制力铺设了最后的防线,并由国家暴力机器保障全体社会成员、社会组织遵守法律。

三、法的本质

1.法的阶级性和共同性

法律是阶级统治和社会管理的手段。法是以国家政权意志形式出现的,而国家政权由执政阶级掌握,因此法首先和主要体现执政阶级意志。执政阶级从来都注意使本阶级的某些意志通过国家政权上升为法,用以建立、维护和发展有利于自己的社会关系和社会秩序,维护对自己有利的经济、政治和其他各项制度。

法体现执政阶级意志,具有阶级性,并非意味着法不具有共同性,法是阶级性和共同性的统一。共同性表现为法律内容、形式、价值标准、终极追求等并不以阶级为界限,而是带有相同或相似性。比如:不同性质的国家其统治阶级制定的法在内容上有某些相同或者相似性;同一国家历史上不同阶级的法律存在相同或相似性。这是因为:第一,法律的规律性影响法律的共同性;既然法律是对客观规律的反映,而客观规律是不以人的意志为转移的客观存在,与人类共同存在的,所以法反映规律也就决定了不同法的某些共同性。第二,法律是社会公共管理的手段,法律中有某些执行社会公共事务的规定,比如环境保护、交通安全、医疗健康、资源利用等技术性和公共性的规定,而且这类规定在近现代法律中日益增多,各国法律在此问题上可以互相借鉴。第三,法具有某些特殊的形式,比如法律程序、成文表达、专门执行等,所以就有了诸如程序法规、法律语言、适用技术等方面的共同性。第四,人类交往增多也是法律共同性的一个重要影响因

素。法在现代社会不仅是调整国内关系的工具,也已成为国际交往的桥梁和纽带,也是一种国际对话的渠道。不同国家、不同民族之间的交往越多,法律交往也就越多,因而寻求法律共同性的愿望也日益强烈。

2.法最终取决于社会物质生活条件

法体现执政阶级意志,但执政阶级意志并非凭空产生,而是由执政阶级生活在其中的社会物质生活条件所决定。意志作为一种有目的的意识,属于社会上层建筑的范畴,是物质关系的反映,而一定社会的物质关系则是由一定社会的物质生活条件构成的。因此,法便最终决定于社会物质生活条件。这就是说,立法者并不能随心所欲地立法,法应当是对现存社会物质生活条件的记载、认可、规范和反映。法当然也要对社会物质生活条件产生反作用,而不是消极地反映社会物质生活条件。但不论产生怎样的反作用,它终究是围绕着社会物质生活条件发生作用。

此外,法还在相当大的程度上受制于其他一些因素,像地理因素、历史传统、国家形式、文化观念、宗教习俗乃至国际环境等,都能对法产生重大影响。

四、法的分类与法律规范的分类

(一)以外部特征为标准对法进行分类

1.国内法和国际法

根据法律创制的主体和适用范围不同,可以将法律分为国内法和国际法。国内法是指由本国制定或认可的适用于本国主权所及范围内的法律。国际法是指由不同国家在协议或公认的基础上产生的调整国家之间双边或多边关系的法律。

2.根本法和普通法

根据法律的内容、制定程序和效力不同,可以将法律分成根本法和普通法。宪法即为根本法,宪法以外的法律即为普通法。

3.实体法和程序法

根据法律规定的内容和作用不同,可以将法律分为实体法和程序法两类。实体法是规定实体方面的权利义务的法律;程序法是为保障实体法的实施而制定的有关程序方面的规范。有些法律则既具有实体内容又具有程序内容,两者特征兼而有之。比如《商标法》。

4.一般法和特别法

根据法律的适用效力不同,可以将法分为一般法和特别法。凡法的实施没有特别的地域时间对象要求的即为一般法;反之,则为特别法。如《未成年人保护法》《香港特别行政区基本法》即为特别法。

5.成文法和不成文法

根据法律的创制方式和表现形式不同,可以将法律分为成文法和不成文法。成文法是指国家机关制定的具有条文形式的法律,又称制定法。不成文法是指国家机关认可的不具条文形式的法律,又称习惯法。

(二)法律规范的种类

法律规范按不同标准可以区分为不同的类型。

1.权利性规范、义务性规范和复合性规范

按照法律规范是授予权利还是设定义务,可以把法律规范分成以下三种类型,这也是最重要、最常用的分类。

(1)权利性规范。它又称授权性规范,是规定人们可以为一定行为或不为一定行为以及可以要求他人为一定行为或不为一定行为的法律规范。权利规范通常采用"可以"、"得为"、"有……自由"这类句式表述。

(2)义务性规范。它是规定人们必须为一定行为或不为一定行为的法律规范。义务规范又分为命令性规范和禁止性规范两种形式。命令性规范是要求积极行为,通常以"应当"、"必须"等句式表述,设定作为义务的规则;禁止性规范则是要求消极行为,通常以"不得"、"禁止"等句式表述,也就是设定不作为义务的规则。

(3)复合性规范。它又称权利义务复合规则,是兼具授予权利和设定义务的双重属性的法律规则。例如,《宪法》规定公民有受教育的权利,同时它也表现为公民必须接受教育的义务。其他如国家机关享有的职权、监护人行使的监护权等,都属于复合规范。

2.强行性规范和任意性规范

强行性规范又叫强制性规范,指所规定的权利、义务具有绝对肯定形式,不允许当事人之间相互协议或任何一方任意变更的法律规范。任意性规范是指所规定的权利、义务具有相对肯定形式,允许当事人之间相互协议或单方面予以变更的法律规范。

需要注意的一个问题是,不能把义务规范和强行性规范、权利性规范和任意性规范简单地等同起来。某些义务性规范在一定场合并不具有强行性规范的属性。例如,"缔约人有履行合同之义务"的规定,虽为一义务性规范,但是在一定的条件下,法律允许当事人以协议方式予以变更。同样,某些权利性规范在一定场合也可能并不具有任意性规范的属性,例如,现代法制均规定公民享有人身自由权,但是,若某人与他人自愿协议出卖自己为奴,则该协议并不能取得法律上的效力。

五、法的作用

作为一般意义上的法,在国家生活的政治经济文化等领域都发挥着自己的作用。作为具体规范的法,基于前述特征,首先,法的确定性使之可以发挥指引和预测的功能。法律规范的行为模式即代表法律对人们的要求与指引,而其法律后果的明确性则可以使人预测其行为的法律效果;其次,法又因其以国家强制力为实施后盾而具有强制功能,任何人违反法律,都要受到法律的制裁;最后,对一般人而言,法律规范的适用又可以发挥教育功能。

第二节　法与其他社会现象

一、法与经济

(一)法与经济的关系

法是一种社会现象,与其他社会现象有程度不同的联系,其中与经济的联系是最根本的联系。在法与经济的一般关系中,法与经济基础和生产力的关系尤为密切和重要。

1.法与经济基础

(1)经济基础决定法。例如,在原始公有制社会,不存在阶级划分,因而也不存在作为阶级意志的法。随着经济的发展,出现了私有制以及与其相伴的阶级分化,才产生了首先和主要反映一定阶级意志的法。法的许多特点也由经济基础所决定,如奴隶制法公开保护奴隶主对生产资料和奴隶人身的双重占有权,便是由奴隶制经济基础的特点决定的。

(2)法反作用于经济基础。法有特殊的强制性,可帮助执政阶级摧毁或改造旧的经济基础,阻止不利于自己的经济基础的产生,并可致力于消灭或改造旧经济基础的代表者。如新中国成立后实施《土地改革法》和其他一系列法律法规,对摧毁封建土地所有制、改造生产资料私有制,发挥了重要作用。法有指引和预测作用,可促进经济关系和经济活动向健全、完善的方向发展;法也是经验的总结,可起到完善和发展经济关系的作用。法对经济基础有积极的反作用,但这种反作用对社会的发展和进步并不都是积极的。当法为先进的经济基础服务时,就是促进经济发展和社会进步的积极力量;当法为落后的经济基础服务时,就成为阻碍经济发展和社会进步的消极力量。

2.法与社会生产力

(1)生产力发展水平、性质、要求和整体功能状况,一方面通过经济基础的中介,在深层次或根本意义上,决定法的产生、性质和发展变化等;另一方面又在相当大的程度上,直接影响、制约法的形式、内容、体系、观念、调整范围和发展变化等。

(2)法对生产力的作用。①法对生产力的作用一般要通过经济基础的中介。当法服务的经济基础适应生产力发展要求时,法对生产力的发展便起促进作用;当法服务的经济基础已成为生产力发展的桎梏时,法就对生产力起阻碍作用。②法对生产力也有直接的促进或阻碍作用。生产力的发展会在法的领域反映出来,提出许多新的问题,直接导致法的调整范围的扩大和调整方法的改变。而法的调整范围和调整方法的变化,直接影响生产力的发展。另一方面,法中有许多关于保护劳动者、保护自然资源的规定,也直接起到保护生产力的作用。

(二)法与市场经济

1.市场经济实质上是法治经济

因为:①市场经济是主体独立的经济。市场经济主体需要有法所确立的自主经营、自负盈亏、自我发展、自我约束的市场主体地位,需要有法所确认保障的从事商品生产、市场交换和其他经济活动的财产权和其他经济权利。②市场经济关系是契约经济关系。现代市场产品生产、市场交换、分配方式、产品消费、社会保障等各个环节,几乎都通过契约来实现。虽然形式有许多差别,但实质上都是契约关系的表现。从身份到契约是从自然经济到市场经济的主要标志。契约关系是一种法律关系,具有法律约束力,也需要法来确认和保障。③市场经济是自由竞争、平等竞争经济。竞争就要有规则;要自由竞争、平等竞争,就要保障自由、平等,维护公平、正义以实现自由竞争、平等竞争。这种规则和规范的主要表现形式就是法。④市场经济是有序经济。要使市场经济成为有序经济,就离不开法制和法治的作用。⑤市场经济是开放性经济。现代市场经济的内在动力机制使得它呈现扩展的状态,这种扩展又使世界各国经济联系趋于密切,维系这种联系的保障主要是国际经贸法律、规则和惯例。WTO规则使得国内市场带有国际化特点,因而也要求各成员方内部法律与国际经贸法律、规则和惯例接轨。

2.法在市场经济宏观调控中的作用

现代市场经济需要国家对其实行以间接手段为主的宏观调控。政府运用经济、法和必要的行政手段管理国民经济,不直接干预企业的生产经营活动。要很好地发展经济,就不仅需要市场经济机制这只"看不见的手",还需要国家宏观调控这只"看得见的手",来弥补市场经济的不足。法的作用主要在于:①对市场经济的运行起引导作用。国家通过法来引导市场经济主体遵循市场经济普遍适用的规则,抑制各种经济主体随意发展和不同主体之间的利益冲突,使市场经济得以健康发展。②对市场经济的运行起促进作用。国家通过直接调整市场经济的法,如民法、商法、经济法等,为市场的发展和完善创造条件、扫除障碍,促使市场经济按规律发展。也通过其他不直接调整市场经济的法,为正确处理政治关系、一般社会管理关系和家庭关系等提供标准,间接促进市场经济发展。还以法确认政府职能的转变,促使它更好地为市场经济服务。③对市场经济的运行起保障作用。国家通过法来确认和维护市场经济主体的法律地位和正当权益,确立和维护必要的平等原则,调整经济活动中的各种关系,解决经济活动中的各种纠纷,建立和维护必要的秩序和环境,为市场经济运行提供利益保障、平等保障、秩序保障和环境保障。④对市场经济运行起必要的制约作用。国家通过法的规范,在引导、促进和保障市场经济的同时,也制约市场经济中的自发性、盲目性等非有序化倾向和片面强调本位物质利益的消极因素,使市场经济健康发展。

二、法与政治

(一)法与政治的关系

1.政治对法的影响、制约作用

其主要表现在:①政治关系的基本状况是法的状况的重要根据,政治的先进与落后是法的先进与落后的重要根据,特别是规定国家基本制度的宪法和基本法律,往往是政治力量对比关系的表现。②政治可以为法的发展提供条件和环境。不能设想,在政治条件或政治环境十分糟糕的情形下,法和法治能有较好的发展。③政治可以影响和制约法和法治的内容。④政治的发展变化,往往直接导致法和法治的发展变化,导致立法和法的贯彻实施方面的兴或废。

2.法对政治的确认、调整和影响作用

其表现在:①法可以确认各阶级、阶层、集团在国家生活中的地位,调整掌握政权阶级与其他阶级、阶层、集团的关系。②法可以反映和实现一定阶级、集团的政治目的和政治要求。例如以法的形式将它们确立下来,使其具体化为普遍的、明确的行为规范,并获得国家强制力的保障。③法可以为一定阶级和国家的中心任务服务。如现阶段我国的中心任务就是进行社会主义现代化建设,这一中心任务就是现阶段我国最大的政治。④法还可以对危害掌握政权阶级的行为采取制裁措施,起着捍卫其政治统治的作用。

（二）法与政策

1. 法与党的政策的一致性

在我国,法与党的政策,在经济基础、体现的意志、根本任务和思想理论基础等方面,都具有一致性。两者都建立在社会主义经济基础之上,由这个基础决定并为这个基础服务。两者都是广大人民意志和利益的体现,都维护和保障广大人民的利益。两者都以促进和保障社会主义建设事业、促进社会生产力发展、为人民的利益而促进社会进步为己任。两者都是以马克思主义作为指导思想的理论基础。

2. 法与党的政策的区别

①法由特定国家机关依据法定程序来制定;而政策是由党的领导机关根据民主集中制原则制定的。②法具有国家的特殊强制力,在自己的效力范围内有普遍约束力;政策的实施,对党员以党的纪律作后盾,对公民主要依靠宣传动员和说服教育。③法以宪法、法律法规等确定性和规范性的形式表现出来,具体规定了权利和义务;政策通常以纲领、决议、宣言等非规范性文件形式表现出来,规定比较原则,少有具体、明确的权利和义务规定。④法一般调整有重大影响的社会关系,是提供辨别人们行为是否违法犯罪的标准;政策调整的范围更广泛,它渗透到国家和社会生活的各个领域、环节而发挥作用,是区分正确与错误的标准。⑤法往往是长期经验的总结,情况不发生重大变化不会轻易改变;政策一般是对全局性的任务提出号召,允许人们在实践中加以具体化和灵活运用,它要适合形势变化而及时变化,因而较为灵活。

（三）法与国家

1. 法对国家的依赖性

①法的制定、变动和实施,依赖于国家。②法的性质、作用和特点,都与国家直接关联。国家政权掌握在什么人手中,社会各阶级在国家中居何种地位,决定该国的法主要反映哪些人的意志和利益,实现什么样的历史使命,表现出何种特点。③法的形式和法律制度直接受国家形式的影响。在法的形式方面,不同的政体往往有不同的法的表现形式。例如,在君主专制国家,法的形式中除了有法典和经认可的习惯外,还有君主的命令等。由于国家的根本制度由君主的诏令来决定,就不需要也不可能存在规定国家根本制度的宪法。在资本主义民主政体下,代替君主的诏令成为重要法

的形式的是,按特定程序产生的宪法、由立法机关制定的法律等。在法律制度方面,不同的政体有差别很大的法律制度。以立法制度说,在君主专制政体下,立法权属于君主,往往既没有固定的立法机关,也没有严格的立法程序;在资本主义民主政体下,立法权主要归议会,一般有固定的立法机关和严格的立法程序。国家结构形式也直接影响法的形式和法律制度。

2.法对国家的作用

①法为确认国家政权的合法地位所必需。国家政权获得者都需要以法的形式确认自己的政权是唯一合法的政权,表现国家的性质,规定各阶级在国家中的地位,确认或规定国家的各项基本制度,使国家制度合法化。②法为组织国家机构、确立国家体制所必需。国家政权掌握者必须用法的形式确定国家机构体系和组织形式,确定各种机关的组织和活动原则、各机关的职权和职责、各机关的相互关系,确立经济体制、政治体制,使整个国家机器按一定的轨道精确而有效地运转。③法为实现国家职能所必需。法可以用它的特殊强制性和普遍约束力使国家职能得以有效实现,国家职能要通过国家任务和国家活动体现出来。④法为制约国家政权活动所必需。没有法的制约,国家政权和国家机构的运用,就有可能背离现代民主政治的要求。⑤法为巩固和完善国家制度所必需。法的功能和作用可以帮助建立和保持较稳定的社会秩序,巩固国家政权。法在很大程度上是执政阶级治理国家的经验总结,它可以帮助执政阶级健全和完善自己的国家制度。

(四)法与民主

1.民主与法制的相互关系

①社会主义民主是社会主义法制的基础。社会主义民主是社会主义法制的前提,也是法制的一个原则。法制的民主原则是指在立法、执法、司法、守法和法律监督等法制的种种环节上,都实行民主。充分发扬民主,使人民在立法、执法、司法、守法和法律监督等方面都发挥作用,社会主义法制建设就有成功的保障。社会主义民主在促进社会主义法制发展方面也有重大作用。随着社会的发展,民主不断完善、健全。社会主义法制的完善程度,是与民主发展的阶段相适应的。②社会主义法制是社会主义民主的保障。民主要得以存在、实现和发展,需要法制加以确认、肯定,使它合法化、法律化、制度化,从而具有权威性和稳定性,获得法制的力量。社会主义法制规定着社会主义民主的范围。我国法律规定:享受民主的广大人民在各方面都享有广泛的民主权利。这些规定可以使人民明确社会主义民主的范围有多大,在行使民主权利时有明确的方向,同时也使国家机关

和公职人员在维护和保障民主权利方面有章可循。社会主义法制是保卫社会主义民主的武器。社会主义社会仍然存在危害民主的违法犯罪行为，这就需要用法来制裁这些行为，使民主得到切实保障。同时，法制也是同官僚主义进行斗争的武器，通过这种斗争，保障社会主义民主。

2.法制的民主化和民主的法制化

①建设民主政治，不仅要将法制与民主紧密结合起来，使它们相辅相成，相互作用；还要使两者相互渗透和融合，使它们在一定意义上成为同一事物的两个侧面。坚持法制的民主化和民主的法制化，正是促成这种渗透、融合的有效途径。②法制的民主化是指在法制的各个环节上都坚持民主原则。包括实行立法的民主化，实行执法和司法的民主化，实行守法民主化，一切社会主体都要守法，不允许有超越法律之上的特权。实行法律监督的民主化。③民主的法制化指运用国家政权，将民主通过法的形式加以确认和固定，使之法律化、制度化。实现民主的法制化，一要把国家的民主制度、民主形式、民主程序、民主生活、人民的民主权利，用法律制度固定下来，使其获得法制的保障；二要通过法制同危害民主的行为斗争；三要使人民了解自己有哪些民主权利、国家有哪些民主制度受法的保障，自己应怎样行使民主权利和维护国家的民主制度。

三、法与文化

（一）法与传统

1.人治主义传统

这一传统在中国封建社会的法律实践中一直是官方所奉行的一种法学理论，它在历史上世代相承，从不中断，而且在近现代社会中仍然影响着许多人的观念和行为。人治主义的核心思想反对确立法律的最高权威，它确信只有让国家的治理者尤其是最高统治者拥有不受或不完全受法律限制的权力，才能建立起合理的社会秩序。这就意味着法律对于政府来说仅仅是一种工具，为了达到政府所追求的目的，法律上的既定规则是可以被忽略的。

2.德治主义传统

德治主义是这样一种法律观念：治理国家应当以道德教化为主要手段，通过道德教化，使人达到自我约束状态，此时，法律就只有非常有限的作用和意义。德治主义对法律持有一种深深的怀疑和轻视态度，更反对用明确的法律规则在人们复杂的利益关系中划出一条清晰的界线；相反，它倾向于把人们之间的权利、义务关系模糊化，用"礼让"来调节利益矛盾，并认为这样可以防止和压抑竞争,而竞争是一种非道德现象,它会对理想的社会秩序构成威胁。德治主义传统重视道德在社会调控中的作用,这一点无可非议,然而,它片面夸大了道德教化所可能发挥的功能,轻视了法律应有的地位和作用。

3. 民本主义传统

民本主义的核心要领是强调人民的福利,治理国家者的首要职责是像父母对待子女一样关心民众的疾苦。民本主义是古代社会的经济、政治条件下最进步的一种政治观念和法律观念,但是,它与民主主义有着实质的不同。

4. 泛刑主义传统

在中国历史上,所有的法律都或多或少地具有刑法的性质,几乎所有法律关系领域都可以用刑罚手段来调整,甚至在现代人看来完全应由道德来调整的行为,也往往被刑罚所覆盖。例如,在古代社会中,"闻父母丧匿不举哀"是构成犯罪的行为,要受到严厉的刑罚。因此在中国历史上形成了一种根深蒂固的观念:法即刑,刑即罚,法律即暴力,法是且仅仅是镇压的工具、惩罚的工具。这种泛刑主义传统在现实社会中时有表现。

5. 无讼主义传统

无讼主义传统首先是古代社会中的一种政府哲学,它反映着一种特定的法律价值观,即:解决利益冲突的主要手段不是法律,而是由道德教化所产生的"礼化",法律的适用乃万不得已而勉强为之的最后选择。在此种思想的指导下,整个诉讼程序的设计具有极强的封闭性,使当事人视诉讼为畏途,根本不考虑如何方便当事人行使诉讼权。同时,无讼主义传统也是一种大众观念,人们把参加诉讼视为一种耻辱之事,"好讼"几乎被看作是道德败坏的同义语。在这种传统的影响下,当事人自行和解或在中间人调解下达成的和解便成为最自然、最理想的选择。

随着我国市场经济、民主政治和法制建设的不断发展,一些新的风气、习惯正处在形成过程之中,上述传统的影响逐渐减弱。这对于实现建设社会主义法治国家的伟大目标来说,是具有积极意义的变化。

(二)法与宗教

宗教是对某种超自然的神秘力量的信仰和崇拜。其实质在于,人类在自己的意识中,把处于自己控制能力之外的自然或社会力量幻化为控制着自己并能庇佑自己的神灵,然后,按照特定的一套规范去生活和举行仪式以求神灵的庇佑。宗教规范与法的规范之间的明显区别主要在下列几个方面。

1.产生的方式不同

宗教规范由宗教领袖假托神的名义而制定,它被视为神意的表现。因为宗教规范的产生和国家没有直接的关系,所以,它既可以在历史上先于国家而存在,也会在实现的方式、制裁的程序和作用的范围等方面表现出与法的规范明显不同的自身特点。

2.实现的方式不同

法的规范的实现,当然可以由人们自觉地去遵守,但是,法之所以为法还在于它要由国家强制力来作为最后的保障。宗教规范的实现,则主要依靠教徒的自愿或自我强制,同时,宗教机构的权力也可发挥一定的辅助作用。

3.制裁的程序不同

法的规范体系的存在与司法机构的存在是分不开的。认定一个人的行为是否违法,应当负什么样的法律责任,这都必须由特定的组织机构来进行,不允许由当事人或其他什么人自行决定。否则,法就不成其为法了。而宗教规范体系并不要求一定有这样的机构。在原始宗教中,一个人是否触犯了宗教禁忌,触犯了禁忌之后他应做些什么,一般都是由当事人及其亲友来决定的。宗教对违规行为的制裁程序在很多情况下与道德制裁中的良心自我谴责相仿。

4.作用的范围不同

首先,法的规范只调整那些对社会生活秩序的稳定具有较高价值的社会关系;而宗教规范则覆盖了全部社会关系。其次,法的规范一般只规范人的外部行为,只要行为上无过错就不予追究,而不问主观上是否有恶意;宗教规范不但规范人的外部行为,而且更侧重于规范人的内心活动,行为上无过错而心存恶念仍然是不允许的。再次,法的规范无条件地约束全体社会成员;而宗教规范只能约束自己的教徒,对于没有选择该宗教信仰的人毫无约束力。显然,在两种规范作用的广度上,法与宗教各有所长,法能够制约更广泛的主体,宗教能调整更广泛的社会关系。

5.规范的形式不同

法的规范通过规定明确的权利和义务来给人们的行动指明方向,它有权利性规范和义务性(包括作为义务和不作为义务)规范两种基本形式。宗教规范则以强调人对神的服从义务为主,因为人在神面前是没有什么权利可言的。故宗教规范大多是义务性规范。

四、法与科技

1. 科学技术对法的影响

①科学技术的发展改变着人类的面貌,不断为人类的法制建设和法学研究开辟新的领域、提供新的方法。②科学技术对法的内容、调整范围以及与之相联的法的体系发生影响。航空法、太空法、原子能法、环境保护法等一系列新法的出现,有关如何确定人工授精和试管婴儿血亲关系的法的规范的产生,诸如此类的现象都与科学技术的发展直接相关。③科学技术对立法制度和立法技术产生影响。由于立法涉及的科学技术越来越多,立法机关往往感到力不从心,不得不把这类立法工作委托某些专门机关,这就导致了"委任立法"的产生。科学技术的发展导致电钮表决法案的方式出现,导致大量专业性、技术性术语在法律法规中出现。④科学技术对法的适用产生影响。在新的违法犯罪行为以及伴随而来的相应的刑事处罚立法出现的同时,也出现新的法的适用手段。如认定事实方面广泛借用科学技术手段进行司法鉴定,一些国家处罚罪犯的方法已用注射致死、高压电椅代替枪决、绞刑等。

2. 法对科学技术的作用

当工业革命促使科学技术走出作为个人消遣和私人手艺的狭小天地,从而给社会带来巨大变化,并由此引发种种新的社会问题时,科学技术的发展需要法的调整、需要法对其发挥作用,就成为必然现象。法对科学技术的作用主要有:①对科学技术的发展发挥引导、组织和管理的作用。用法律手段确认和保证科学技术发展在社会生活中的优先地位,确定科学技术发展的战略方向和任务,组织、协调和管理科学技术活动,对科学技术的组织机构、人员管理、奖励以及其他环节形成健全制度,已成为各国普遍现象。②法对科学技术发明创造发挥鼓励作用,对科学技术成果的合理使用和推广发挥保证与促进作用。③法对科学技术发展发挥保障作用,对科学技术发展所带来的消极后果具有抵制和防范作用,法可以为科学技术发展提供必要的社会秩序。通过对违法犯罪活动实行法律制裁,保障科学技术活动正常进行。为抵制和防范利用科学技术成果来发动战争、损害人类,防范和抑制利用科学技术成果从事高科技犯罪等,也都需要运用法的手段。④法对国际科技合作发挥推动和协调作用。当今世界,国际科技合作和科技贸易已成为国际公法、国际私法和国际经济法的重要内容。

第三节　法的创制

一、法的创制

(一)法的创制含义

法的创制,是指国家机关根据职权,依照法定程序,制定或认可、修改、废除法的专门活动,也称立法活动。法的创制一般有广义和狭义两种理解。广义上的法的创制,与法理学中所讲的法的制定同义,是指一切有权的国家机关依法制定、修改、补充和废止各类规范性法律文件的活动。它不仅包括国家最高权力机关及其常设机关制定宪法和法律的活动,而且包括有权的地方权力机关制定其他规范性法律文件的活动,还包括国务院与有权的地方行政机关制定行政法规及其他规范性法律文件的活动。狭义上的法的创制则专指国家最高权力机关制定、修改、补充和废止宪法与法律的活动。为行文的统一,如无特别注明,本章所述的立法均指法的制定,即广义上的立法,它与 2000 年 3 月 15 日第九届全国人民代表大会第三次会议通过并于 2000 年 7 月 1 日生效的《中华人民共和国立法法》(以下简称《立法法》)中所指的"立法"是同义和一致的。

(二)法的创制的特征

特征是指作为一种事物的本质属性,并与其他事物相区别的各类共同标识的总和。

法的创制主要具有以下特征。

(1)法的创制是特定主体所进行的专门活动。法的创制是以国家名义进行的立法活动。国家机关是由各种不同职能、不同级别、不同层次的专门机关所构成的一个体系,只有其中某些享有立法权的机关才能进行立法活动。这种权力一般是由一国的宪法和其他相关法律法规所规定的。

(2)法的创制是国家机关按照法定程序所进行的活动。从近现代历史发展来说,任何国家的立法活动都不是随意的,都遵循一定的程序进行。现代立法一般经历立法准备、由法律议案到法的阶段,通常有法律议案的提出、审议、通过与公布等数道程序。不同国家的立法程序即使有所不同,但一般都是依照宪法与其他专门法律法规来确定的,即立法活动本身也应程序化、制度化。但是,在特殊情况下可以有特别的立法程序。立法活动按照一定程序进行,才能确保立法具有严肃性、权威性和稳定性。

(3)法的创制是制定、修改、补充和废止规范性法律文件的活动。所谓制定法律,一般是指享有立法权的国家机关所进行的直接立法活动,例如全国人民代表大会及其常委会制定法律、批准或与外国缔结条约,国务院及各部委制定行政法规、行政规章,有关地方权力机关制定地方性法规。所谓修改、补充和废止法律,是指享有立法权的国家机关变更现行国内法、国际法、成文法和不成文法的活动。以上四种活动,在立法活动中有可能是单独出现的,也有可能是同时出现的。

(4)法的创制是对有限的社会资源进行制度性的配置。从法的经济学角度来看,立法是对社会资源的第一次分配,反映了整个社会的经济利益倾向。通过权利义务的合理配置,立法是对整个社会进行权威且有效的资源配置、财富配置,从而实现效益最大化和对整个社会的控制与整合,真正实现社会的动态互动与均衡。

二、法律创制原则

(一)法律创制原则的概念

法律创制原则,是指立法主体在立法活动中起指导作用的思想和具有本源意义的法律原理和准则,是立法指导思想在立法活动中的重要体现。它集中地体现了一国立法的基本性质、内容和特定的价值取向,是一国法律原则的重要组成部分。

(二)法律创制原则与指导思想

指导思想是立法上总的政治原则、工作原则和思想原则,是观念化、抽象化的立法原则。法律创制原则是规范化、具体化的立法指导思想。指导思想要通过法律创制原则来具体化并体现,法律创制原则则应依据立法指导思想来确定,两者紧密相连。可是,两者又有区别:首先,法律创制原则是立法活动所依据的基本准绳;法律创制的指导思想是为立法活动指明方向的重要理论依据。其次,法律创制原则主要影响立法者的立法行为,一般直接对立法活动产生作用;法律创制的指导思想主要作用于立法者的思想,通过立法者的思想来作用于立法活动。最后,法律创制原则和法律创制指导思想也有具体与抽象的区别。《立法法》第 3 条的规定集中体现了我国法律创制的指导思想,第 4～6 条的规定则集中体现了我国立法的原则。

(三)我国法律创制的基本原则

总的来说,我国的立法基本原则,主要有立法的遵循宪法原则、立法的维护国家利益与法制统一性和尊严原则、立法的民主性原则和立法的科学性原则等。

1.遵循宪法原则

宪法是国家的根本大法,具有最高的法律效力。依法治国归根到底就是依宪治国。维护法治的权威,首先必须维护宪法的权威。遵循宪法原则是立法原则中最重要的一条。

2.维护国家利益与法制统一性和尊严原则

我国《立法法》第4条规定:"立法应当依照法定的权限和程序,从国家整体利益出发,维护社会主义法制的统一和尊严。"该条文正式确立了立法的维护国家利益与法制统一性原则,对此可以从以下两个方面加以理解。

(1)维护国家整体利益。在起草、制定法律、行政法规、地方性法规、规章时,应从国家的整体利益出发,从人民群众的根本利益、长远利益出发,防止只考虑部门利益、地方利益。在立法活动中,有一部分法律草案是由政府的主管部门起草的。由于其负责某一方面的行政工作,非常了解与其主管业务相关的社会公共事务,所以由政府主管部门起草有关法律草案是十分合适的。但是,由某一部门起草法律草案要注意防止产生部门利益倾向。为了预防部门利益倾向的产生,国务院可以在向全国人民代表大会及其常委会提交法律议案前协调有关部门的不同意见;另一方面,全国人民代表大会及其常委会在审议法律议案的过程中,应把握从国家整体利益出发的原则,防止在法律条文中出现有部门利益倾向的内容。行政法规、地方性法规和规章的制定,同样要准确体现从国家利益出发的原则,防止片面追求扩大部门权力的部门利益倾向。需要特别指出的是,地方性法规应体现地方特色,应因地制宜地对法律、行政法规的实施作出明确规定,这对于我国这样一个人口众多,地域辽阔,各地政治、经济、文化发展水平差别较大的泱泱大国来说,是十分重要的。与此同时,地方性法规的制定又要注意防止出现地方保护主义的倾向。有些地方在起草、制定地方性法规的过程中存在着不从国家整体利益出发,过多为本地局部利益考虑的地方保护主义倾向,这必须予以克服。

(2)维护国家法制统一性和尊严原则。在我国的立法活动中,必须注重保持法律体系所具有的内在协调性与整体统一性。内在协调性与法律的完备情况密切相关。主要体现为:我国的现行法律都应与宪法保持一致,各个法律部门之间也应保持一致,普遍性较大的规范应在普遍性较小的规范中得到具体体现。整体统一性不但是法律形式的统一,而且是法律内容的统一。主要体现为:我国现行法律在指导思想、原则、规定、概念等方面都是统一的,不能相互抵触。因此,在立法时就应该宏观考虑制定较为齐全的、完备的、相互配合的各项法律法规。为了体现法律尊严,从立法上看,就必须要求在立法活动中听取方方面面的意见,反复斟酌,权衡利弊,估计实施中可能出现的困难,将社会实践中已证明是成熟、可行的做法与经验,用法律法规将其确立下来。如果立法小心谨慎,比较切合实际,法律相对来说就比较稳定,法律的权威就可以逐步建立起来。

3.民主性原则

我国《立法法》第 5 条规定:"立法应当体现人民的意志,发扬社会主义民主,保障人民通过多种途径参与立法活动。"该条文正式确立了立法的民主性原则,对此可以从以下三个方面加以理解。

(1)立法应当体现人民的意志。这是由我国国家制度的本质所决定的。我国的立法活动,实质上是有关国家机关代表人民行使立法权的活动。我国国家的民主性质,要求在立法活动中,充分体现人民的意志,真正维护人民的利益。

(2)立法应当发扬社会主义民主。这是中国共产党的群众路线在社会主义新时期的发展与体现。只有坚持执行群众路线,进行民主立法,才能真实反映广大人民群众的最大利益和共同意愿。但是,在立法活动中执行群众路线不等于推行"群众立法"。立法工作只能由享有立法权的国家机关,依照法定程序进行。因此,在立法活动中要实行领导与群众相结合、专门机关与群众相结合,在广泛发挥民主的基础上实行高度集中。

(3)立法应当保障人民通过多种途径参与立法活动。在不同的立法活动中,不但要听取委员、代表和国家机关工作人员的意见与建议,而且要集中各方面专家、实践工作者的意见和建议,更要征求广大人民群众的意见。为了切实保障广大人民群众积极参与立法活动,《立法法》第 35 条专门规定:"列入常务委员会会议议程的重要的法律议案,经委员长会议决定,可以将法律草案公布,征求意见。各机关、组织和公民提出的意见送常务委员会工作机构。"第 58 条也规定:"行政法规在起草过程中,应当广泛听取有关机关、组织和公民的意见。听取意见可以采取座谈会、论证会、听证会等多种形式。"随着中国民主与法治建设的进程不断加快,应当逐步使广大人民群众参与立法活动的途径和形式制度化、多样化和科学化,这也是当今世界民主立法的大势所趋。

4.科学性原则

我国《立法法》第 6 条规定:"立法应当从实际出发,科学合理地规定公民、法人和其他组织的权利与义务、国家机关的权力与责任。"该条文正式确立了立法的科学性原则,对此可以从以下三个方面加以理解。

(1)立法应当从实际出发。我国科学立法的精髓所在是实事求是,一切从实际出发。我国是一个发展中国家,正处于并将长期处于社会主义初级阶段。正确地认识我国的国情,是做好立法工作的基础。在立法活动中,应从我国的国情出发,认真总结经验与教训,注意研究和借鉴国外法律制度,吸收其对我国有益的立法成果。尤其要注重深入群众、调查研究,全面分析社会生活中出现的实际问题,将立法工作与我国有关改革、发展、稳定的重大决策密切联系起来。

(2)科学、合理地规定公民、法人和其他组织的权利和义务。法律作为调整社会关系的行为规范,对公民、法人和其他组织的权利、义务进行设定,并以国家强制力保障权利的实现、义务的履行。为有关法律关系主体设定权利和义务,是立法活动最基本的方式。公民的权利和义务是统一的,公民在行使权利的同时,也承担着不得损害国家的、集体的利益和其他公民的合法权利的义务。立法在设定公民的权利与义务时,必须要贯彻公民权利和义务相统一的原则。

(3)科学合理地规定国家机关的权力与责任。国家机关的权力是由法律规定的,并享有管理社会的权利。与此同时,国家机关权力的行使,也应受到监督。国家机关应在法律所规定的范围内进行活动,行使权力,依法履行职责,并承担相应的责任。立法在设定国家机关的权力时,要同时考虑国家机关应承担的责任,坚持国家机关权力与责任相统一的原则。

三、影响我国法的创制的因素

1. 我国的基本政治制度

我国的基本政治制度是人民代表大会制,人民代表是由人民通过直接(乡、民族乡、镇、自治镇、县、自治县、区、不设区的市的人大代表)或者间接(设区的市、自治州、省、自治区、直辖市、全国的人大代表)选举的方式产生的。我国《选举法》规定,凡年满十八周岁的中华人民共和国公民,没有被剥夺政治权利的,都有选举权和被选举权。从这个规定可以看出,中国公民只要符合这两个条件,不论性别、宗教信仰、职业、教育程度、家庭背景、居住年限、财产状况等,都可以参加选举和被选举。我国公民的选举权是非常广泛的和普遍的。它可以保证社会的大多数都能通过选举的方式参政议政。而各级人大的主要职能是立法,因此可以说,以这种选举的方式产生的人大所制定的法律,是能够代表最广泛的人民的利益的。

2. 我国的立法者的素质

立法者素质直接影响法律质量的高低。我国的人大代表来自各行各业,比如,全国人民代表大会代表有 3000 人左右,他们是社会各界的优秀代表,他们在各自的领域内对国家、对社会、对人民作出了突出的贡献,人民选举他们作全国人民代表大会代表,既是对他们的高度信任,又是他们的一种政治荣誉。因此,人大代表应当谨慎行使手中的这份权利。他们在投票表决的时候,应当把人民的利益牢记在心中。人大代表应当清楚地认识到,他的代表资格不但是一种政治荣誉,更意味着是一种政治责任。因此,我国的人大代表不但要做好本职工作,而且还要认真学习法律知识,提高自己的法律素养,履行好代表职能,为制定出真正代表人民利益、反映客观现实的法律法规作出贡献。

3.我国的立法技术的水平

所谓立法技术,是指制定法律所使用的一整套法律概念、法律术语和逻辑推理的总称。随着改革的深入,经济建设的快速发展,原有的法律、法规和规章已经不能满足我国目前社会生活急剧发展的迫切需要。尤其是我国正处于从有计划的商品经济到社会主义市场经济的转型阶段,经济生活的每一次变动,都增加了社会成员利益发生冲突的可能性:经济越发展,社会关系越复杂;社会财富越多,社会成员的利益冲突越激烈;相应的,对法的需求也就越迫切。因此,目前我国立法机关面临的任务是,一方面要修订或者废除不合时宜的法律,另一方面要制定新法,回应和规范社会生活中出现的新情况、新问题。在此过程中,立法机关创制法律技术水平的高低将直接影响到法律调整社会政治、经济、文化功能的实现。

四、我国法律的创制主体

我国现行的立法体制是颇具特色的立法体制。从立法权限划分的角度来说,它是中央统一领导和在某种程度上分权的、多级并存、多类结合的立法权限划分体制。这使得我国法律的创制主体依权限不同而由不同的国家机关来承担。

(1)国家最高权力机关的立法权限和立法事项。全国人民代表大会及其常委会行使国家立法权。全国人民代表大会有权制定和修改民事、刑事、国家机构及其他基本法律。而全国人民代表大会常委会制定和修改除应由全国人民代表大会制定的法律以外的其他法律,在全国人民代表大会闭会期间,对全国人民代表大会制定的法律进行部分修改和补充,但不得与该法律的基本原则相违背。与此同时,《立法法》第8条规定:"下列事项只能制定法律:(一)国家主权的事项;(二)各级人民代表大会、人民政府、人民法院和人民检察院的产生、组织和职权;(三)民族区域自治制度、特别行政区制度、基层群众自治制度;(四)犯罪和刑罚;(五)对公民政治权利的剥夺、限制人身自由的强制措施和处罚;(六)对非国有财产的征收;(七)民事基本制度;(八)基本经济制度以及财政、税收、海关、金融和外贸的基本制度;(九)诉讼和仲裁制度;(十)必须由全国人民代表大会及其常务委员会制定法律的其他事项。"

(2)国家最高行政机关的立法权限和立法事项。国务院依据宪法及有关法律,制定行政法规。与此同时,《立法法》第 56 条第 2 款规定:"行政法规可以就下列事项作出规定:(一)为执行法律的规定需要制定行政法规的事项;(二)《宪法》第 89 条规定的国务院行政管理职权的事项。"国务院是我国的最高行政机关,是最高权力机关的执行机关。它的主要职能是从事行政管理活动。为什么把它列入法的创制主体的范围呢?首先,这是由世界形势造成的。20 世纪二三十年代世界范围的经济危机为政府通过行政手段干预经济活动提供了契机。行政权力出现了膨胀和扩张的趋势。随着行政管理事务的增多,相应的行政法律法规的需求也多了起来。但立法机关人员有限、经验不足,使得行政法律法规的数量和质量不能满足行政管理的效率要求。因此,立法机关逐渐把有关行政管理的立法权交由具体从事行政管理的行政机关来行使。这种行为在宪法上叫做委托立法。

(3)国家最高行政机关所属具有行政管理职能的机关的立法权限和立法事项。《立法法》第 71 条规定:"国务院各部、委员会、中国人民银行、审计署和具有行政管理职能的直属机构,可以根据法律和国务院的行政法规、决定、命令,在本部门的权限范围内,制定规章。部门规章规定的事项应当属于执行法律或者国务院的行政法规、决定、命令的事项。"部门规章应当报国务院备案,同时,部门规章不得与宪法、法律、行政法规相抵触。

(4)省、自治区、直辖市和较大的市的权力机关的立法权限和立法事项。省、自治区、直辖市的人大及其常务委员会依据该行政区域的具体实际,在与宪法、法律、行政法规不相违背的前提下,可以制定地方性法规。与此同时,《立法法》第 64 条规定:"地方性法规可以就下列事项作出规定:(一)为执行法律、行政法规的规定,需要根据本行政区域的实际情况作具体规定的事项;(二)属于地方性事务需要制定地方性法规的事项。除本法第 8 条规定的事项外,其他事项国家尚未制定法律或行政法规的,省、自治区、直辖市和较大的市根据本地方的具体情况和实际需要,可以先制定地方性法规。在国家制定的法律或者行政法规生效后,地方性法规同法律或者行政法规相抵触的规定无效,制定机关应当及时予以修改或者废止。"法最终的调整对象是生活在不同地域、有着不同风俗习惯的人们。因此,在不破坏法律的统一性、普遍性的同时,还要兼顾不同地域的风土人情,做到因地立法、因时立法。省、自治区、直辖市人大及其常委会有权根据本行政区的具体情况和实际需要,制定在本行政区内实施的地方性法规,并报全国人民代表大会常委会和国务院备案。地方性法规不得与宪法、法律、行政法规相抵触。

另外,较大的市的人大及其常委会,有权根据本市的具体情况和实际需要,制定在本行政区内适用的地方性法规。所谓较大的市是指省、自治区政府所在地的市,经济特区所在地的市和国务院批准的较大的市。较大的市人大及其常委会制定的地方性法规,报所在省、自治区人大常委会批准后施行。该地方性法规还应由所在省、自治区人大常委会报全国人民代表大会常委会和国务院备案。该地方性法规不得与宪法、法律、行政法规和本省、自治区人大常委会制定的地方性法规相抵触。

还有一点需要补充的是,《立法法》第65条规定,经济特区所在的省、市的人大及其常委会,根据全国人民代表大会的授权决定,制定法规,在经济特区范围内实施。也就是说,经济特区享有特殊的立法权。

(5)省、自治区、直辖市和较大的市的行政机关的立法权限和立法事项。《立法法》第73条规定:"省、自治区、直辖市和较大的市的人民政府,可以根据法律、行政法规和本省、自治区、直辖市的地方性法规,制定规章。地方政府规章可以就下列事项作出规定:(一)为执行法律、行政法规、地方性法规的规定需要制定规章的事项;(二)属于本行政区域的具体行政管理事项。"地方政府规章应当报国务院备案,同时报本级人大常委会备案,较大的市的人民政府制定的规章应当同时报所在省、自治区人大常委会和人民政府备案。地方政府规章不得与宪法、法律、行政法规相抵触;同时,地方政府规章不得与所在省、自治区、直辖市人大及其常委会制定的地方性法规相抵触;其中较大的市政府制定的地方政府规章还不得与所在市的人大及其常委会制定的地方性法规,所在省、自治区政府制定的地方政府规章相抵触。

(6)民族自治地方的权力机关的立法权限和立法事项。我国是多民族的国家。56个民族能够和睦相处,关键得益于我国实行的民族区域自治。而民族区域自治的核心内容是给予民族自治地方以很大的立法权。民族自治地方的人大有权根据当地民族的政治、经济和文化特点,制定自治条例和单行条例。其中自治区的自治条例和单行条例需报全国人民代表大会常委会批准后生效;自治州、自治县的自治条例和单行条例需报省、自治区、直辖市人大常委会批准后生效,并由所在省、自治区、直辖市人大常委会报全国人民代表大会常委会备案。与此同时,《立法法》第66条第2款规定:"自治条例和单行条例可以依照当地民族的特点,对法律和行政法规的规定作出变通规定,但不得违背法律或者行政法规的基本原则,不得对宪法和民族区域自治法的规定以及其他有关法律、行政法规专门就民族自治地方所作的规定作出变通规定。"

五、我国法的渊源

法的渊源是指法的具体表现形式。从法的内容可以看出,我国法的渊源包括:宪法,法律,行政法规,地方性法规,自治条例和单行条例,部门规章和地方政府规章,等等。另外还包括香港、澳门特别行政区制定的法律,中国政府签署、全国人民代表大会常委会批准的国际条约,或者中国政府缔结的国际条约。这些法的渊源呈金字塔状排列:高居塔尖的是宪法;其次是370多部法律;然后是800多件行政法规,7000多件地方性法规,1万多件规章。它们的效力等级从上到下,逐层递减,下位法不得与上位法相抵触。

六、法的创制程序

法的创制程序,是指享有立法权的国家机关在制定、修改、补充、废止各种规范性法律文件以及认可法律规范过程中的工作方法、步骤和次序。在整个立法活动中,其程序一般包括法律议案的提出、审议、通过和法律的公布。

(一)法律议案的提出

法律议案的提出,是指依据有关规定,享有立法权的国家机关、组织和个人,向有权立法的国家机关提出关于制定、修改、废止法律的议案的专门活动。在我国,根据《宪法》、《立法法》的规定,有权向全国人民代表大会提出法律议案的国家机关、组织和个人主要有:①全国人民代表大会主席团;②全国人民代表大会常务委员会;③全国人民代表大会各专门委员会;④国务院;⑤中央军事委员会;⑥最高人民法院;⑦最高人民检察院;⑧一个代表团或者30名以上的代表联名。有权向全国人民代表大会常务委员会提出法律议案的国家机关、组织和个人主要有:①委员长会议;②全国人民代表大会各专门委员会;③国务院;④中央军事委员会;⑤最高人民法院;⑥最高人民检察院;⑦常务委员会组成人员10人以上联名。

(二)法律草案的审议

法律草案的审议,是指立法机关将已经列入会议议程的法律草案进行审查、讨论和评议的专门活动。该阶段是立法程序中的关键阶段。我国全国人民代表大会制定法律一般分三步讨论议案:首先是代表团内的小组讨论,小组一般按职业划分;然后是代表团审议,代表团按行政区划分,包括23 个省(含台湾省)、5 个自治区、4 个直辖市和 2 个特别行政区,再加上军队的代表团,共有 35 个代表团;最后是全体大会审议,全体大会与会代表不得超过 3000 人。全国人民代表大会全体大会审议法律草案的程序是:

(1)听取有关法律草案的说明。《立法法》第 48 条规定:"法律草案的说明应当包括制定该法律的必要性和主要内容。"

(2)各代表团与有关专门委员会对法律草案进行审议。

(3)法律委员会对法律草案进行统一审议。

(4)通过审议结果的报告和法律草案修改稿。

在我国,全国人民代表大会常委会审议法律草案的程序是:

(1)听取提案人对该法律草案的报告并进行初步审议。

(2)听取法律委员会关于法律草案修改情况和主要内容的说明并进一步审议。

(3)听取法律委员会关于法律草案审议结果的汇报,由分组会议对法律草案修改稿进行审议。

(三)法律草案的通过

法律草案的通过,是指立法机关通过表决形式来决定法律草案最终能否成为法律的专门活动。在中国,宪法的修正案应以全国人民代表大会代表的 2/3 以上多数通过为有效。依据《立法法》第 22 条的规定,全国人民代表大会通过法律草案,应由主席团提请大会全体会议表决,由全体代表的过半数通过方为有效。依据《立法法》第 40 条规定,全国人民代表大会常委会通过法律草案,应由委员长会议提请常务委员会全体会议表决,由常务委员会全体组成人员的过半数通过为有效。

(四)法律的公布

法律的公布,是指立法机关及其工作人员在特定时间内采用一定方式和形式将法律公之于众。公布的目的是使社会公众知晓法律的内容,清楚自己的权利和义务,以便选择合适的行为,而不致违法犯罪,遭受法律的制裁。这是法律发挥指引作用、预测作用的前提条件。没有公布的法律不发生效力。我国法律的公布是通过国家主席签发主席令的方式来实现的。《立法法》第 52 条规定,签署公布法律的主席令应载明该法律的制定机关、通过和施行日期。法律签署公布后,应及时在全国人民代表大会常委会公报和全国范围内发行的报纸上刊登。但是公布的法律并不一定马上发生效力,法律生效的时间要依法律条文的具体规定为准。

第四节　法的实施

一、法的实施

法的实施,是指法律在社会生活中具体运用,获得实现的活动。其实质是将法律中规定的权利与义务关系转化为现实生活中的权利与义务关系,进而将法律转化为公民的行为,这一转化过程就是法的实施过程。

法的实施的最终目标是法的实现。法的实现是指法律在人们的行为中得到具体落实,即权利得到行使,义务得到履行,禁令得到遵守。依据国家干预的程度与方式的差异,法的实施可以分为法的执行、法的遵守和法的适用。

(一)法的执行

法的执行是指国家机关根据宪法和法律的规定在行使其职权的过程中,贯彻和实施法律的活动。随着社会经济、文化、政治的飞速发展,大量法律需要国家机关积极的执法行为予以落实,例如交通管理、出入境管理、社会治安管理、工商管理、税收管理等。

(二)法的遵守

法的遵守是指一切社会大众的可能影响他人利益的行为必须在法律规定的范围内进行。这里的一切社会大众包括:一切国家机关、武装力量、政党、社会团体、企事业单位、其他社会组织和个人。国家机关及其工作人员、政党、武装力量、社会团体、企事业单位和全体公民,必须履行守法义务,依照法律规定办事,否则就可能因为违法而承担相应的法律责任。

违法是指社会主体所实施的违反法律规定,破坏法律所保护的社会关系的行为。

违法的构成要件包括:第一,社会主体有积极或者消极的违反法律规定的行为;第二,该行为发生时,社会主体主观上是出于故意或者过失;第三,该行为破坏了法律所保护的某种社会关系,也就是说,该行为具有一定的社会危害性;最后,违法的主体必须是达到了法定责任年龄和具有责任能力的自然人和依法设立的法人或其他组织,即行为人必须具有法律上的行为能力。

由于法的强制性和拘束力,违法者都要对自己的违法行为承担法律责任。所谓法律责任,是指因违法行为所产生的对行为人不利的法律后果。根据违法行为的性质,法律责任分为民事责任、刑事责任、行政责任和违宪责任。

由于法的强制力来自外部,违法者的法律责任的承担是通过国家机关实施法律制裁来实现的。法律制裁可以是名誉性质的,如行政处罚中的警告,民事制裁中的赔礼道歉;也可以是财产性质的,如民事制裁中的赔偿损失;还可以是资格性质的,如行政处罚中的吊销营业执照,刑罚中的剥夺政治权利;甚至是人身性质的,如治安处罚中的治安拘留,刑罚中的有期徒刑、无期徒刑和死刑。

(三)法的适用

法的适用是指一切国家机关及其工作人员,依照法律的有关规定,运用国家权力,把法律应用于具体案件的专门活动。由于这种活动是以国家的名义来行使司法权,故一般简称为"司法"。

二、法的适用

(一)法的适用的特征

1. 主体的特殊性

法的适用主体即行使司法权的国家,在不同的国家机关、不同的社会环境、不同的法律体制下有所不同。社会主义国家的司法权由宪法与法律规定的司法机关统一行使。

在我国,依据现行宪法和法律的规定,司法权一般包括审判权和检察权,审判权由法院行使,检察权由检察院行使。法院与检察院是我国的司法机关,即我国法的适用的主体。

2. 活动的国家强制性

法的适用由司法机关及其工作人员凭借国家强制力作为后盾,以确保法律的具体实施,具有正式的、官方的、不可抗拒的性质。司法机关依法作出的判决和裁定生效后,任何机关、组织和个人都必须执行,不受任何外来干涉,不得改变和违抗。

3. 程序的法定性

法的适用是司法机关依照法定职权和法定程序所进行的专门活动,所以程序的法定性是法的适用的最显著特征之一。司法活动是严格依照诉讼程序进行的,审理民事、刑事、行政和国家赔偿案件,必须依据民事诉讼、刑事诉讼、行政诉讼和国家赔偿诉讼的程序进行。

4. 工作的专业性

法的适用只能由司法机关来开展,其他任何组织和个人都不具有司法权。它要求司法机关的工作人员既具有扎实的法学理论功底,熟知各类有关实体和程序的法律规定,又要具有相关领域的专业知识。

（二）法的适用的原则

法的适用的原则即司法准则,是司法机关及其工作人员开展司法活动时所应依据的准则。我国司法机关适用法的基本原则主要有以下三个方面。

1. 以事实为依据,以法律为准绳原则

以事实为依据,是指适用法律时必须从案件的实际情况出发,把案件的审理和案件的判决建立在尊重现实事实的基础上,以此作为适用法律的前提。以法律为准绳,是指处理民事、刑事、行政诉讼案件都必须严格依据法律的有关规定办事,以法律作为审理案件的唯一标准。这条原则要求司法机关在办理案件时,必须根据确凿、充分的证据,调查清楚法律事实的真相,不得主观臆断;在查清事实的基础上,必须依据法律规定的内容和程序,才能作出司法行为,不得滥用职权,徇私舞弊,枉法裁判。

2. 司法平等原则

司法平等原则,即《宪法》规定的"法律面前人人平等"原则的体现。准确地说,是指公民在适用法律上人人平等。这条原则要求司法机关在适用法律时,对不同职业、身份、财产状况、性别、受教育程度等的公民,应当一视同仁,不得区别对待;不得对某些具有较高身份的人,或者具有较高收入的人,或者具有较高学历的人,搞特权;在同等条件下,不得对这些社会群体的权利或者权力给予过多关注,而对他们的义务或者责任过分忽视。

3. 司法机关依法独立行使职权原则

它主要是指国家的司法权只能由国家的司法机关统一行使,其他任何机关、组织和个人无权行使此项权力。司法机关是法的公平、正义精神的最后的庇护所,是平息社会纠纷、化解社会冲突的最终的裁判者,也是铲除社会不良行为、恢复社会秩序的最有效的社会监察部门。因此,为了使司法机关能够实现这些职能,必须给予它们以特殊的地位。《宪法》第126条规定:"人民法院依照法律规定独立行使审判权,不受行政机关、社会团体和个人的干涉。"第131条规定:"人民检察院依照法律规定独立行使检察权,不受行政机关、社会团体和个人的干涉。""十六大"报告也重申要"从制度上保证审判机关和检察机关依法独立公正行使审判权和检察权"。

（三）法的适用的基本要求

简单地说,法的适用的基本要求可以表述为:正确、合法和及时。

正确,是指司法机关对适用法律时所针对的法律事实的认定应当清楚,证据应当确凿,定性应当准确。否则就可能导致错判、错捕、错追究。

合法,是指司法机关在办理案件时,应当根据法律规定的权限,按照法定的程序和内容来进行。否则就可能导致滥用职权,或者超越职权的违法行为。及时,是指司法机关办理案件时,应当按照法律规定的期限来进行。西谚云:迟来的正义不是正义。超期羁押,拖延办案,将可能给当事人的人身或财产权益造成无法弥补的损害。

(四)法的适用范围

法的适用范围是指法律在何时、何地、对何人发生效力,即法的效力问题。

1.法的时间效力

法的时间效力,是指法制定出来以后从何时开始生效,到何时停止生效,以及新法对过去发生的法律事实是否产生溯及力。

首先,关于法的生效时间。法的生效时间主要有两种:一是从新法公布之日起生效;二是从新法规定的时间开始生效。

其次,关于法的失效时间。法的失效时间主要有两种:一是从新法施行之日起,旧法自行失效;二是从新法规定的旧法废止的时间开始失效。

最后,关于法的溯及力。法的溯及力,是指新法对过去发生的法律事实,即对新法生效以前发生的法律事实是否有追溯以往的效力。以刑法为例,新刑法对生效以前的行为采取"从旧兼从轻"原则。即原则上,新刑法生效以前发生的行为,适用当时的旧刑法;同时兼顾从轻原则。也就是说,如果新刑法对其生效以前的行为的定罪量刑较轻的,甚至根本不认为该行为是犯罪的,那么适用新刑法,这时新刑法对生效以前发生的行为就有溯及力。

2.法的地域效力

法的地域效力,是指法制定出来以后,在什么空间范围内发生拘束力。前文已述,法有不同的效力等级,这取决于创制法的主体的权限。法的创制主体的权力越大,法的效力等级越高;法的创制主体的权力越小,法的效力等级越低。以全国人民代表大会及其常委会为例,全国人民代表大会有权制定和修改基本法律;全国人民代表大会常委会有权制定和修改其他法律。它们制定的法律在中华人民共和国主权范围内发生效力。中华人民共和国的主权范围包括中国的领陆、领水、领空及其领土,还包括悬挂中国国旗的具有主权色彩的中国的航空器和船舶。但是,法律另有规定的除外。比如,按照国际惯例,在中国领陆上建立的外国驻华大使馆、领事馆等享有外交特权和豁免权的地域,不适用中国法律;根据一国两制的原则,在香港和澳门,只适用特别行政区的基本法和选举法等,全国人民代表大会及其常委会制定的大部分法律都不适用;根据民族区域自治原则,民族自治地方人大可以制定自治条例、单行条例,全国人民代表大会及其常委会制定的法律的部分甚至全部条文可能不适用。

3.我国法的对人的效力

法的对人的效力,是指法制定出来以后,对哪些主体产生拘束力。这个问题要结合主体的国籍和法的地域效力来谈。以全国人民代表大会及其常委会制定的法律为例,大致说来,法律的对人的效力有以下几种情形:

对于中国公民,如果在中国领域内,则一律适用中国法律;如果在中国领域外,原则上也要适用中国的法律,但法律有特别规定的,按法律规定。所谓法律有特别规定的,以刑法为例,中国公民在中国领域外犯罪的,如果犯罪主体是国家工作人员和军人,则一律适用中国刑法;如果是普通犯罪主体,所犯罪行的最高法定刑为三年以下有期徒刑的,则可以不适用中国刑法。

对于外国人和无国籍人,如果在中国领域内,原则上都适用中国的法律。但法律有特别规定的除外。所谓法律有特别规定,比如,享有外交特权和豁免权的外国人,不适用中国法律;中国《宪法》规定的公民的政治权利和自由,不适用外国人和无国籍人;中国婚姻法规定的夫妻双方的计划生育的义务,不适用外国人和无国籍人。如果在中国领域外,原则上不适用中国的法律,法律有特别规定的依规定。所谓法律有特别规定的,以刑法为例,如果外国人在中国领域外实施了针对中国政府、国家机关、社会团体、企事业单位或者个人的犯罪行为,所犯罪行按照我国刑法最低法定刑为三年以上有期徒刑的,而犯罪地法院也认为该行为是犯罪的,则可以适用中国刑法。

第五节　法律关系

一、法律关系的概念

法律关系,是指法律规范在调整人们行为的过程中所形成的,具有法律上的权利、义务内容的社会关系。社会主义法律关系,是指经社会主义法律规范调整后所形成的具有法律上的权利、义务内容的社会关系。

法律关系与一般社会关系的主要区别在于:法律关系的主体之间存在着法律上的权利和义务。法律关系的核心内容是法律上的权利和义务。法律关系的实质是权利和义务关系。比如,朋友之间、邻里之间、恋人之间不存在任何权利和义务,他们只是一般的社会关系;而婚姻关系中的夫妻经由法律调整则存在着法定的互相继承的权利,相互扶养的义务等,他们之间就是法律关系。

当然,这些权利和义务的产生是由于法律规范的调整才出现的。比如说,在德国和美国,如果下雪以后,住户没有及时清扫门前的积雪而导致行人滑倒致伤的,行人有权控告住户,要求其承担由于未履行法定义务所导致的损害赔偿责任。行人的权利和住户的义务从何而来? 这是由德、美两国的《扫雪法》规定的。但在中国,行人和住户之间就不存在这样的权利和义务关系,因为我国目前还没有这样的法律。

综上,法律关系只占社会关系的一部分。那些法律无法或者暂时无法触及的领域则靠其他社会手段来调控。随着社会主义法律体系的逐渐完善和成型,我国社会主义法律关系逐步建立完善,人们之间的社会关系不断上升为法律关系时,一个打破人情、主要由陌生人组成的市民社会在不断形成,人们开始越来越依赖国家的公共权力来处理私人事务,人们对待法律的态度开始发生变化,传统的厌讼情结逐步消解。

二、法律关系的构成要素

法律关系的构成要素分为:主体、客体和内容。

（一）法律关系的主体

法律关系的主体,是指参加到法律关系中享有权利承担义务的"人"。包括国家机关、社会团体、企事业单位及其他社会组织,当然,还包括大量的个人。

法律关系的主体在享受特定权利时,还必须具备法定的资格;在承担义务时,还必须具备法定的责任能力。

比如,自然人行使结婚的权利必须具备相应的条件;国家机关在进行立法活动、行政管理、司法活动时,必须具有相应的法定职权;以法人名义从事民事活动的主体必须具有法人资格。

再比如,自然人由于受年龄和精神状态的影响,可能会呈现的辨认或者控制自己行为的能力。因此,在承担法律责任时,法律规定,自然人必须具有正常的精神状态;根据责任的性质,法律规定了不同的年龄作为条件。比如,自然人的行政责任年龄是 14 周岁;民事责任年龄分别是 10 周岁、18 周岁;刑事责任年龄分别是 14 周岁、16 周岁。

（二）法律关系的客体

法律关系的客体,是指法律关系主体享有的权利、承担的义务所指向的对象。也就是权利和义务所赖以产生的直接对应者。主要包括:物、行为、精神财富。

在社会生活中,物是最大量的法律关系的客体。比如,在买卖关系中,出卖人和买受人的相互权利和义务,都指向具体的物;在租赁关系中,出租人和承租人的相互权利和义务,都指向具体的动产和不动产。

行为也可以作为法律关系的客体。比如,在各种演出、美容服务合同中,服务提供一方和接受一方的权利义务都指向具体的行为;在劳务合同中,用人单位和劳动者的权利和义务都指向具体的劳务行为。

精神财富也可以成为法律关系的客体。比如,在出版合同中,出版商和作者相互之间的权利和义务,都指向作者智力活动所创造的成果——作品;在商标使用许可合同中,注册商标持有人和商标许可使用人相互之间的权利和义务,都指向以文字、图形,或者两者的结合所设计的商标等。

在特殊条件下,法律所保护的各种合法权益,也可以成为法律关系的客体。如在侵权法律关系中,侵权的客体是受害人的人身权益和财产权益;在刑事法律关系中,犯罪客体或者是被害人的人身权(如故意杀人罪、故意伤害罪、强奸罪)和财产权(如盗窃罪、抢劫罪、诈骗罪),或者是社会大众的公共利益(如爆炸罪、投毒罪、放火罪)等。但是,在文明社会中,人本身不能像奴隶社会的奴隶那样,作为法律关系的客体。

(三)法律关系的内容

法律关系的内容,是指法律关系的主体所享有的具体权利和所履行的具体义务。所谓权利是指自己可以为一定行为或者不为一定行为;或者要求他人为一定行为或者不为一定行为的资格。义务则是为了满足权利人的要求而为一定行为或者不为一定行为。法律关系的主体所享有的权利必须是合法的,才能得到法律的保护;所履行的义务必须是法律上真实存在的,才会发生法律后果。

三、法律关系的发生、变更和终止

经法律规范调整后,社会关系不会自动变成法律关系,还必须存在一些客观、主观的因素,才能促成法律关系的发生。这就是法律事实。

法律事实,是指法律规定的,引起法律关系发生、变更或者终止的一切主客观因素。它包括事件和行为。

事件,是指法律规定的,能够引起法律关系发生、变更或者终止的一切不以人的意志为转移的客观因素。如自然灾害、人的死亡、战争、突发事件等。保险法律关系、继承法律关系是最典型的由事件引起的法律关系。

一个事件可能引起一个法律关系的发生、变更或者终止,也可能引起数个法律关系的发生、变更或者终止。比如,人的死亡,既可以引起继承法律关系的发生,也可以引起婚姻法律关系的终止,甚至还可以引起债权债务关系的变更。并不是一切客观事件都会引起法律关系的发生、变更或者终止。只有法律规定的事件,才会引起法律关系的发生、变更或者终止。

行为,是指法律规定的,能够引起法律关系发生、变更或者终止的一切主观因素。行为是引起法律关系发生、变更或者终止的最大量的法律事实。

根据行为的实施主体的不同,行为可以分为:国家机关的立法、行政和司法行为,民事主体的民事行为,犯罪主体的犯罪行为,等等。

能够引起法律关系发生、变更或者终止的行为,可以是合法行为,也可以是违法行为,还可以是犯罪行为。

一个行为可能引起一个法律关系发生、变更或者终止,也可能引起数个法律关系的发生、变更或者终止。比如,伤害行为可能引起民法上侵权法律关系的发生,也可能引起诉讼法上刑事诉讼法律关系和刑事附带民事诉讼法律关系的发生。

一个法律关系可能由一个法律事实引起,也可能由数个法律事实引起。比如,婚姻关系是由男女双方的登记行为产生的;而遗嘱继承关系的发生,则需要被继承人立遗嘱的行为和被继承人死亡的事件这两个法律事实。引起某一法律关系发生、变更或者终止的几个法律事实的总和,称为法律关系的事实构成。不具备事实构成的必备因素,就不能引起相应法律关系发生、变更或者终止。

练习一

一、单项选择题

1. 我国社会主义法的适用的总的要求是(　　)。
　　A. 从重、从快　　　　　　　　B. 正确、合法、及时
　　C. 正确处理政策与法律的关系　　D. 严格划清合法与违法的界限

2. 按照法律制度赖以建立的经济基础和所反映的阶级意志的不同对不同的法律制度所进行的分类叫做(　　)。
　　A. 法系　　　B. 法律体系　　　C. 法的历史类型　　D. 法律部门

3. 同学甲在大操场看台上捡到"随身听"一只,失主得知后向其索要,同学甲拒不归还,其行为是(　　)。
　　A. 违法的行为　　　　　　　　B. 违反道德的行为

C. 违反道德但不违法的行为　　　D. 既违反道德也违法的行为

4. 法律义务表现为法律关系主体（　　）。

A. 可以自己做出一定行为　　　　B. 必须做出或不做出一定行为

C. 可以要求他人做出一定行为　　D. 可以要求他人不做出一定行为

5. 肖像属于法律关系客体种类中的（　　）。

A. 物　　　　　B. 行为　　　　　C. 人身权益　　　D. 精神财富

二、多项选择题

1.（　　）可以使法律关系产生、变更或消灭。

A. 人的死亡　　B. 签订合同　　　C. 收养子女　　　D. 请人吃饭

2. 法律关系的客体可以表现为（　　）。

A. 物　　　　　B. 行为　　　　　C. 智力成果　　　D. 某些人身权益

3. 在一个主权国家，法律适用于主权管辖范围所及全部领域，包括（　　）。

A. 陆地　　　　B. 内水和领海　　C. 领空　　　　　D. 驻外使馆

4. 法律的制定，是指有立法权的国家机关或经授权的国家机关，在法定职权范围内（　　）法律及其他规范性法律文件的一项专门活动。

A. 制定　　　　B. 补充　　　　　C. 废止　　　　　D. 认可

5. 法律的时间效力包括（　　）。

A. 法律的生效时间　　　　　　　B. 法律的制定时间

C. 法律的终止时间　　　　　　　D. 法律的溯及力

6. 导致法律事件发生的原因，可以来自（　　）。

A. 社会　　　　　　　　　　　　B. 自然

C. 时间的流逝　　　　　　　　　D. 行为人的行为

三、简答题

1. 什么是法？法的特征有哪些？

2. 如何理解立法原则与立法指导思想的关系？

3. 简述法律的创制程序。

4. 请从不同的角度对法进行简要的分类。

5. 简述法的适用的原则。

6. 请你结合日常生活中列举法律关系并指出其中的构成要素。

7. 请举出一些事例说明科技的发明是怎样向法律提出新问题，促使法律发展的。

8. 什么是法律效力？法律效力包括哪些方面？

9. 什么是违法行为？其构成要素如何？

10.何谓法律事件？何谓法律行为？

四、案例分析

1.张先生的妻子因病去世了,在举行追悼会的那天,张先生发现其妻子的眼球是两只玻璃仿制品,明显被人偷换了。张先生怀疑是妻子去世时所在医院所为,于是向警方报案。警方把怀疑对象放在了该医院眼科医生李博士身上。于是,传唤李博士讯问,李博士很爽快地承认眼球是他摘的。因为当天他正在给一位患者做角膜移植手术,不想库存的角膜用完了,于是他到太平间摘取了张先生妻子尸体上的角膜。李博士认为救死扶伤是医生的职责,他不能看着病人的双目失明,而在有机会医治的情况下,不能放弃治疗。况且,他认为摘取的是死者的眼球,不会造成什么损失。而张先生认为,李博士的行为严重伤害了自己的感情,他不希望看到妻子在死后有这样的遭遇。警方也因此拘捕了李博士。此事在医院乃至整个医学界引起了很大震动和争议。

那么,作为医生的李博士是否有权将死者的眼球摘除,并移植到其他病人身上救死扶伤呢？如果犯法,他究竟触犯了什么法律,他将承担什么法律责任？

2.2001年8月31日夜晚,青年工人辛勤与家人坐在电视机前看中央电视台的新闻联播,电视画面上出现了李鹏委员长的身影,只见他站在人民大会堂的主席台上,面对着济济一堂的全国人民代表大会常务委员会委员,对着话筒庄严宣布:"各位委员、各位同志:本次会议开了四天半。经过大家的紧张工作,全部议程已经进行完毕。会议审议通过了《防沙治沙法》……"此时,画面一转,出现了节目主持人,只见她严肃而又认真地读起准备好的文稿:"根据中华人民共和国第五十五号主席令,《中华人民共和国防沙治沙法》已由中华人民共和国第九届全国人民代表大会常务委员会第二十三次会议于2001年8月31日通过,现予公布,自2002年1月1日起施行。"看着这画面,辛勤心里产生了不少疑问:谁有权制定法律？这法律是怎么制定出来的？法律是依据什么程序制定出来的呢？它的立法依据又是什么呢？

第二章
社会主义法治国家理论

【本章导读】

理解法治的含义,了解法治的起源以及邓小平的民主法治思想,了解中国现代法制建设的基本历程,洞悉中国法制现代化的历史成因。

用邓小平理论把握社会主义民主的含义,认识到社会主义民主与资本主义民主的本质区别;体会社会主义民主的优越性;弄清社会主义民主与社会主义法制的关系。了解当代中国法治的进程,掌握法治国家的条件与主要标志。

【本章重点】

把握改革开放基本国策与社会主义法治建设的关系。

社会主义民主与社会主义法制的关系。

社会主义法治建设的条件。

法治国家的主要标志。

【本章难点】

法治的真正含义。

怎样理解社会主义民主只能逐步地发展。

怎样理解社会主义民主比资本主义民主优越。

第一节　法治的含义

一、法治的含义

法治这个命题,最早是由古希腊和古代中国先秦哲人提出并不断地阐述形成其思想,历史上许多思想家都在不断探索这个命题,依法治国也成为古今中外明智的政治家的政治目标。由于法治思想内涵博大精深,许多论著都没有直接、简单地对"法治"进行定义。法治实践仍是当代法学一个重要的问题。综观法的发展历史,我们认为法治至少具有以下四层意义。

（一）法治是一种治国方略

任何时代、任何国家的统治者都非常重视治国方略，无论东方国家还是西方国家，都会因为治国方略的转换、改变而影响国家的兴衰。

法治在被提出时就以"以法治国"、"依法治国"等词出现。在中国古代，"法治"与"礼治"、"德治"、"人治"等同样被认为是一种治国方略。法治的提出与发展都围绕着一个国家的治理而展开。同样，在西方，法治也作为与人治相对应的一种治国方略。

治国方略有多种多样，人类历史经历了奴隶社会、封建社会、资本主义社会、社会主义社会等不同社会阶段，治国方略也同样经历了主要依靠道德治理、主要依靠执政者贤明治理、主要依靠法律治理的不同阶段。从奴隶社会、封建社会的君主统治到资本主义倡导的社会民主，直到社会主义社会的人民真正享有民主，法治实际上是作为一种治国的方略被选择和权衡的。

中国作为社会主义国家，在"九五"计划和 2010 年远景规划中已明确提出了依法治国的目标。中国共产党第十五次全国代表大会也明确提出"继续推进政治体制改革，进一步扩大社会主义民主，健全社会主义法制，依法治国，建设社会主义法治国家"①。这标志着中国共产党执政方式的巨大转变，标志着党和国家治国方略的重大改变。因而就治国方略而言，中国已进入了依法治国的新阶段。

（二）法治是一种民主的法制模式

法制，即法律制度及其运行秩序的统称，包括立法、司法、执法和守法。法制一般分为专制的法制和民主的法制，法治是民主的法制。

法制在中国、在西方的古代奴隶社会和封建社会都曾是专制统治的工具，为君权或神权服务。中国的历代法家都主张"法治"并直接参与实践，但当时的历史条件不具备民主的精神，法律实践也不具备民主的社会基础，因而他们所谓的"法治"是人治之下的法制、专制下的法制，具有专制的许多特征。如法律不能真正体现人民的意志，法律的意志与君王的意志相违背时，首先服从君王意志，法律对不同的人是不平等的，人的尊严或人权得不到尊重等。

法治是以民主为社会基础的法制模式。近代资产阶级在追求自身经济自由、渴望获得政治民主、反抗封建等级制度过程中逐步建立了法治这

---

① 江泽民：《在中国共产党第十五次全国代表大会上的报告》，人民出版社 1997 年版，第 33 页。

种民主的制度。这种法制模式的基本特征是:法律至上;保护人权和公民权;政府必须依法行政;司法独立;公民权利受到侵犯应当得到公正的救济;等等。但资本主义社会的制度决定了资本主义国家不可能真正实现反映人民意志的法治。社会主义国家实现了广泛而且真正的民主,才有可能实现法治这种法制模式。

(三)法治是一种法律精神

法治包含了一整套关于法律、权利和权力问题的原则与观念体系,它体现了人对法律的价值需要,因此法治还是一种法律精神。

通过对近代法治思想和实践的分析,可以对法治所蕴含的法律精神作这样的归纳:

(1)法律是至高无上的。法律具有极大的权威,法大于权,法律面前人人平等。

(2)法律的制定是通过民主、公开的程序进行的,反映了广大人民的意志并体现了客观规律。客观、公正的立法是法治的必要前提。

(3)法律的适用不承认特殊情况,只承认普遍规则的效力;非经法定程序不得因特殊情况而改变法律的普遍性,即使有的特殊情况的目标符合正义。

(4)法律的执行必须有严格的制度和程序的保障,行政权力必须接受法律的制约和程序的控制,滥用权力者应该受到法律的追究和惩处。

(5)法律必须包含切实保护公民权利的内容;权利与义务是统一的,但是权利是基本的,应占主导地位,在立法、执法和司法等环节均应关怀和尊重人权。

(6)法律必须确立权力制约观念。国家是权力机关,绝不是营利的经济组织,权力必须在法定的范围内活动,一定的国家机关享有法定的权力,同时要受到其他国家机关法定权力的配合与制约。

(四)法治是一种理想的社会结构

法治是人类理想的社会结构和秩序,从它被提出开始,人类一直在不断探索、不断完善。经过诸多实践,人们对法治已形成了许多共识,也取得了重大成就。不同民族和国家在其法制建设的历程中每取得一项进展,都是向法治理想迈进了一步。

法治所追求的是一种理想的社会结构和秩序,包括安全、富裕、民主和文明。对于当代中国而言,法治的实现过程对社会主义市场经济的建设和生产力的发展具有重要意义,同时对社会主义民主政治建设、精神文明建设以及国家的长治久安都具有不可估量的作用。既然法治是一种社会理想,那么它也必然是一个探索和实践的过程,由低级向高级发展的过程。我们应该充分认识到法治建设道路上的困难,为建成法治社会作出不懈的努力。

二、法治的起源

法治思想从古希腊和古罗马时代起就有无数思想家进行探索。法治理论的萌芽最早出自柏拉图的名著《法律篇》,"服从法律统治"是柏拉图法治观的核心。亚里士多德发展了柏拉图的法治理论,在其《政治学》中阐述了法治的含义:"法治应包含两重意义:已成立的法律获得普遍的服从,而大家所服从的法律又应该本身是制定的良好的法律。"[①]同时亚里士多德依据人性本恶的观点提出了权力必须受到制约的观点,使法治理论有了进一步的发展。

近代法治理论是由英国的法哲学家詹姆·哈林顿首先创立的。他在其代表作《大洋国》中提出了以自由为最高价值准则,以法律为绝对统治国家体制的统治共和国模式。哈林顿提出要实现一个国家成为法律王国,必须实现权力制衡,而权力制衡则取决于:"①元老院讨论和提议案;②人民决议;③行政官员执行,官职由人民投票选举,平等地轮流执政。"[②]只有这样才能使共和国持久稳固。在哈林顿之后,英国另一个法哲学家洛克提出以保护个人自由权利为核心的法治理论,他认为对个人自由权利的最大危害是政治权力的滥用。因此,政治权力必须受到法律的约束。法治社会中的政治权力应是有限的、分立的和负责的。

与洛克同时代的法国思想家孟德斯鸠则将近代各国的法治理论推到了顶峰。孟德斯鸠认为:"在一个法律社会里,自由仅仅是一个人能够做他应该做的事情,而不是被强迫做他不该做的事情。"[③]为防止个人被强迫做他不应该做的事情,就必须对国家权力加以限制。因为自由只能在"国家的权力不被滥用的时候才存在。但是一切有权力的人都容易滥用权力,这是万古不易的一条经验。有权力的人们使用权力一直到遇有界限的地方才休止"。为消除对自由的威胁,必须实行分权,以权力制约权力。如果"立法权和行政权集中在同一个人或同一个机关之手,自由便不复存在了;因为人们将要害怕这个国王或议会制定暴虐的法律,并暴虐地执行这些法

---

① 亚里士多德:《政治学》,商务印书馆1983年版,第199页。
② 哈林顿:《大洋国》,商务印书馆1982年版,第154页。
③ 孟德斯鸠:《论法的精神》,商务印书馆1982年版,第154页。

律。如果司法权不同立法权和行政权分立,自由也就不存在了。如果司法权同立法权合二为一,则将对公民的生命和自由施行专断的权力,因为法官就是立法者。如果司法权同行政权合二为一,法官便将有压迫者的力量"。孟德斯鸠以三权分立为核心的法治理论,成为资本主义主要的法治理论,并首先在美国变成了现实。

第二节　邓小平民主法治思想

一、邓小平民主法治思想的由来

中国是一个以讲"治国之道"闻名的国家。但是新中国成立后,法制建设由于各方面因素的影响,没有提到应有的高度并予以重视,特别是在"文化大革命"中,法制遭到了彻底的践踏,"人治"代替了"法治",结果造成了十年内乱,经济到了崩溃的边缘,社会秩序陷入了严重混乱。粉碎"四人帮"以后,尽管各方面都有了好转,但由于长期受"左"的思潮的影响,特别是受"两个凡是"的制约,法制建设仍然没有受到应有的重视。中国共产党十一届三中全会以后,邓小平深刻、全面、科学地总结了我国以往的历史经验教训,明确提出了健全社会主义民主与法制,让社会运行在法制的轨道上的"依法治国"思想,从此以后逐步建立了邓小平民主法治思想体系。

二、邓小平民主法治思想的主要内容

中国共产党十一届三中全会以后,邓小平在多方面对依法治国进行了阐述。主要有以下三个方面。

（一）国要有国法

依法治国必须要有"国法"。所谓"国法",就是国家法律制度。1978 年 12 月 13 日,邓小平在中央工作会议上提出"国要有国法"。明确了社会主义国家要健全社会主义法制,社会主义法制的作用和任务就是保障社会主义民主,调节国家政治、经济和其他社会生活的关系,明确公民的权利义务,惩处犯罪,保证社会主义建设的顺利进行。

去除政治体制弊端需要法制。作为"文化大革命"的受害者,邓小平深刻认识到我国政治体制中的弊病已严重妨碍了社会主义的发展。"从党和国家的领导制度、干部制度方面来说,主要的弊端就是官僚主义现象,权力过分集中的现象,家长制现象,干部领导职务终身制现象和形形色色的特权现象。"这些现象的存在,主要原因就是法制不健全。因而,只有系统地

建立保障人民民主权利的各项制度,使人民有权依法对国家机关的活动进行"铁面无私的监督检查",有权依法对那些破坏党纪国法的干部进行检举、控告、撤换、罢免,才能有效地克服我国政治生活中的各种弊端。

社会安定需要法制。邓小平认为,同各种破坏安定团结的势力进行有效的斗争,不能采取过去搞政治运动的办法,而要遵循社会主义法制原则。邓小平在党中央召集的干部会议上明确指出:"真正要巩固安定团结,主要的当然还是要依靠积极的、根本的措施,还是要依靠发展经济、发展教育,同时也要依靠完备法制。经济搞好了,教育搞好了,同时法制完备起来,司法工作完善起来,可以在很大程度上保障整个社会有秩序地前进。"

社会主义市场经济需要法制。为了保证经济建设的顺利进行,就特别需要法制的保障。社会主义市场经济的有效运行,必须通过完备的法制手段来控制。如价格灵活而有效的管理、合同的成立与仲裁、消费者权益的保护、税赋的征收与稽核、生态的保护与环境的治理等,都必须制定详尽的法律,国家、企业、个人三者之间的关系也要靠法律形式来确定。邓小平认为,国家和企业、企业和企业、企业和个人等之间的关系,也要由法律的形式来确定;它们之间的矛盾,也有不少要通过法律来解决。邓小平的论述表明,市场、商品、货币关系的扩大,使国家与企业、企业与企业、企业与个人之间的关系日趋多样化、复杂化。因此,迫切需要建立和健全经济法规,并以此规范各种经济活动。

坚持立国之本、走好强国之路必须用国法保障。四项基本原则是我国的立国之本,改革开放是我国的强国之路。邓小平认为坚持四项基本原则不仅要加强教育和宣传,还必须依靠法制。没有专政手段是不行的。对专政手段,不但要讲,而且必要时要使用,改革开放也必须采取法制的形式,通过法律、法令巩固改革开放的成果,这就把坚持四项基本原则与改革开放在法律上统一起来,从而保证社会主义现代化建设与改革开放有秩序地、稳定地不断向前发展。

(二)一手抓建设,一手抓法制

这是邓小平的重要法治思想,把法制建设的重要性提到了一个新高度,指出了法制建设与物质文明建设的必然联系,提出了法制建设是我国社会主义初级阶段的治国之本。

社会主义经济建设是社会主义的中心工作,在以经济建设为中心的前提下,社会主义法制应提高在社会中的地位。从1978年起,邓小平在总结新中国成立以来正反两方面经验后指出:搞四个现代化建设一定要一手抓建设,一手抓法制。邓小平从理论和实践的结合上,从历史和现实的联系上,多方面阐明法治国家建设过程中加强法制建设的重要性。

必须健全法制,是历史的经验教训。我国的法制建设经历了一个曲折的过程。新中国成立后到 1956 年,法制建设是有成就的,但由于"左"倾错误,从 1957 年开始批判"法律至上",法律虚无主义思潮抬头,逐渐出现了以政策代替法律,以国家领导人的言论代替法律的不正常现象,直到发生了"文化大革命"的灾难。造成这场灾难,有复杂的社会历史原因,但法制不健全也是其中的重要原因之一。因此,邓小平指出要避免类似"文化大革命"那样的错误,就要从制度方面解决问题。

为了保障人民民主,必须加强法制。邓小平把加强社会主义法制同发展社会主义民主结合起来,指出:"社会主义民主和社会主义法制是不可分的,不要社会主义法制的民主,不要党的领导的民主,不要纪律和秩序的民主,绝不是社会主义民主。相反,这只能使我们的国家再一次陷入无政府状态,使国家更难民主化,使国民经济更难发展,使人民生活更难改善。"

加强法制,有利于巩固安定团结的政治局面。邓小平反复强调要搞建设,安定团结是一个最基本的前提,否则像中国这样一个人口众多的大国,如果动乱不止,无论对我们自己,还是对国际社会都将是一场极大的灾难。中国的最高利益是稳定。真正要巩固安定团结,主要的当然还是要依靠积极的、根本的措施,还是要依靠发展经济、发展教育,同时也要依靠完备的法制。社会主义法制对安定团结的保障作用,在于它能调节和确定处于争议中的社会关系,使方方面面都有所遵循、有所制约,有效地制裁种种不合法治的原则和危害社会安定的现象,把社会不稳定因素减少到最低限度,从而使社会处于一种有序、协调、稳定和健康发展的状态。

改革开放使中国和世界联成一体,经济生活、文化生活搞活的同时,犯罪现象也增多了。面对这种情况,邓小平提出了一手坚持开放搞活,一手打击经济犯罪的法治思想。同时还提出了一系列原则:首先,打击经济犯罪活动的斗争是我们坚持社会主义道路的一个保证。改革开放后经济犯罪在各种犯罪中占的比例最大,严重地破坏了国家经济政策的调整、改革,腐蚀了人们的思想,毒化了社会风气,因而邓小平提出对经济犯罪活动斗争的认识要更高些、更深些。其次,打击经济犯罪活动要从重从快。邓小平主张对于经济犯罪活动,要坚决、严厉地打击。经过严厉打击经济犯罪活动,情况有了很大的好转。但经济犯罪是一种复杂的社会现象,在改革开放、发展市场经济的条件下,新旧体制的转变过程中,由于管理上出现这样那样的漏洞,商品交换向政治、思想领域的渗透,国外各种消极因素的作用等,都是产生经济犯罪的土壤。因此,邓小平还指出打击经济犯罪活动的斗争是一项长期的、经常的斗争,要警钟长鸣、常抓不懈。

(三)有法可依,有法必依,执法必严,违法必究

邓小平法治思想内容十分丰富,而其精髓是"有法可依,有法必依,执法必严,违法必究"。"有法可依"是"依法治国"的前提。"有法可依",就是要通过立法,建立反映社会主义经济、政治、文化以及社会发展和改革需要的,体现广大人民意志和利益的,完备的社会主义法律体系。只有做到有法可依,才能彻底克服过去那种"依人不依法"、"依言不依法"的情况。在立法工作方面,邓小平除了强调"制定全国通行的法律"外,还特别强调加强立法工作。1978年12月13日,他在中央工作会议上提出:"现在的问题是法律很不完备,很多法律还没有制定出来。往往把领导人说的话当做'法',不赞成领导人说的话就叫做'违法',领导人的话改变了,'法'也就跟着改变。所以,应该集中力量制定刑法、民法、诉讼法和其他各种必要的法律。"在立法工作中,邓小平不仅提出了上述具体的立法内容,而且还提出了立法必须坚持四项基本原则,以及具体的立法思想、方法和步骤。他认为:"修改补充法律,成熟一条就修改补充一条,不要等待'成套设备'。总之,有比没有好,快搞比慢搞好。"党的十一届三中全会以来,在邓小平法治思想指导下,我国的立法工作取得了很大成就,使我国社会生活的主要方面已经有法可依,社会主义法律体系已初步形成,为"依法治国"提供了前提条件。

"有法必依"是"依法治国"的关键。"有法必依"是指一切国家机关、公职人员、公民、政党和社会团体,都必须严格遵守法律,依法办事。这是邓小平法治思想的重要内容,是实现"依法治国"的关键。我国由于缺少法制传统,在一个时期内又忽略了法制建设,因而一方面法制很不完备;另一方面,已有的一些法律有的人也没有遵守。邓小平在反思我国的法制情况后,明确提出了"有法必依"的法治思想。邓小平认为:"有法必依"就是要守法,就是"要讲法制,真正使人人懂得法律,使越来越多的人不仅不犯法,而且能积极维护法律"。他还指出:我们国家缺少守法的传统,人们的法律知识缺乏,法律观念淡漠。因此,"重要的是要进行教育,根本问题是教育人。法制教育要从娃娃开始,小学、中学都要进行这个教育"。党的十一届三中全会以来,我国公民的法律知识不断丰富,法律意识不断增强,依法办事的观念和习惯逐步形成。

"执法必严,违法必究"是"依法治国"的保证。"执法必严"是针对执法机关的执法人员讲的,要求他们在执法活动中必须严格地执行以事实为根据、以法律为准绳的原则:"违法必究"是从"有法必依,执法必严"中引申出

来的,即必须追究一切违法和犯罪行为,法律面前人人平等,任何违法犯罪行为都要受到法律追究和制裁。这是"依法治国"的保证。

邓小平指出,要正确有效地执法,必须坚决执行"法律面前人人平等"的原则。不管谁犯了法,都要由公安司法机关依法办理,"任何人都不许干扰法律的实施,任何犯了法的人都不能逍遥法外"。邓小平还指出:"高级干部在对待家属、子女违法犯罪的问题上必须有坚决、明确、毫不含糊的态度,坚决支持查办部门。不管牵涉到谁,都要按照党纪、国法查处。"否则,有法不依,违法不究,那么立法就没有任何意义了。

"执法必严"也是邓小平法治思想的重要一环。他认为执法不严,心慈手软,形同儿戏,就没有威慑力量,就不能产生最佳的法律效力和法律结果。他多次提出,对那些不能教育或教育无效的各种犯罪分子,必须"坚决采取法律措施,不能手软"。因为,"对违法犯罪分子手软,只能危害大多数人民的利益,危害现代化建设的大局"。对那些严重违法乱纪的行为,绝不能掉以轻心。如果对各种犯罪行为不依法惩治,而是"放纵他们,让他们泛滥开来到处制造混乱,有些地方、有些部门、有些单位中,大多数人民的民主权利,又会像在'文化大革命'中那样,重新受到践踏"。他还指出:在对反革命分子、破坏分子和各种犯罪分子作斗争的问题上,不能有任何游移不定、含糊不清的表现。他针对一个时期犯罪分子猖獗而又执法不严的状况,强调指出:"现在应该从重处理,不是从轻,乱得太不像话了。国家不管是不行的。对这类犯罪分子的法律措施要从严,从严了才可以教育过来一批青年。"党的十一届三中全会以来,除严惩反革命罪犯外,还严厉打击经济犯罪和其他刑事犯罪,促进了社会治安的好转,保障了建设有中国特色社会主义事业的顺利进行。

三、邓小平民主法治思想的作用与意义

邓小平民主法治思想在我国社会主义法制建设过程中确立了"依法治国"的治国方略,对法治的建立、完善和发展起了很大的作用。具体表现在以下三个方面:

(1)指引我国立法工作的开展。在邓小平立法原则、立法思想、立法步骤的指引下,我国立法工作取得了巨大成就。

(2)保障我国经济的发展和安定的局面。在邓小平"两手都要抓,两手都要硬"的法治思想指导下,严厉打击了经济犯罪分子,确立了社会主义市场经济的运行秩序,确保了安定团结的局面,从而使我国社会主义初级阶段有了目前高速、稳定发展的良好局面。

（3）保障人民民主。邓小平确立了民主制度化、法律化的思想，确立了中国共产党必须在宪法和法律的范围内活动的准则，从而保障了人民拥有真正的民主，使整个社会有秩序地向前发展。

第三节　当代中国法治的进程

当代中国法治的进程，可以追溯到社会主义建设初期。20世纪50年代初，在毛泽东的亲自主持下，成立了宪法起草委员会，宪法草案经中央人民政府批准，全民讨论后，于1954年9月20日由第一届全国人民代表大会第一次会议审议通过了《中华人民共和国宪法》，同时还制定了涉及国家政治制度、经济制度和国家权力分配的重要法律，如组织法、选举法等，还颁布了像婚姻法这样单行的民事法律。但后来就发生了"文化大革命"，使法制建设的进程出现了挫折，甚至倒退。党的十一届三中全会以后，邓小平提出了"发展社会主义民主，加强社会主义法制"的民主法制建设的基本方针，中国的民主法制建设得到了全面的恢复，并取得了空前成就。

一、民主制度的恢复与建设

法治是建立在民主基础上的法制模式，没有实现真正的民主就不可能实现真正的法治。我国有几千年的封建社会和一百多年的半殖民地、半封建社会历史，中华人民共和国是从这种民主传统缺乏的社会中诞生和发展的，封建制度的传统比较多，因而在我国进行民主建设有其艰巨性，同时决定了民主建设的迫切性。但很长一段时间内，民主建设没有受到应有的重视，以致发生了"文化大革命"这样的灾难。党的十一届三中全会以后，我国人民在邓小平理论指引下，总结历史教训，在民主制度的恢复与建设上取得了巨大成就。

坚持和发展人民代表大会制度。人民代表大会制度是中国共产党领导下的人民民主制度，实践证明，实行人民代表大会这种议行合一的制度符合我国的实际情况。经过数十年的建设发展，我国各级人民代表大会的实际地位有了显著提高，在体现人民群众意志，进行民主监督方面，起了很大作用。当然，我国人民代表大会制度还有待于进一步的完善，要把主要依靠行政手段、政策手段的领导方式逐步转变为主要依靠法律手段。

在社会生活各方面实行民主。马克思主义认为，作为上层建筑的民主制度，始终受经济基础和上层建筑的其他方面的制约。因此只有社会各个领域都实行民主，才有可能建立民主制度。

经济生活的民主化，首先在农村普遍推行了家庭联产承包责任制，使农民享有生产管理的自主权；其次推行了城市经济体制改革，让企业直接面对市场，特别是国有企业逐步完成了由计划调控到市场调节，实现企业生产管理的民主化、市场化。文化生活的民主化，改革开放后，中央贯彻了"百花齐放、百家争鸣"的方针，文艺作品的创作和引进都有了很大的发展，文化市场的繁荣使人民可以选择适合自己需要的文化消费品。在其他生活领域，民主化进程也有了很大的发展，如妇联、工会组织等都有了发展，在反映群众意见中起了很大的作用。

二、立法、司法制度、行政执法的恢复与建设

改革开放 30 多年来，我国从无法可依到有法可依，司法制度从不健全到初步建成，行政权力从缺乏制约到行政执法制度初步建成，立法、司法制度、行政执法都取得了巨大成效。

立法工作取得了重大进展。改革开放以来的 30 年间，全国人民代表大会及其常务委员会共制定了 280 多部法律，国务院制定了 700 多部行政法规，地方权力机关制定了 4000 多部地方性法规。在国家的政治、经济和其他主要领域，已基本做到了有法可依。但是我们还有不少重要的法律没来得及制定，法律体系还不完备。比如我们的社会保障法、反垄断法等还没有制定出来等。

司法制度由不健全到初步建成。我们是从砸烂"公、检、法"的极"左"思潮的干扰中重建司法制度的。在这 30 多年里，确立了这样一些基本原则和制度：司法机关依法独立行使审判权和检察权；法律面前一律平等；以事实为根据，以法律为准绳；保障人权；等等。在这段时间里，还形成并完善了民事诉讼、行政诉讼和刑事诉讼制度。我们今后的目标是，进一步落实司法机关独立行使司法权的原则和制度，借鉴国际通行做法，对司法机关从机构设置、职权划分到管理体制、诉讼制度、监督机制，进行必要的完善和改革，从而保证司法公正。

行政权力从缺乏制约到行政执法制度的初步建成，再到行政法治的实现。中国在相当长时期内，行政权力缺乏法律的有效控制，行政法一直被理解为"管理法"，而不是"控权法"，这就导致行政机关及其工作人员的权力不受或很少受到法律的约束。损害行政相对人权利时，也难以保证行政相对人权益得到补偿和救济。我国制定并实施了行政诉讼法、行政复议法、国家赔偿法和行政处罚法，这对行政权力无疑是一种控制，对行政相对人则是一种权利保障。但是我们在行政执法上还存在一些较严重的问题，诸如行政规章缺乏监督、滥用处罚、以罚代刑等。另外,对行政相对人的权利保障和救济措施不力,廉政与勤政还做得不理想,这都是今后行政执法制度改革所要解决的问题。

三、社会主义市场经济法制建设

市场经济从根本上来说是法治经济,没有法治也就没有市场经济可言。因而,社会主义市场经济对社会主义法制建设有了更高的要求,特别是我国社会主义市场经济是经历了许多曲折才逐步建立起来的,又受到苏联模式的制约和传统的轻商思想的影响,因而更具有艰巨性与挑战性。建设确实能保障市场经济有序、规范、健康发展的法制,是社会主义发展过程中一项长期任务。

要达到这一目的,除了加强立法、司法、行政工作以外,更重要的是:

(1)抓好执法队伍的数量和质量,执法队伍包括公务员队伍、法官队伍、检察官队伍。因为历史的原因,我国的执法队伍一度数量奇缺,几乎是通过突击培训,甚至是在边执法边学法的过程中形成执法队伍的。这样的情况显然与高素质的执法队伍要求相去甚远。现在,我们有了一批具有较高素质的行政管理人员、法官和检察官,我们制定了《法官法》、《检察官法》和《人民警察法》等有关司法职业的法律。现阶段的主要任务是为了提高执法人员的业务素质,造就精通法律的实用人才,必须贯彻落实《法官法》、《检察官法》等法律法规中的具体制度。

(2)普及法律知识,增强公民法律意识,树立法制观念。我国在20世纪末开展的"一五"普法、"二五"普法和"三五"普法以及现在正在进行的"四五"普法,是提高法律意识的重要途径,也已取得较显著的成效。广大公民初步形成一种学法、知法和运用法律的需要与习惯,权利观念大大加强。但是与社会主义法治的要求相比还有一定距离,表现在法律权威还只是一种主要靠强制而不是自治的外在权威,权利观念只停留在关心和保护自身权利的层面,没有把尊重和维护他人权利作为权利观念的应有内容,自觉履行义务的习惯还没有形成,等等。在干部的法律意识方面也存在一些特殊的问题,国家机关工作人员的法律意识会直接影响普通公民对法律的态度,所以在强调全民法制观念的过程中,更应重视对国家机关工作人员法制观念的培养。

只要通过各方面的努力,社会主义法治建设一定会得到稳定的发展,使我国成为富强、民主、文明的社会主义现代化国家。

第四节　法治国家的条件与主要标志

一、法治国家的条件

民主是法治国家的基本条件。"民主"一词的字面意义为"人民当家作主"。在我国,对民主的理解一般有三个方面:首先是一种国家制度;其次是国家确认公民的基本权利和义务;第三是民主这个概念还往往在传统、习惯、思想、作风、意识、观念、态度、精神这些意义上被使用。民主作为一项国家政治制度,应包含如下三大原则。

(一)遵循预定程序原则

民主是多数人有理性的一种政治活动,因此,它必须受到人们预定程序规则的约束。但是,这种预定的程序规则应是人们事先共同认可的。一种成熟的民主制度,其预定的程序应当法律化。

(二)服从多数决策原则

民主是一种多数人参与决策的活动,如果不采用服从多数决策的原则,我们将会面对多种决策方案而无所适从。因此,采用服从多数决策原则,有利于提高民主政治的效率。

(三)保护少数意见原则

对于不同意多数人决策的少数意见应当允许其保留,并在法律上禁止对他们采取迫害性的措施。但是,保护少数意见原则并不允许这些持少数意见的人可以作出对抗多数人决策实施的行为。他们在行动上必须与多数人保持一致,否则他们将可能丧失民主的权利。

作为现代法治的基础,民主政治应当进一步强调:①民主政治是国家权力为全体人民所有的一种政权模式,而且这种全体人民对国家权力的拥有不是形式上的,而是实质性的、有效的。②民主政治是一种程序性的政治,它表现为政治权力的交替应当遵守预先设定的程序,且这种程序应当是公开的,能够保证人民平等、自由地参与,并表达自己的意见和愿望。③民主政治是一种能有效地实行以权利制约权力、以权力制约权力的政治。

法治国家,从某种意义上讲是一种社会理论。因而法治的意义更多地存在于其实现过程中,而不局限于其目标。民主政治是推动法治的内在动力,没有民主也就没有法治。因而民主政治是法治国家的基本条件。

二、法治国家的主要标志

国家是否已经达到法治状态,其主要标志是什么,可以用以下一些标准来判断。

(一)国家具有完备的法律体系

依法治国,归根到底就是依照宪法和法律治国。建立完备的法律体系是实行法治的主要标志。我们所提倡的"有法可依"也是这个意思,但这里的"法"有特定的条件和含义,它包括对法律体系科学性、人性、正义性方面的要求。完备的法律体系的具体要求有:

(1)制定的法律能够反映社会发展规律和时代潮流,体现人民的意志和利益。法治史上有"善法"与"恶法"之分,现实生活中同样存在不反映规律、不体现人民意志的"不法之法",即"恶法"。那些为个别人和个别部门(行业)谋利益的所谓"法律",虽然在形式上具有法律效力,但本质是违背法律的。

(2)国家能够积极地根据社会发展需要创制法律。立法者不应当被动消极地等待立法时机的成熟,在必要的情况下可以进行超前立法,对立法工作要有预见性计划。

(3)立法工作能够兼顾个别法规与法律体系的关系。法律体系是一个科学、严谨的规范系统,如果法律体系内部存在不协调、不配套,甚至相矛盾的话,就会影响法律的功能实效,甚至导致社会秩序混乱。因此,立法者必须及时对法律进行清理,确保法律体系内在的协调统一。

(4)在法律内容上还能够兼顾国家、社会、群体和个人的利益,处理好权利保障和权力制约以及必要的管理效率三者之间的关系,处理好权利与义务的关系。

(二)严格的行政执法制度和公正的司法制度

法治国家的政权是法律赋予的,因此任何行政行为都应遵循法律的规定,在法定范围和程序中从事行政管理活动。通常情况下,行政主体必须遵循"无法定依据即无权力"的原则,这与公民、法人的"法无规定即自由"原则有一定区别。在现代社会,法律允许行政拥有一定程序的自由裁量权,但必须受"合法性"和"合理性"双重原则的约束和检验。所谓的"执法必严",并不单纯要求执法者对被执法者的严厉或严格,更重要的是执法者严格依法行政。

公正的司法制度是解决纠纷、维护正义、补救权利和保障法律的关键环节。公正的司法制度具有以下特征:司法机关独立行使司法权,任何行政机关、社会团体和个人不得进行干涉;司法机关应有的法律地位得到切实保障;审判活动有公正的程序制度,保证案件的审理以事实为根据,以法律为准绳;审判活动同样保证法律面前人人平等;具有严明的冤案、错案责任追究制度。

(三)健全的民主制度和监督制度

民主是法治的基本条件,同时民主制度还是法治的重要标志。这里的民主制度包括:公民的民主权利得到充分的保障,公民通过法定程序当家作主,进行重大决策,管理国家大事;国家权力的配置能够充分体现民主原则,处理中央与地方、领导者个人与领导集体、执政党与国家机构、执政党与其他政党团体等各方面的关系,都做到有制度可循;行政执法和司法过程中,也都体现民主原则,有民主的程序制度。

法治历来总是与监督制度不可分割的,健全的监督制度是法治的又一重要标志。这种监督制度主要是公民对立法机关、行政机关和司法机关通过经常化的法律程序进行监督。如果没有有效的监督机制,就难以保证国家机构及其工作人员完全按照人民的意愿和利益办事。

(四)法律职业共同体的形成

法律是靠人来执行的,法治的另一重要标志是形成法律职业共同体。法律职业共同体是指受过严格的专业训练,娴熟掌握法律职业技能与伦理的法律人所组成的共同体。法律人是法律职业共同体的成员,他们可以从事审判、检察、律师工作,也可以从事政府执法工作。律师、法官和检察官是法律职业的典型代表。法律职业素养包括法律职业思维、职业语言、职业知识、职业技术、职业伦理和职业信仰六个方面。

过去在讨论"法治与人治"问题时也有人强调法治离不开人的因素,因而主张法治与人治的结合,事实上强调法律职业者的重要性不能与人治画等号,人治意味着若把治理国家和控制社会的一切方式归结到个别领导人的贤明之上,当其他方式与领导人个人意志相矛盾时,则服从领导人个人意志。我们强调法律职业是法治的标志之一,恰恰是坚持法律至上,要求法律人严格依法办事。

(五)较强的全民法律意识

执法者仅仅具备法律意识,还不足以实现法治。一个法治的社会里,全体公民都知法、守法,甚至把法律作为一种生活需要和信仰。有了法律意识,纸上的法律才能变成现实生活中的法律,成为民众内在的自我要求,守法光荣、违法可耻才能成为一种自觉的道德标准和价值观念。

练习二

一、单项选择题

1.“一国两制”的构想最早是由邓小平在(　　)年提出来的。

A. 1981　　　　B. 1982　　　　C. 1983　　　　D. 1984

2.关于民主和集中的关系、权利和义务的关系在政治上和法律上的体现,下列说法不正确的是(　　)。

A. 个人利益要服从集体利益

B. 局部利益要服从整体利益

C. 暂时利益要服从长远利益

D.“党的领导”、“党的利益”压倒一切

3.关于坚持四项基本原则的理由,下列说法不正确的是(　　)。

A. 只有社会主义才能救中国,这是中国人民从五四运动到现在90多年来的切身体验中得出的不可动摇的历史结论,中国离开社会主义就必然退回到半封建半殖民地社会

B. 马列主义、毛泽东思想是指导中国唯一正确科学的不可更易的思想体系

C. 没有共产党的领导,就不可能有社会主义革命,不可能有无产阶级专政,不可能有社会主义建设;离开党的领导,只能导致无政府主义,导致社会主义事业的瓦解和覆灭

D. 没有无产阶级专政,我们不可能建设社会主义

二、多项选择题

1.下列关于社会主义民主和社会主义法制的关系说法正确的是(　　)。

A. 社会主义民主和社会主义法制是相辅相成的

B. 要保障社会主义民主,必须加强社会主义法制,使民主制度化、法律化

C. 鉴于在“文革”中公民充分行使了“大鸣、大放、大字报、大辩论”这些民主权利,因此目前主要进行社会主义法制建设

D. 没有法制的民主只能使中国陷入无政府状态,没有民主的法制只能使中国陷入专制统治

2.社会主义法制建设的基本要求是(　　)。

A. 有法可依　　B. 有法必依　　　C. 执法必严　　　　D. 违法必究

3.要做到有法必依、执法必严、违法必究,(　　)。

A. 必须大力加强政法干部队伍建设,提高政法干部的政治素质和业务素质

B. 必须破除特权,适用法律人人平等原则

C. 在刑事犯罪多发的非常时期,必须依法从重从快集中打击

D. 必须处理好经济、教育等与法律的互动关系

三、简答题

1. 简述法治的含义。

2. 简述法治的起源。

3. 论述邓小平民主法治思想的主要内容。

4. 简述当代中国法治的进程。

5. 法治国家的基本条件是什么?

6. 简述法治国家的主要标志。

第三章

宪法法律制度

【本章导读】

本章介绍宪法的概念、特征、原则及历史发展,我国的国家制度、公民的基本权利与基本义务,国家机构等内容。我国现行宪法为 1982 年宪法,先后经过四次修改。

【本章重点】

宪法规定的我国公民基本权利与基本义务。

【本章难点】

违宪责任。

第一节　宪法概述

一、宪法的概念

宪法是国家的根本大法,它规定国家的根本制度和根本任务,集中体现各种政治力量的对比关系,保障公民权利的根本法。宪法作为国家的根本法,具有与普通法律不同的特征。

1. 宪法的内容与普通法律不同

宪法的内容涉及国家的政治、经济、文化、对外交往等各方面的重大原则性问题,涉及国家的根本制度,而普通法律所涉及的内容只是国家或社会生活中某一领域的问题。宪法内容比较抽象,而普通法律比较具体。

2. 宪法的效力与普通法律不同

宪法的权威性和内容的重要性决定了宪法具有最高的法律效力。这主要体现在:①宪法是普通法律的制定依据和基础。②普通法律不得与宪法相抵触,否则无效或部分无效。我国《宪法》明确规定我国宪法"具有最高法律效力","一切法律、行政法规和地方性法规都不得同宪法相抵触"。③宪法是一切国家机关、社会组织和个人的根本行为准则。我国《宪法》明确指出:"全国各族人民、一切国家机关和武装力量、各政党和社会团体、各企业事业组织,都必须以宪法为根本的行为准则。"

3. 宪法的创制程序与普通法律不同

宪法是国家的根本法,需要有相对的连续性和稳定性,创制宪法必须特别慎重。宪法严格的创制程序主要体现在:①宪法的制定机构与普通法律的制定机构不同。普通法律是由国家立法机关制定的,而宪法是由专门的制宪机构制定的。②宪法草案的通过程序不同。普通立法案通常由立法机关以1/2相对多数票通过,我国宪法草案须以2/3以上多数通过,有些国家须以3/4以上多数甚至要经公民投票才能议决。③宪法的修改程序与普通法律不同。修宪提案权主体有特别限制。我国宪法修改案只能由全国人民代表大会常委会或者1/5以上的全国人民代表大会代表提出。宪法修正案通常要求以立法机关绝对多数票或特定方式通过。在我国,宪法修正案须经全国人民代表大会以全体代表的2/3以上多数通过方得有效。

并非任何国家的宪法都具备上述形式上的特征。例如英国,宪法与普通法律相比较,其创制程序和法律效力并无二致,因此,又被称为柔性宪法。其他国家的宪法则称为刚性宪法。

尽管由于各国在国情、历史、政治观念等方面存在差异,各国《宪法》规定的内容往往有别,但一般而言,《宪法》规定的是一个国家的根本制度,为国家生活和社会生活的总体运行提供规范和约束,其基本内容主要包括公民基本权利的有效保障和国家权力的合法行使,具体涉及国体、政体、国家结构形式、公民基本权利与基本义务、宪法实施的保障等。普通法律规定国家生活和社会生活某一方面的事项和问题,为人们的具体行为提供尺度和指导,主要功能在于保障宪法所确立的根本制度得以实现。

应当指出,宪法作为国家的根本法,它集中体现了各种政治力量的对比关系。政治力量包括阶级力量、各阶级联合的力量以及同一阶级内部各种政治派别的力量等。政治力量对比关系的含义主要体现在如下几个方面:①阶级力量强与弱的对比关系。通常表现为统治阶级的力量比被统治阶级的力量强大。②各种政治力量的实际对比关系变化影响宪法的变化。一种是宪法的根本性变化,以无产阶级宪法代替资产阶级宪法。另一种是宪法的非根本性变化,这是指宪法的本质属性没有改变,但宪法的内容由于政治力量对比关系的变化而有不同程度的变化。如我国宪法关于社会主义经济模式的表述变化及私有经济地位表述的变化,即一方面体现了人们认识的发展与进步,另一方面也是各种政治力量的实际对比关系变化所致。③与其他普通法律相比,宪法所表现的各种政治力量对比关系是全面的、集中的。其他法律也表现政治力量对比关系,但只着重于一个或几个侧面。

宪法还是公民权利的保障书。从历史上看,宪法是资产阶级反封建的产物。近代宪法是适应限制封建王权和保障公民权利的要求而产生的,宪法是对人治统治形式的一种法律限制。现代宪法继承了近代宪法以来的优良传统,除了肯定人民主权原则和一切权力属于人民之外,还突出强调了宪法通过保障人权在实现人民利益中的重要作用。随着权利观念和权利类型的进一步发展,宪法先后确认了许多新型的基本权利,宪法自身的规范结构和内容不断得到完善和发展。对公民权利的确认和保障是整个宪法价值体系的一个重要核心。宪法同时创设有关国家制度和国家机构等方面的规范,但其终极价值取向归结于维护、协调并实现宪法自身的核心价值。

二、宪法的产生和发展

(一)近代宪法的产生

宪法是民主制度的法律化,作为国家根本法的宪法是近代资产阶级革命的产物。英国是世界上最早发生资产阶级革命的国家,英国宪法是人类历史上最早出现的宪法。英国没有形成统一完整的宪法典,宪法由一系列宪法性文件、宪法性惯例和宪法性判例构成。法国 1791 年宪法是欧洲大陆最早产生的宪法。美国 1787 年制定、1789 年生效的宪法是世界上第一部成文宪法。这三个国家宪法的产生,标志着世界范围内宪法和宪政制度的确立。

近代宪法的产生有其深刻的社会经济政治和思想条件:①经济条件。封建社会内部,封建的土地所有制和人身依附关系限制了资本主义的发展。以商品生产为特征的资本主义生产关系的发展,要求人们能够成为具有独立人格的平等主体,可以自由地占有私有财产,自由地出卖劳动力,自由地进行生产、交换和竞争。产业革命的结果使大机器工业代替了手工业,扩大了对原材料、市场和自由劳动力的需求,生产力的发展和封建主义生产关系之间的矛盾更加尖锐,从而导致了资产阶级革命。革命胜利后,资产阶级确立了资本主义生产关系,为近代宪法的产生奠定了经济基础。②政治条件。在奴隶社会和封建社会,政治上各国普遍实行君主专制制度和等级特权制度。在封建社会,资产阶级被剥夺了参政的机会,不能保护自己的人身自由和财产安全。资产阶级在长期的争取民主、自由和平等的斗争中建立了以普选制、议会制为核心的民主政治制度。资产阶级在革命胜利之后便将这种政治制度以根本法的形式固定下来。因此,资产阶级革命的胜利和资产阶级专政政权的建立是资本主义宪法产生的政治基础。③思想条件。在反对封建专制制度的斗争中,以洛克、卢梭、孟德斯鸠等人为代表的资产阶级启蒙思想家提出了"天赋人权"、"主权在民"、"社会契约"、"权力分立"等一系列民主、自由和人权的宪政观念。经过广泛宣传和实际应用,这些观念得到了进一步的发展和完善,成为资产阶级民主制度的基本内容,也成为资本主义宪法产生的思想基础。

(二)宪法的发展

资本主义宪法的发展经历了三个阶段:第一阶段,宪法普及阶段(18世纪末至第一次世界大战)。为巩固和发展资本主义制度,资本主义各国纷纷仿效英、美、法等国的模式制定了宪法。仅从1800年至1880年,各国先后制定和修改的宪法就不下300部,而且绝大多数采用成文宪法形式。第二阶段,宪法社会化阶段(第一次世界大战结束至第二次世界大战)。以德国《魏玛宪法》为代表的这一时期产生的宪法的共同特点是:强调社会利益的保护;扩大人民的经济文化权利;加强政府对社会生活特别是经济生活的干预和控制。第三阶段,宪法民主化阶段(第二次世界大战以后)。第二次世界大战以来,随着法西斯国家的覆灭和资本主义国家社会矛盾的逐渐缓和,资产阶级民主制度得到进一步发展。

1917年俄国十月革命后,建立了第一个社会主义国家。1918年7月,第五次全俄苏维埃代表大会制定了《俄罗斯社会主义联邦苏维埃共和国宪法(根本法)》,这是世界上第一部社会主义性质的宪法。1924年,蒙古人民共和国在苏联的影响下制定了其第一部宪法。第二次世界大战后建立的社会主义国家也都以苏联为榜样先后颁布了各自的宪法,社会主义类型的宪法发展进入全盛时期。冷战时期,社会主义各国宪法突出意识形态化,成为意识形态斗争和宣传的工具。20世纪80年代末,苏联和许多东欧国家先后放弃了其社会主义宪法,但中国等社会主义国家仍然高举社会主义旗帜,不断发展和完善社会主义宪政制度,社会主义宪法的生命力和发展前景都是无限的。

从内容上看,宪法在当代社会的发展趋势主要表现在如下几个方面:①扩大公民权利,重视人权保障。第二次世界大战以来,人权范围不断扩大,不再仅指自然人的权利和自由,也包括民族、国家和人民的权利和自由,出现了集体人权的概念。为了保障公民的权利和自由,适应国际政治斗争形势的需要,各国宪法普遍强化了人权保障措施,扩大了公民权利和自由的范围。②重视宪法实施保障,维护宪法权威。设立专门监督保障机构保证宪法实施,把违宪问题纳入司法审查或诉讼范畴的保障方式,近年来为许多国家所采纳。宪法委员会或宪法法院等专门机构在保障宪法实施方面的作用,为越来越多的国家所认同和肯定。③重视国际协作,维护世界和平。有的国家《宪法》规定遵守国际公约,承认国际法具有高于国内法的效力。有的国家《宪法》规定,为了实现和平与协作,可对其主权作出必要的限制或转让。有的国家《宪法》规定放弃用战争作为解决国际争端的手段或不参与侵略战争。

（三）我国宪法的产生和发展

从清末预备立宪到 1949 年新中国成立,我国的宪法发展经历了两个阶段。

第一阶段,是从清朝末年、经北洋军阀到国民党统治时期政府所制定的宪法,如 1908 年,清政府的《钦定宪法大纲》;1912 年,孙中山领导制定的《中华民国临时约法》;1914 年,北洋政府的《中华民国约法》;1946 年,南京国民政府的《中华民国宪法》。在第一阶段还产生了广大无产阶级和劳动人民所要求的人民民主性质的宪法,如《中华苏维埃共和国宪法大纲》、《陕甘宁边区施政纲领》等。

第二阶段,为新中国制定的宪法。1949 年 9 月 29 日,中国人民政治协商会议第一次全体会议通过了《中国人民政治协商会议共同纲领》这一部新民主主义性质的起"临时宪法"作用的宪法性文件。1954 年宪法(1954 年 9 月 20 日第一届全国人民代表大会第一次会议通过)是一部具有里程碑意义的社会主义类型的宪法,是新中国宪政建设的奠基之作,其内容体例成为后三部宪法的范本。1975 年宪法(1975 年 1 月 17 日第四届全国人民代表大会第一次会议通过)是在特殊的历史条件下产生的,是一部有严重缺陷和问题的社会主义宪法,无论从内容还是形式上看,都是我国制宪史上的一个严重倒退。1978 年宪法(1978 年 3 月 5 日第五届全国人民代表大会第一次会议通过)虽然恢复了 1954 年宪法的一些民主传统,但仍然存在许多问题和不足。1982 年宪法(1982 年 12 月 4 日第五届全国人民代表大会第五次会议通过)是我国现行宪法,共 4 章 138 条,是一部比较完善并具有中国特色社会主义宪法,也是新中国成立以来最好的一部宪法。1982 年宪法后来经过四次修改,分别是在 1988 年、1993 年、1999 年和 2004 年,四次修正案共 31 条。

1988 年,第七届全国人民代表大会第一次会议通过了第 1 条和第 2 条宪法修正案。《宪法》第 11 条增加规定:"国家允许私营经济在法律规定的范围内存在和发展。私营经济是社会主义公有制经济的补充。国家保护私营经济的合法权利和利益,对私营经济实行引导、监督和管理。"《宪法》第 14 条第 4 款修改为:"任何组织或者个人不得侵占、买卖或者以其他形式非法转让土地。土地的使用权可以依照法律的规定转让。"

1993 年,第八届全国人民代表大会第一次会议通过了第 3 条至第 11 条宪法修正案。这次修改宪法是我国宪法制度建设适应建立社会主义市场经济和健全社会主义民主政治的客观需要而采取的一项重大举措。此次修正案的主要内容是:①在宪法序言中加入"我国正处于社会主义初级阶段"一句话,并把建设有中国特色社会主义理论确立为进行社会主义现代化建设的指南,同时增加规定:"中国共产党领导的多党合作和政治协商制度将长期存在和发展。"②根据经营权和所有权分离的理论,把有关条文中的"国营经济"、"国营企业"修改为"国有经济"、"国有企业"。③在经济制度中将农村中的家庭联产承包为主的责任制写进宪法。④将有关条文中的"计划经济"修改为"市场经济",规定"国家实行社会主义市场经济","国家加强经济立法,完善宏观调控","国家依法禁止任何组织或者个人扰乱社会经济秩序"。⑤将县级人民代表大会的任期由 3 年改为 5 年。

1999 年,第九届全国人民代表大会第二次会议通过了第 12 条至第 17 条宪法修正案。此次修正案的主要内容是:①确立了邓小平理论的指导思想地位。②把"依法治国,建设社会主义法治国家"写入宪法。③修正案确认"农村集体经济组织实行家庭承包经营为基础,统分结合的双层经营体制","公有制为主体、多种所有制经济共同发展的基本经济制度","按劳分配为主体、多种分配方式并存的分配制度",并确认非公有制经济是"社会主义市场经济的重要组成部分"。④把"反革命的活动"修改为"危害国家安全的犯罪活动"。

2004 年,第十届全国人民代表大会第二次会议通过了第 18 条至第 31 条宪法修正案。这次宪法修改的主要内容有:社会主义事业的建设者包括统一战线;国家为了公共利益的需要,可以依照法律规定对土地实行征收或者征用并给予补偿;公民的合法的私有财产不受侵犯。国家依照法律规定保护公民的私有财产权和继承权。国家为了公共利益的需要,可以依照法律规定对公民的私有财产实行征收或者征用并给予补偿;国家建立健全同经济发展水平相适应的社会保障制度;国家尊重和保障人权;将戒严改为紧急状态等。

三、宪法的基本原则

(一)人民主权原则

主权是指国家对内的最高统治权和对外的独立自主权。主权观念最早由法国的布丹提出,后来卢梭创立了"人民主权学说"。"人民主权学说"为资产阶级革命提供了思想武器和理论依据,推动了资产阶级革命。"人民主权学说"奠定了北美《独立宣言》和法国《人权宣言》的理论基础并得到其政治确认,后来随着资产阶级革命和近代民主制度的普及最终成为资产阶级各国宪法的基本原则之一。社会主义国家宪法所规定的"一切权力属于人民"的原则是无产阶级在创建无产阶级政权的过程中,批判性地继承资产阶级民主思想的基础上,对人民主权原则的创造性运用和发展。在马克思主义看来,"人民"是指居于统治地位的人们,它与政权的"敌人"即被统治阶级相对立。

(二)基本人权原则

人权概念是资产阶级反封建斗争的有力武器。为了反对维护封建特权的"君权神授"学说,资产阶级提出了"天赋人权"学说与其对抗,强调人人生而享有自由、平等、追求幸福和财产的权利。在资产阶级革命过程中和革命胜利后,人权口号逐渐被政治宣言和宪法确认为基本原则。社会主义国家宪法中有关"公民基本权利"的规定,实质上就是对基本人权的确认。社会主义宪法不像资本主义宪法那样以普遍人权的形式掩盖人权的阶级性和只保护私有财产的实质,社会主义宪法的特点在于以人权的阶级性谋求人权的普遍性。

(三)权力制约原则

资本主义国家宪法中,权力制约原则,即"三权分立"原则,包含两个方面的含义:一是指把国家权力分为立法权、行政权和司法权,并分别由三个国家机关独立行使;二是指这三个国家机关在行使权力的过程中保持一种互相平衡和互相制约的关系。"三权分立"原则在于通过权力分立、权力制约、权力平衡达到限制专制与独裁的目的,实现民主。社会主义国家普遍确认权力统一原则和民主集中制原则。它在理论上确认国家权力的不可分割性,在实践中以人民的代表机关作为统一行使国家权力的机关。

(四)法治原则

法治原则强调法律的权威高于个人意志,任何组织和个人既不能有法律上的不平等,也不能有法外特权。法治原则是资产阶级宪法普遍接受的重要原则,是近代民主制度的重要标志。社会主义宪法也奉行法治原则,我国宪法 1999 年修正案明确规定:"依法治国,建设社会主义法治国家。"关于法治原则的具体含义,详见本书第二章的介绍。

四、宪法的作用和实施

(一)宪法的作用

宪法的作用是指宪法对实际政治运行和社会生活发生的实际效用。相对于普通法律,宪法的作用具有根本性、决定性、引导性和相对稳定性。宪法对国家和社会生活的作用主要表现在如下几个方面。

1.组织国家权力

第一,宪法确认国家权力的归属,以表明社会各阶级在国家中的地位,达到巩固国家权力的目的。第二,宪法主要通过两种形式来组织国家政权,其一是以权力分立和制衡原则为基础产生的三权分立制度;其二是以民主集中制为基础的人民代表大会制度。第三,宪法主要通过两项原则规范国家权力的有效运行,其一是合宪性,即国家机关须依照宪法所规定的职权开展活动;其二是合目的性,即国家机关行使国家权力须服务于法定目的,不得滥用国家权力。

2.保障公民权利

宪法是公民权利的保障书。保障公民的权利和自由是宪法的核心价值所在。宪法主要基于三个基本原则保障公民的权利和自由:一是国家利益、集体利益和个人利益相协调的原则;二是保障公民的基本权利原则,其中最重要的是基本人权;三是权利和义务相一致原则。这三项基本原则既是对全体社会成员的要求,也是对国家机关依照宪法的规定行使国家权力的要求。

3.保障法治

第一,宪法为法制体系的构建提供立法原则,明确规定立法的权限和程序。第二,宪法为法制体系的统一完善提供标准和原则方向。第三,宪法通过违宪审查、宪法解释等制度制裁违宪违法、制约权力滥用,保障国家法治秩序的有效存在。

4.保障经济制度

第一,宪法确认社会基本经济结构,即多种合法的所有制形式及其地位和相互关系。第二,《宪法》规定发展经济的各种基本政策,从而对国家经济的发展提供宏观指导。第三,《宪法》规定专项条款,保障经济制度不受侵犯,保障经济的协调均衡发展。

（二）宪法实施

宪法实施是指宪法规范在现实生活中的贯彻落实。宪法实施具有重大意义。宪法实施是宪法发挥作用的前提和基础，宪法的功能、价值和作用要通过宪法实施体现出来。同时，宪法实施既是宪法立法的贯彻，又对宪法立法起到补充、完善和发展的作用。一般而言，宪法实施包括以下内容。

1. 宪法的遵守

宪法的遵守是指一切国家机关、社会组织和公民个人严格依照《宪法》规定从事各种行为的活动。它包括两层含义：一是根据宪法享有并行使权利；二是根据宪法承担并履行义务。我国《宪法》规定，全国各族人民、一切国家机关和武装力量、各政党和各社会团体、各企事业组织，都必须以宪法为根本的活动准则，遵守宪法，维护宪法尊严，保证宪法实施。任何组织和个人都不得有超越宪法和法律的特权。中国共产党必须在宪法和法律的范围内活动。

2. 宪法的监督

"徒法不足以自行"，在实施宪法的过程中，必然会遇到许多阻碍宪法实施的问题。比如有些部门会利用手中的权力限制公民宪法权利的行使。到目前为止，几乎所有实行成文宪法的国家都设立了宪法监督制度。我国的宪法监督之路比较曲折：1954年新中国第一部宪法颁布实施，规定由全国人民代表大会行使宪法监督权，第一次确立了宪法监督制度。1975年宪法根本没有规定宪法监督事项。1978年宪法虽规定了宪法监督制度，但这部宪法实施时间并不长，成效并不显著。直到1982年宪法才真正确立了我国的宪法监督制度。

宪法监督主要包括三部分内容：

首先，谁来监督。宪法监督机关的设置大致有三种模式：美国模式，以法院作为行使宪法监督权的机关；德法模式，以专门机构行使宪法监督权，如宪法委员会、宪法法院；英国模式，以权力机关作为宪法监督机关，我国实行的即是这种模式。

其次，监督方式。各国采用的监督方式不尽相同，但归纳起来有两种：一种是事前审查方式，事前审查一般是主动审查，由立法机关自行或向监督机关提出请求审查，如违宪，则不得颁布生效；另一种是事后审查方式，事后审查一般是被动审查，通常由负责宪法监督的司法机关进行。我国的宪法监督从我国国情出发形成了事先审查和事后审查相结合的独特方式：一方面规定了对行政法规、地方性法规、自治条例和单行条例、规章必须报送备案,使有关机关可以主动依职权审查;另一方面,明确规定了宪法监督机关有权撤销与宪法相抵触的法律、法规、条例等。

最后,违宪制裁手段。没有违宪制裁,宪法监督制度就没有任何现实意义。各国违宪制裁手段不外乎这样几种:撤销或宣布无效;不批准生效;弹劾罢免某个特定主体。目前我国的宪法监督仍有待完善,主要表现为缺乏宪法监督的常设性机构,违宪审查仅限于规范性法律文件,尚未涉及有关行为,违宪责任如何追究等。这些都有待于我们进一步完善我们的宪法监督制度,以保证宪法真正得以实施。

第二节　国家基本制度

一、国体

(一)国体概述

国体即国家的阶级性质,是指社会各阶级在国家中的地位。国体是国家制度的内容和本质,在整个国家制度体系中居于核心地位,它所确定的是在一个国家中,谁是统治阶级,谁是被统治阶级;谁是统治者的同盟等各种社会关系。资本主义宪法没有关于国体的明确规定,事实上,资本主义的国体是资产阶级掌握政权进行专政,这一本质通过宪法上的具体规定曲折地反映出来。社会主义宪法明确规定国家的阶级性质,以此表明其政权的民主性质。

(二)我国的国体

我国《宪法》规定:"中华人民共和国是工人阶级领导的、以工农联盟为基础的人民民主专政的社会主义国家。"这表明我国的国体是人民民主专政。人民民主专政是指在不同的历史时期,由工人阶级领导其他革命阶级组成的、对广大人民实行民主、对极少数剥削阶级分子或其他敌对分子实行专政的政权。

1. 人民民主专政实质上是无产阶级专政

无产阶级专政理论是马克思主义的精髓。无产阶级专政是指马克思主义经典作家对资本主义国家内无产阶级战胜资产阶级取得革命胜利后建立起来的人民政权的通称,其核心是无产阶级通过共产党领导和以工农联盟作为政权基础。

我国的人民民主专政与无产阶级专政在实质上是一致的:①两者都以工人阶级为领导;②两者都以工农联盟为基础;③两者的国家职能无本质

的区别;④两者的最终目的都是消灭一切阶级,实现共产主义。从形式上看,我国的人民民主专政同无产阶级专政存在不同:①我国存在着一个极其广泛的人民民主统一战线;②我国存在着中国共产党领导的多党合作制。

我国之所以采用"人民民主专政"的提法,是因为:①这一提法能够表明我国现阶段社会主义民主范围不断扩大的事实,表明我国政权的人民性和民主性;②这一提法直接体现出对人民实行民主和对敌人实行专政的两个方面;③这一提法符合我国人民长期形成的政治传统习惯,具有我国的政治特色。

2.人民民主专政的特点

(1)对人民民主和对敌人专政。人民既是一个政治概念,又是一个历史的范畴。在我国现阶段,人民包括社会主义的工人、农民和知识分子、社会主义事业的建设者以及其他拥护社会主义和拥护祖国统一的社会力量和爱国者,而一切阻挠和破坏社会主义现代化和祖国统一进程的敌对势力和敌对分子都是人民的敌人。

(2)工人阶级领导。工人阶级对国家的领导是人民民主专政的首要标志。工人阶级之所以能够成为国家的领导阶级,是由工人阶级的阶级本质和历史使命决定的。工人阶级的领导是通过自己的政党中国共产党实现的,中国共产党主要通过政治领导、组织领导和思想领导三个方面实现对国家的领导。

(3)工农联盟为基础。中国的工农联盟是在中国共产党领导下,在长期斗争中建立和巩固起来的,是人民民主专政和革命统一战线的基础,是取得革命和建设胜利的基本保证。知识分子不是一个独立的社会阶级,而是出身于不同社会阶级的特殊阶层。在我国,知识分子是工人阶级的一部分,是社会主义建设不可缺少的力量。我国《宪法》指出:"社会主义建设事业必须依靠工人、农民和知识分子,团结一切可以团结的力量。"

(4)爱国统一战线。现阶段我国的统一战线称作爱国统一战线。它是由中国共产党领导的,有各民主党派和各人民团体参加的,包括全体社会主义劳动者、拥护社会主义的爱国者和拥护祖国统一的爱国者的政治联盟。中国人民政治协商会议是爱国统一战线的组织形式,它由中国共产党、各民主党派、各人民团体、各界代表和特别邀请参加的人员组成,其基本职能是政治协商和民主监督。中国人民政治协商会议也是中国共产党领导的多党合作和政治协商的一种重要组织形式。中国共产党领导的多党合作和政治协商制度是我国的一项基本政治制度,是一种新型的符合我国国情的社会主义政党制度。

二、政体

(一)政体概述

政体又称政权组织形式,是指国家政权的组成方式、内部构成及其各部分之间的关系,实质上是指掌握政权的统治阶级采取何种原则和方式去组织那些反对敌人、保护自己、治理社会的政权机关。国体决定政体,政体对国体具有反作用,国体与政体相互依存、对立统一。

资本主义国家的政体主要包括君主立宪制和共和制两大类。君主立宪制又称为有限君主制,是以君主或国王为国家元首,国家最高权力实际上或名义上由君主一人掌握的政权组织形式,君主立宪制又分为二元君主立宪制和议会君主立宪制。共和制是指由民选的国家机关或国家领导人依法以民主方式行使国家权力的政治制度,资本主义国家的共和制可分为议会制、总统制和委员会制三种。社会主义国家的共和制在形式上有苏维埃制、代表团制、人民代表大会制等。政体虽然在具体形式上有所不同,但其特点均为先由人民依法选举代表组成国家权力机关,再由权力机关产生其他国家机关,共同行使国家政治权力。

(二)人民代表大会制度

1. 人民代表大会制的概念

人民代表大会制是我国的根本政治制度,是人民民主专政的政权组织形式。它是指我国的一切权力属于人民;人民在普选的基础上选派代表,按照民主集中制的原则,组成全国人民代表大会和地方各级人民代表大会并集中统一行使国家权力;其他国家机关由人民代表大会产生,受人民代表大会监督,对人民代表大会负责;人大常委会向本级人民代表大会负责,人民代表大会向人民负责,并最终实现人民当家作主的一项根本政治制度。

全国人民代表大会会议每年举行一次,在每年第一季度举行,由全国人民代表大会常务委员会召集。如果常委会认为确有必要,或者 1/5 以上的全国人民代表大会代表提议,可临时召开全国人民代表大会会议。每届人大第一次会议,在本届人大换届选举完成后两个月内,由上一届人大常委会负责召集。全国人民代表大会代表不超过 3000 人,全国人民代表大会会议须有 2/3 的代表出席方得举行。

2. 人民代表大会制是我国的根本政治制度

(1)人民代表大会制直接反映了我国国家的阶级本质。

我国是工人阶级领导的,以工农联盟为基础的,团结一切爱国者的人民民主专政的社会主义国家。国家的一切权力属于人民。人民行使国家权力的机关是全国人民代表大会和地方各级人民代表大会。我国的政治实践表明,人民代表大会制足以体现社会各阶级、阶层在国家生活中的地位。同时,人民代表大会制度的组织和活动能够确保人民当家作主统一行使国家权力。

(2)人民代表大会制是其他制度赖以建立的基础。

人民代表大会制的产生不以任何制度为依据,它一经成立即成为其他制度赖以建立的基础。人民代表大会产生之后,就是人民行使当家作主权力的机关。它拥有立法权,不但可以建立立法制度本身,而且可以通过立法活动建立许多其他的制度;它拥有对其他国家机关的组织、领导和监督权,凭借这项权力,与立法权配合起来,它可以建立行政制度和司法制度等;它拥有对国家一切重大事务的决定权,可以根据实际需要建立各种必须建立的制度。

(3)人民代表大会制体现了社会主义民主政治的要求。

在我国,人民行使民主权利、当家作主的途径和方式是多种多样的,但最基本的途径则是人民代表大会制。我国的各级人民代表大会代表来自社会各行各业,具有广泛的代表性。他们来自人民,服务人民,同人民有广泛的联系,能够收集和反映人民的建议和要求,使之系统化为国家的法律或政策。各级人大组织和监督其他国家机关认真贯彻落实反映人民意志的规范性文件和建议要求。各级人大代表向原选区负责受原选区选民监督,人民不仅可以选代表,还有权罢免人民代表。

3.人民代表大会制实行民主集中制的原则

民主与集中有机结合的辩证关系在我国人民代表大会制度的组织与运行中得到了充分的体现:首先,在人民与人民代表大会的关系上,各级人民代表大会都由人民选举产生,对人民负责受人民监督;同时各级人民代表大会又代表人民行使国家权力。其次,在人民代表大会和其他国家机关的关系上,人民代表大会作为国家权力机关处于主导地位,其他一切国家机关都由人民代表大会产生,受它监督,向它负责,处于从属地位;同时,各其他国家机关又依照法定分工行使各自的职权。

4.选举制度

选举是指由选民依照法律规定的程序和方式推举民意机关代表或国家公职人员的政治活动。选举制度就是选举活动中必须遵循的有关选举的基本原则、程序和方式方法等一系列规则制度的总称,它是国家政权组织形式的重要组成部分。根据我国《宪法》和《选举法》的规定,我国选举制度应遵循以下原则：

(1)选举权的普遍性原则。这是指公民享有选举权和被选举权的广泛程度,即具有法定资格的公民依照法律规定,可以自由行使选举权而不受任何限制。根据我国《宪法》和《选举法》的规定,我国公民只要年满 18 周岁,未被剥夺政治权利,都享有选举权和被选举权。我国公民选举权的普遍性和广泛性程度是资本主义国家的普选制无法比拟的。

(2)选举权的平等性原则。这是指所有选民在平等的基础上参加选举,不允许任何人享有特权,更不允许对任何选民进行非法限制或歧视。在我国,每个选民在每一次选举中只能在一个地方享有一个投票权,并且每个选民所投选票的效力相等。

(3)直接选举与间接选举并用的原则。根据我国《选举法》,全国人民代表大会的代表,省、自治区、直辖市、设区的市、自治州的人民代表大会的代表,由下一级人民代表大会选举。不设区的市、市辖区、县、自治县、乡、民族乡、镇的人民代表大会代表,由选民直接选举。直接选举和间接选举并用的原则符合我国的国情。

(4)无记名投票原则。无记名投票即秘密投票,是指选民按照自己的意愿填写选票,不署自己姓名,不向他人公开的选举原则。无记名投票原则在选举法中的确立,标志着我国选举制度民主性的加强。

(5)代表受监督和罢免的原则。我国《选举法》规定,全国和地方各级人民代表大会的代表,受选民和原选举单位的监督。选民或者选举单位都有权罢免自己选出的代表。《选举法》对监督、罢免的程序、方法也作了具体规定。

(6)选举的物质保障和法律保障原则。我国《选举法》规定,全国人民代表大会和地方各级人民代表大会的选举经费,由国库开支。为了保障选举公正合法进行,我国《选举法》对选举的原则、组织、程序和方法等有关问题作了明确具体的规定,我国《选举法》还规定了对破坏选举的制裁。

三、国家结构形式

(一)国家结构形式概述

国家结构形式是指一国内部中央和地方之间、整体和部分之间的关系。在形式上,国家结构形式是一种权力划分关系,实质上是统治阶级意志在国家权力运作方式上的要求和体现。与政权组织形式相比,国家结构形式着重于表现政权体系纵的方面,即同领土结构相适应的全局与组成部分之间的关系,而政权组织形式则着重于表现政权体系横的方面,即权力机关同行政机关、司法机关以及其他国家机关之间的相互关系。现代国家的国家结构形式主要有单一制和复合制两大类。单一制是指由若干行政区域单位或自治单位组成单一主权国家的结构形式。复合制是指由两个或多个成员国联合组成的复合国家,是一种国家同国家的结合。联邦制是复合制最典型的形式,联邦是指由两个或者两个以上享有独立权限的成员单位(邦、州、共和国)组成的统一的联盟性主权国家。

(二)我国是单一制的多民族国家

我国《宪法》明确规定,中华人民共和国是全国各族人民共同缔造的统一的多民族国家。我国作为单一制国家,具体表现在:①从法律制度上看,我国只有一部宪法,只有一套以宪法为基础构建起来的社会主义法制体系;②从国家机构上看,我国只有一套中央国家机关体系;③从中央和地方的关系上看,是领导与被领导的关系;④在对外关系上,中华人民共和国是一个统一的国际法主体,我国公民只有一个统一的国籍。

我国采用单一制国家结构形式的原因主要有:

(1)实行单一制国家结构形式是由我国的历史传统决定的。我国自秦汉以来,除较短时间处于分裂状态外,国家统一的局面一直居于主导地位。长期的历史传统,决定了我国建立统一的主权国家的政治基础和政治心理。国家的统一和民族的团结,是全国各族人民共同的心愿,也是我国爱国精神的凝聚力所在。

(2)实行单一制国家结构形式是由我国的民族状况决定的。我国是一个多民族国家,民族的分布和发展状况决定了我国不适宜采取联邦制,只能实行单一制:一是各族人民长期相互交往,绝大多数少数民族都与汉族交错居住,一个民族完全集中在一个省居住的情况极少;二是少数民族人口总数只占全国总人口数的1/10,有的少数民族只有数万人甚至数千人。

(3)实现单一制国家结构形式是由我国现代化建设的需要决定的。从经济上看,实行单一制可以使汉族与少数民族优势互补,共同发展,缩小各少数民族和汉族之间经济文化发展的差距;从政治上看,实行单一制有利于中央的统一领导和国家的政治稳定,有利于巩固国防,有利于拓展国际关系。

(三)我国的民族区域自治制度

民族区域自治制度是我国解决民族问题的一项重要制度和基本国策。民族区域自治制度是指在中华人民共和国领域内,在国家统一领导下,以少数民族聚居区为基础,建立自治地方,组织自治机关,行使自治权的制度。民族区域自治制度具有下列基本特点:①民族区域自治以国家统一、领土完整为前提,建立民族自治地方必须以宪法和法律为依据,在国家统一领导下进行;②建立民族自治地方必须以少数民族聚居区为基础;③民族区域自治制度的内容是设立自治机关,行使自治权,实现少数民族当家作主,管理本民族内部事务的权利。

民族自治机关是指依法在民族自治地方(自治区、自治州和自治县)设立的人民代表大会和人民政府,他们行使同级国家权力机关和国家行政机关的职权,又依法行使自治权。民族自治机关享有的自治权主要有:①制定自治条例和单行条例;②变通执行或者停止执行上级国家机关的指示;③管理地方财政税收的自主权;④自主安排和管理本地方的经济建设事业;⑤组织本地方维持社会治安的公安部队;⑥使用和发展本民族的语言文字。

（四）我国的特别行政区制度

特别行政区是指在我国行政区域内,根据我国宪法和法律设立的具有特殊法律地位,实行特别的政治、经济制度的行政区域。特别行政区是中华人民共和国不可分离的一部分,是中央政府管辖下的地方政权。但与其他一般行政区相比,特别行政区又享有高度的自治权,除了外交、国防等事务统一由中央政府管理以外,特别行政区的自治权主要有:①现行的社会、经济制度和生活方式不变;②现行的法律基本不变,享有立法权和独立的司法权与终审权;③可以以特别行政区的名义保持和发展与外国的经济、文化关系;④享有行政管理权;等等。

"一国两制"的方针是设立特别行政区的指导方针。1990 年 4 月 4 日通过的《香港特别行政区基本法》和 1993 年 3 月 31 日通过的《澳门特别行政区基本法》是"一国两制"思想的具体化和法律化。1997 年 7 月 1 日和1999 年 12 月 20 日,我国分别对香港和澳门恢复行使主权,设立了香港特别行政区和澳门特别行政区。几年来,两个特别行政区实行自治,取得了重大成功,保持了香港、澳门的稳定和繁荣,巩固了香港、澳门的国际经济城市的地位。特别行政区制度在港澳的成功实践为解决台湾问题指明了正确的道路。

四、经济制度

（一）经济制度概述

经济制度是指国家通过宪法、法律等在确认和调整经济关系时所形成的制度,通常包括生产资料所有制形式、社会产品分配形式、劳动力与生产资料的结合形式,以及国家管理国民经济的原则、方式、方法等。其中,最重要的是生产资料的所有制形式,它是经济制度的基础,决定着经济制度的性质和发展方向。社会主义制度建立在生产资料的公有制基础之上,资产阶级宪法保护资本主义私有制和私有财产神圣不可侵犯;社会主义宪法直接、全面、明确地规定国家经济制度,资产阶级宪法没有专门的关于国家经济制度的规定,实际上,资产阶级宪法从诞生之日起,就以公民基本权利的形式规定"私有财产神圣不可侵犯"和保护资本主义私有制的内容,是对生产资料的资本家所有制的宪法确认和保护。

（二）我国的经济制度

1. 坚持公有制为主体、多种所有制经济共同发展

我国《宪法》规定,我国社会主义经济制度的基础是生产资料的社会主义公有制。社会主义公有制的基础和主体地位主要体现在:社会主义公有制决定着我国经济制度的性质和本质特征;社会主义公有制在我国的各种经济形式中占统治地位;社会主义公有制是工人阶级实现对国家的领导和加强工农联盟的基础。我国社会主义公有制的形式主要有全民所有制和劳动群众集体所有制。国有经济,即全民所有制经济,是指由全体劳动人民共同占有生产资料的一种所有制形式。国有经济是国民经济的主导力量,国家保障国有经济的巩固和发展。集体所有制经济是指由一定范围内的劳动群众共同占有生产资料和劳动产品的一种所有制形式。国家保护集体经济组织的合法的权利和利益,鼓励、指导和帮助集体经济的发展。

非公有制经济包括个体经济、私营经济和外资经济,是社会主义市场经济的重要组成部分。个体经济是由个体劳动者占有少量生产资料,并以自己从事劳动为基础的一种私有制经济。私营经济是由私人占有生产资料,存在着雇用劳动关系,并以获取利润为生产经营目的的一种私有制经济。国家对个体经济、私营经济实行引导、监督和管理。外资经济,即外商投资企业,包括中外合资企业、中外合作企业和外商独资企业。我国保护外资经济的合法权益。

2. 实行按劳分配为主体、多种分配方式并存的分配制度

社会主义公有制消灭人剥削人的制度,实行各尽所能、按劳分配的原则。按劳分配是指在各尽所能的前提下,由代表人民的国家或集体组织按照每个公民劳动的数量和质量分配给公民生活资料。我国的国民经济以公有制经济为主体,所以按劳分配在我国的各种分配原则中占据了主体地位。

我国社会主义初级阶段除公有制经济外,同时存在着其他的经济成分,因而也必然相应的存在着其他的分配方式。如非公有制经济获得的利

润、利息、股息、分红等收入,都不是依据按劳分配的原则取得的。这些收入和分配方式都是市场经济发展的必然结果,受到我国宪法和法律的保护。

3.保护社会主义公共财产和公民的合法财产

社会主义公共财产包括国家财产和集体财产。《宪法》规定社会主义公共财产神圣不可侵犯,保护公共财产是公民应尽的基本义务。保障公民个人财产权是保证公民的正常生活和维护社会安定的需要,也是建立在社会主义市场经济体制和发展社会经济的需要。《宪法》规定:"国家保护公民的合法的收入、储蓄、房屋和其他合法财产的所有权。"

4.实行社会主义市场经济体制

经济体制即国家的经济管理体制。在市场经济体制下,国家通过价格、税收、利率等经济杠杆来调动市场,由市场来配置社会资源,企业的生产和经营活动由企业根据市场的需求自行决定。建立和完善社会主义市场经济体制,最大限度地促进生产力的发展,是我国现阶段经济体制改革的基本任务。

五、精神文明建设

(一)精神文明概述

文明是人类改造世界所获得的物质成果和精神成果的总和,包括物质文明和精神文明两个方面。物质文明是指人类改造自然界所取得的物质成果,表现为物质生产的进步、物质财富的增长以及物质生活的改善。精神文明是指人类在改造客观世界的同时,也使自己的主观世界得到改造,使社会精神生产和精神生活得到发展,表现为教育、科学、文化知识的发达以及人们思想道德水平的提高。物质文明与精神文明两者互为条件、互为促进,物质文明为精神文明的发展提供物质条件和实践经验,精神文明为物质文明的发展提供精神动力和智力支持。宪法与精神文明的关系非常密切,宪法是精神文明的产物,并对精神文明的发展起着重要作用。

(二)我国的精神文明建设

我国社会主义精神文明是具有中国特色的社会主义精神文明,它反映了社会主义国家的性质,是社会主义制度优越性的重要表现,也关系到社会主义建设的兴衰成败。我国宪法全面系统地规定了社会主义精神文明的内容,并将社会主义精神文明建设作为建设有中国特色社会主义的任务之一。社会主义精神文明建设的主要内容包括教育科学文化建设和思想道德建设两个方面。

1. 教育科学文化建设

教育科学文化建设指的是教育、科学、文学艺术、新闻出版、广播电视、卫生体育、图书馆、博物馆等各项文化事业的发展和人民群众知识水平的提高。①发展社会主义教育事业，提高全国人民的科学文化水平。我国《宪法》规定，国家发展社会主义教育事业，提高全国人民的科学文化水平。国家举办各种学校，普及初等义务教育，发展中等教育、职业教育和高等教育，并且发展学前教育。国家发展各种教育设施，扫除文盲，对工人、农民、国家工作人员和其他劳动者进行政治、文化、科学、技术、业务的教育，鼓励自学成才。国家鼓励集体经济组织、国家企业事业组织和其他社会力量，依照法律规定举办各种教育事业。国家推广全国通用的普通话。②发展科学事业。国家发展自然科学和社会科学事业，普及科学和技术知识，奖励科学研究成果和技术发明创造。国家对于从事教育、科学、技术、文学、艺术和其他文化事业的公民的有益于人民的创造性工作，给予鼓励和帮助。③发展医疗卫生事业和体育事业。《宪法》规定，国家发展医疗卫生事业，发展现代医学和我国传统医学，鼓励和支持集体组织、国家企业事业组织和街道组织举办各种医疗卫生设施，开展群众性的卫生活动，保护人民健康。国家发展体育事业，开展群众性的体育活动，增强人民体质。④发展文学艺术和其他文化事业。国家发展为人民服务、为社会主义服务的文学艺术事业、新闻广播事业、出版发行事业、图书馆博物馆和其他文化事业，开展群众性的文化活动。国家保护名胜古迹、珍贵文物和其他重要历史文化遗产。

2. 思想道德建设

思想道德建设决定着精神文明建设的性质和方向，保证我国物质文明建设沿着正确的方向发展。《宪法》规定，国家通过普及理想教育、道德教育、文化教育、纪律和法制教育，通过在城乡不同范围的群众中制定和执行各种守则、公约，加强社会主义精神文明建设。国家提倡爱祖国、爱人民、爱劳动、爱科学、爱社会主义的公德，在人民中进行爱国主义、集体主义和国际主义、共产主义的教育，进行辩证唯物主义和历史唯物主义的教育，反对资本主义的、封建主义的和其他的腐朽思想。

第三节 公民的基本权利和义务

一、公民的基本权利和基本义务概述

（一）公民

公民是指具有一国国籍,根据该国宪法和法律享有权利并承担义务的自然人。国籍是确定公民资格的唯一条件。凡具有中华人民共和国国籍的人都是中华人民共和国公民。根据各国法律规定,国籍的取得主要有两种方式:一种是因出身而取得,叫做原始国籍;另一种是因加入而取得,叫做取得国籍。对于因出身而取得国籍问题,各国通常采用三种原则:①血统主义原则,即确定一个人的国籍以他出生时父母的国籍为准,不问其出生地国;②出生地主义原则,即以出生地作为取得国籍的依据,而不问其父母是本国人还是外国人;③混合主义原则,即以血统主义为主、以出生地主义为辅,或者以出生地主义为主、以血统主义为辅,或者不分主次,将两种原则结合起来确定国籍。

我国《国籍法》关于公民取得国籍的规定采取出生地主义和血统主义相结合的原则。根据我国《国籍法》的规定,父母双方或一方为中国公民,本人出生在中国的,具有中国国籍;父母双方或一方为中国公民,本人出生在外国的,具有中国国籍。如果父母双方或一方为中国公民并定居在外国,本人出生时即具有外国国籍的,则不具有中国国籍。父母无国籍或国籍不明,定居在中国,本人出生在中国,具有中国国籍。外国人或无国籍人,愿意遵守中国宪法和法律,并具有下列条件之一的,可申请批准加入中国国籍:中国人的近亲属;定居在中国的;有其他正当理由。经批准加入中国国籍的公民,不再保留外国国籍,中国公民如果自愿加入或取得外国国籍的,则自动丧失中国国籍。

公民和人民是两个不同的概念。它们的区别主要是:①范畴不同。公民是与外国人(包括无国籍人)相对应的法律概念;人民是与敌人相对应的政治概念,在不同的历史时期,人民有着不同的内容。②范围不同。公民除包括人民外,还包括人民的敌人。③公民所表达的一般是个体的概念,人民所表达的是群体的概念。

（二）公民基本权利和基本义务的概念

公民的基本权利是指公民所享有的基本的必不可少的权利。基本权利往往被称为宪法权利,也即"宪法所保障的权利"。由于宪法着重调整个

人与国家或公共权力之间的关系以及国家或公共权力自身的关系,因此与普通法律所保障的普通权利不同,宪法所保障的基本权利主要反映个人与国家之间的关系,大多表现为个人相对于国家或公共权力的权利。基本权利具有如下基本性质:①固有性和法定性。基本权利既不是造物主或君主赋予的,也不是国家或宪法赋予的,而是人本身所固有的,同时又多为宪法所认可和保障,其固有性和《宪法》规定性是相互统一的。②不受侵犯性和受制约性。由于基本权利是人所固有的权利,并为宪法所确认和保障,因此这些权利不受侵犯。同时,基本权利又具有受制约性。人们享有基本权利的程度以及基本权利保障的具体状态,受到一个国家或民族的历史文化、社会制度、经济水平以及人权观念等多方面的制约,而且,从宪法学意义看,基本权利的享有和行使也存在内在制约和外在制约。③普遍性。普遍性主要表现为人们享有基本权利不受性别、职业、家庭出身、宗教信仰、教育程度、财产状况及至民族、种族、国籍等方面的限制。

在现实生活中,人们往往承担着多样性的义务,其中宪法上的义务,即公民的基本义务。基本义务是公民对国家和社会应担负的责任。国家为了行使对全体公民的统治权,尤其是为了实现对各种可能发生冲突的基本权利的调整以及增进社会公共利益,国家不得不要求全体公民履行一定的基本义务。因此,公民的基本义务一方面基于其固有的基本权利而天然担负,另一方面又通过国家权力这一媒介的作用而形成。

(三)我国公民基本权利和基本义务的特点

1. 公民权利和自由的广泛性

一方面,享有权利的主体极其广泛,公民中绝大多数属于人民,享有全部基本权利和自由,极少数被剥夺政治权利的人也仍然享有其他的一些基本权利。另一方面,公民享有权利和自由的内容极其广泛,包括政治、经济、文化、教育以及人身权利等各个方面。随着改革开放的发展和民主法治的加强,我国公民享有权利和自由的内容还将进一步扩大。

2. 公民权利和自由的现实性

首先,我国宪法对公民基本权利和自由的规定,是从实际出发和实事求是的,全面衡量了我国社会主义初级阶段的国情,因而是切实可行的。其次,《宪法》规定公民行使基本权利和自由是有法律保障和物质保障的。

3. 公民权利和义务的平等性

我国公民平等地享有《宪法》规定的权利,同时又平等地履行《宪法》规定的义务。我国反对特权,任何组织或个人都不得有超越宪法和法律的特权。

平等权是和特权根本对立的,凡存在特权的领域和部门就没有平等可言。同时,平等与平均也是两回事,因特定职务需要和工作需要而享有某种权利不能被认定为是特权。

4. 公民权利和义务的一致性

首先,公民享有权利必定要尽义务,尽了义务必定享有相应的权利。其次,某些权利和义务具有双重性,合为一体。如公民劳动的权利和义务、受教育的权利和义务。再次,某些权利和义务是相互依存的,可以转化。如父母有抚养教育未成年子女的义务,成年子女有赡养扶助父母的义务。最后,我国公民的权利和义务是互相制约和互相促进的。公民行使权利和自由,不得损害国家、社会、集体的利益和其他公民的合法自由和权利。

二、我国公民的基本权利

(一)平等权

平等权是《宪法》规定的公民的基本权利,也是法治国家必须坚持的宪法原则。我国《宪法》规定,中华人民共和国公民在法律面前一律平等。法律面前一律平等既包含了形式上的平等,又包含了实质上的平等。近代国家的平等权强调两个方面:一是公民的平等参政权;二是公民受国家机关平等的保护。这意味着公民在遵守法律和适用法律上是平等的,同时,平等权还要求禁止不合理的差别,承认合理的差别。

(二)政治权利

所谓政治权利是指公民依据宪法和法律的规定参与国家政治生活的权利和自由的总称。它表现为两种形式:①公民参与国家、社会组织与管理的活动,以选举权与被选举权的行使为基础。②公民在国家政治生活中自由发表意见,自由表达意愿。通常表现为言论、出版、集会、结社、游行、示威自由,简称政治自由。

1. 选举权与被选举权

选举权与被选举权是指选民依法选举与被选举为代议机关代表和特定国家机关公职人员的权利。选举权与被选举权是公民参加管理国家社会事务,管理经济和文化事业,实现当家作主的一项基本权利。我国《宪法》第 34 条规定:"中华人民共和国年满十八周岁的公民,不分民族、种族、性别、职业、家庭出身、宗教信仰、教育程度、财产状况、居住期限,都享有选举权与被选举权;但是依照法律被剥夺政治权利的人除外。"

2. 表达的自由

表达的自由指的是公民通过一定的方式将自己内心的精神作用公诸

外部的精神活动的自由。包括言论自由，出版自由，结社自由，集会、游行、示威的自由。我国《宪法》规定，公民有言论、出版、集会、结社、游行、示威的自由。表达自由是近代民主政治的基础，是公民个人表达见解和意愿的一项基本权利。公民必须依法行使表达自由，不得损害国家、社会、集体的利益和其他公民合法的权利和自由，不得扰乱正常的社会秩序。

言论自由是指公民享有宪法赋予的通过各种文字或语言形式宣传自己的思想观点的自由权利。其核心是指国家的任何立法与行政活动都不得剥夺公民的言论自由，否则就是违宪行为。对于言论自由的限制范围、限制方法，许多国家都通过专门立法加以调整，如新闻自由法、出版法、广播法等。

出版自由是广义的言论自由。它主要是指公民有在宪法和法律规定的范围内，通过出版物表达自己的意见和思想的自由。包括作者的自由和出版单位所享有的自由。

结社自由是指公民为达到某一共同目标，依法定程序结成某种社会团体的自由。因目的不同，结社可分为两种：一种是以营利为目的的结社；另一种是不以营利为目的的政治性或非政治性结社。各国立法对政治性结社往往进行严格限制。我国国务院 1989 年 10 月通过了《社会团体登记管理条例》，在充分保护公民享有结社自由的同时，又规定公民结社时，应向有关政府机关登记。

集会是指聚集于露天公共场所，发表意见表达意愿的活动；游行是指在公共道路、露天公共场所列队行进，表达公共愿望的活动；示威是指在露天公共场所或者公共道路上以聚会、游行、静坐等方式，表达要求、抗议和支持、声援等意愿。我国 1989 年的《中华人民共和国集会、游行、示威法》，明确界定了合法与非法的界限。

（三）宗教信仰自由

宗教信仰自由是指公民依据内心的信念，自愿地信仰宗教的自由。宗教信仰自由主要包括三方面的内容：内心的信仰自由、宗教上的行为的自由和宗教上的结社的自由。

我国公民有宗教信仰自由，每个公民都有按照自己的意愿信仰宗教或不信仰宗教的自由；有信仰这种宗教或那种宗教的自由；有信仰这个教派或信仰那个教派的自由；有过去不信教而现在信教或过去信教而现在不信教的自由。任何组织和个人都不得强制公民信仰或不信仰宗教，也不得歧视信仰宗教的公民或不信仰宗教的公民。宗教信仰尽管表现为思想的信仰，但一旦这种思想信仰表现为宗教行为，就会涉及社会生活的各个方面。

我国《宪法》第 36 条第 3 款规定："国家保护正常的宗教活动。任何人不得利用宗教破坏社会秩序、损害公民身体健康、妨碍国家教育制度的活动。"中国宗教团体和宗教事务不受外国势力的支配，也不允许任何人利用宗教进行破坏社会秩序、损害公民身体健康和妨碍国家教育的活动。

（四）人身自由

广义的人身自由是指公民个人在符合国家法律要求的范围内，有一切举止行动的自由。包括公民的人身不受非法侵犯，人格尊严不受侵犯，公民的住宅不受侵犯，公民的通信自由和通信秘密受法律保护四种。狭义的人身自由仅指公民人身不受非法侵犯。人身自由是公民安全地参加国家政治生活和社会生活的保障，也是公民得以行使其他各种权利的基本前提。

1. 人身自由不受侵犯

人身自由是公民宪法地位的直接表现，任何组织和个人都不得非法剥夺或限制。限制或剥夺要依法定程序进行。我国《宪法》规定，任何公民非经人民检察院批准或者决定或者人民法院决定，并由公安机关执行，不受逮捕。禁止非法拘禁或者以其他方法非法限制、剥夺公民的人身自由。禁止非法搜查公民的身体。搜查时，侦查人员必须向被搜查人员出示搜查证，并且应当有被搜查人的成年家属、邻居或其他见证人在场。搜查妇女的身体应当由女工作人员进行。

2. 人格尊严不受侵犯

人格尊严是指与人身有着密切联系的名誉、姓名、肖像等不容侵犯的权利。人格尊严在法律上表现为公民人格权，它是公民参与社会活动所应具有的资格。我国《宪法》规定，公民的人格尊严不受侵犯。禁止用任何方法对公民进行侮辱、诽谤和诬告陷害。我国《民法》对公民人身权利作了详尽的规范与保障。随着社会的不断进步，公民的隐私权也将纳入公民的人格尊严范畴。政府对公民隐私权的保障程度，反映了该国政治文明和法律文明的高低。

3. 住宅权不受侵犯

住宅权不受侵犯是指公民居住生活的场所不受非法侵入和搜查。公民的居住私生活以及个人家庭的财产保存，一般均在住宅中进行。有些公民还会在住宅中进行社会性工作和劳动。因此住宅是公民安定生活的基本保障之一。住宅以其自然属性为公民提供庇护空间，《宪法》规定住宅权又为其提供了法律上的保障，使之产生了排他性，即公民在自己的住宅中享有最大限度的人身自由。我国《宪法》第 39 条规定："中华人民共和国公民的住宅不受侵犯,禁止非法搜查或者非法侵入公民的住宅。"司法机关对公民住宅的搜查也必须依法出示证件,按法定程序进行。对于任何形式的非法搜查和侵入,住宅主人都有权拒绝,有权请求司法救济。

4.通信自由和通信秘密受法律保护

通信自由是指公民通过书信、电话、电信及其他通讯手段,根据自己的意愿进行交流并且不受干涉的自由。通信是公民参与社会生活进行人际交往的必要手段。除因国家安全或追查刑事犯罪的需要,由公安机关、国家安全机关或检察机关依照法定程序对通信进行检查外,任何组织或者个人不得以任何理由侵犯公民的通信自由和通信秘密。

(五)社会经济权利

社会经济权利是指宪法所保障的有关经济活动或经济利益的权利,是公民实现其他权利物质上的保障。由于经济发展水平与宪法文化的不同,各国社会经济权利的内容也不尽相同。

1.财产权

我国《宪法》规定,国家保护公民的合法的收入、储蓄、房屋和其他合法财产的所有权,同时还规定保护城乡劳动者个体经济、私营经济以及外国的企业和其他经济组织或个人的合法的权利和利益。

2.劳动权

劳动权是指公民获得劳动的机会和适当的劳动条件的权利。我国公民有劳动的权利和义务。为保障劳动权的实现,国家通过各种途径,创造劳动就业条件,加强劳动保护,改善劳动条件,并在发展生产的基础上,提高劳动报酬和福利待遇。

3.休息权

休息权是指劳动者享有的休息和休养的权利,休息权既是劳动权的一个前提条件,也是劳动权的一种派生形态。我国《宪法》规定,劳动者有休息的权利。国家发展劳动者休息和休养的设施,规定职工的工作时间和休假制度。

4.社会保障权

社会保障权是指社会成员在劳动过程中和经济生活中遭受人身、社会危险而有权向国家和社会要求获得基本生活保障。作为一种权利体系,社会保障权由生育保障权、疾病保障权、伤残保障权、死亡保障权和退休保障权等具体权利构成。在我国,社会保障权主要表现为公民的物质帮助权。《宪法》规定,中华人民共和国劳动者在年老、疾病或者丧失劳动能力的时候,有获得物质帮助的权利。国家举办社会保障、社会救济和群众卫生事业,并且逐步扩大这些设施,以保证劳动者享受这种权利。除《宪法》的规定外,有关法律法规具体规定了社会保障权的内容及其实现方式。

（六）文化教育权利

文化教育权利是公民在文化与教育领域享有的权利和自由。这些权利和自由对于建设社会主义精神文明,提高全民族的文化水平有着重要意义。

1. 受教育权

受教育权是公民在教育领域享有的重要权利,是公民接受文化、科学等方面教育训练的权利。我国《宪法》规定,中华人民共和国公民有受教育的权利和义务。受教育权主要包括三个方面的内容:①学习的权利,即以适龄儿童和少年为主体的权利主体享有接受教育并通过学习而在智力和品德等方面得到发展的权利,这是受教育权的核心内容。②义务教育的无偿化。我国目前实行九年义务教育,根据《义务教育法》第10条的规定,国家对接受义务教育的学生免收学费,并设立助学金,帮助贫困学生就学。③教育的机会均等。任何权利主体均不得在教育上受到不平等的对待。

2. 文化权利

根据我国《宪法》的规定,公民的文化权利包括三个方面的内容,即从事科学研究的权利、文艺创作的权利与从事其他文化活动的权利。

（七）监督权与请求权

1. 监督权

监督权指的是公民监督国家机关及其工作人员活动的权利。我国《宪法》规定,中华人民共和国公民对于任何国家机关和国家工作人员,有提出批评和建议的权利;对于任何国家机关和国家工作人员的违法失职行为,有向有关国家机关提出申诉、控告或者检举的权利,但是不得捏造或者歪曲事实进行诬告陷害。

2. 请求权

请求权是指公民依照宪法的规定,要求国家作一定行为的权利。请求权主要包括国家补偿请求权、裁判请求权和国家赔偿请求权。国家补偿请求权是指由于国家合法、正当行为造成公民权利损失时要求予以救济的权利。如土地依法征收征用补偿。裁判请求权是指公民有公正地接受裁判的权利。《宪法》规定,公民在法律面前人人平等原则、法院公开审判原则、独立审判原则以及被告人有获得辩护的权利等构成了裁判请求权的具体内容。根据《宪法》规定,国家赔偿请求权是指由于国家机关和国家机关工作人员侵犯公民权利而受到损失的人,有依照法律规定取得赔偿的权利。

我国《国家赔偿法》规定,由于国家机关和国家机关工作人员违法行使职权侵犯公民、法人和其他组织合法权益造成损害的,受害人有依据《国家赔偿法》取得国家赔偿的权利。

（八）特定主体的权利保护

特定主体的权利是指法律规范明示的受到特别保护群体的权利。

1.妇女、儿童和老人的权利保护

我国妇女在政治、经济、文化、社会和家庭等方面享有同男子平等的权利,国家保护妇女的权利和利益,实行男女同工同酬,培养和选拔妇女干部等。婚姻家庭、母亲、儿童和老人受法律保护,禁止破坏婚姻自由,禁止虐待老人、妇女和儿童。

2.残疾人的权利保护

残疾人的权利保障主要包括劳动就业权的权利保障、政治权利的特殊保障、受教育权的特殊保障和人格权的特殊尊重。我国《残疾人权益保障法》具体规定了保护残疾人权利的制度和措施。

3.华侨、归侨和侨眷的权利保护

华侨是指侨居国外的中华人民共和国公民;归侨是指曾居于国外的我国公民,现已回到祖国定居;侨眷是指华侨在国内的亲属。我国《宪法》规定,中华人民共和国保护华侨的正当的权利和利益,保护归侨和侨眷的合法权利和利益。

4.我国境内外国人的合法权利保护

我国保护在我国境内的外国人的合法权利和利益,在我国境内的外国人必须遵守我国的法律。我国对于因为政治原因要求避难的外国人,可以给予受庇护的权利。

三、我国公民的基本义务

（一）维护国家统一和各民族团结

我国是统一的多民族国家。国家统一与各民族团结是进行社会主义现代化建设的重要保证。维护国家统一的义务,是指公民有责任维护国家主权独立和领土完整,与破坏国家统一的行为进行斗争。维护全国各民族的团结的义务,是指每个公民都有责任维护各民族间的平等、团结和互助关系,同一切破坏民族团结和制造民族分裂的行为作斗争。

（二）遵守宪法和法律,保守国家秘密,爱护公共财产,遵守劳动纪律,遵守公共秩序,尊重社会公德

宪法和法律是全国各族人民意志和利益的集中体现,在保护人民、打

击敌人、保障和促进社会主义物质文明和精神文明建设中发挥重要的作用。每一个公民都必须把增强法制观念、自觉遵守宪法和法律、维护宪法和法律的尊严作为自己应尽的根本责任。国家秘密关系到国家的安危,严守国家秘密,维护国家的安全和利益,是每个公民都必须严格履行的一项基本义务。公共财产是巩固国家政权、使国家日益繁荣富强的物质基础,因而所有公民都必须爱惜和维护国家和集体的财产。公民遵守劳动纪律,对于保证社会化大生产的正常进行,提高劳动效率,保护劳动者的安全生产具有重要意义。公共秩序和社会公德也是保证人民正常生活和工作,谋求社会正常运行的重要条件,因此,每个公民都有义务自觉维护正常的公共秩序,尊重社会公德。

(三)维护祖国的安全、荣誉和利益

祖国安全是指国家的领土完整和主权不受干扰,国家政权不受威胁。祖国的安全高于一切,每一个公民要同一切损害祖国尊严、危害国家安全的行为进行斗争。维护祖国荣誉是指国家的声誉不受损害,对有辱祖国荣誉、损害祖国利益的行为给予法律制裁。公民对祖国应当有自尊心和自豪感,要把维护祖国荣誉作为自己神圣的职责,同一切出卖祖国利益、损害祖国尊严的行为进行斗争。

(四)依法服兵役和参加民兵组织

保卫祖国、抵抗侵略是我国公民的神圣职责,依照法律服兵役和参加民兵组织是公民的光荣义务。《兵役法》规定,每年12月31日以前满18周岁的男性公民,应当被征集服兵役。每个适龄公民都应按照《兵役法》的要求,积极服兵役和参加民兵组织,自觉履行这一光荣的义务。《中华人民共和国兵役法》对我国的兵役制度作了全面的规定,其中第43条第1款规定:"高等院校的学生在就学期间,必须接受基本军事训练。"这是大学生就学期间履行兵役义务的基本形式,是高等院校必须进行的一项教育内容。

(五)依法纳税

纳税义务是指纳税人依法向税收部门按一定比例缴纳税款的义务。纳税是现代社会中公民的基本义务,各国宪法普遍规定公民的纳税义务。税收是国家筹措资金的重要方式和国民收入的重要来源,是国家参与国民收入分配和再分配的一种方式,也是国家干预经济、调节生产的重要杠杆。纳税是公民的法律义务,具有强制性。国家对拒绝纳税或者偷税、骗税、抗税的行为,给予法律制裁。

(六)其他方面的义务

我国《宪法》第二章在规定公民基本义务的条款中,也规定了一些相关的基本义务,除前述已提及的公民有劳动的义务和受教育的义务外,还包括夫妻双方有实行计划生育的义务,父母有抚养教育未成年子女的义务,成年子女有赡养扶助父母的义务。

第四节　国家机构

一、国家机构概述

(一)国家机构的概念

国家机构是统治阶级为实现国家职能建立起来的国家机关的总和,是国家权力的载体和体现。国家机构的特点有:①国家机构具有鲜明的阶级性。国家机构执行统治阶级的意志,它的组织、职责及权力运作都反映着统治阶级的意志。②国家机构是复杂的、有系统的组织。实现众多的国家职能需要建立相应的国家机关,这些国家机关各有分工、各司其职,互相联系、协调运作,从而形成复杂严密而又有机统一的组织体系。③国家机构是国家权力的载体。国家权力具体通过国家机构这个载体体现出来,国家机构的组成和活动实际上就是运用国家权力的结果。同时,国家机构是以国家强制力为后盾的,在法治社会中,国家机构通过适用法律等体现国家意志的强制性规则实现国家职能。

(二)国家机构的组织活动原则

1.分权原则和民主集中制原则

分权原则是资本主义国家宪法原则,这一原则在宪法中主要体现为政体原则,而一国的政治体制又通过国家机构的组织及其活动来表现。因此,分权原则具体表现为国家机构的组织和活动原则。

我国《宪法》明确规定国家机构实行民主集中制,国家机构的民主集中制原则体现在国家机关的产生、国家机关的相互关系以及国家机关的领导制度等各个方面。

2.法治原则

法治原则强调法律面前的平等,反对特权,注重公民权利的保障,反对政府滥用权力。法治原则在国家机构中主要体现在如下几个方面:①国家机构的组织由法律规定;②国家机构的职权由法律规定;③国家机构行使职权的程序由法律规定。

3.责任制原则

责任制原则是指国家机关及其工作人员行使职权、履行职务,均应对其后果负责。责任制原则是国家机关普遍遵循的原则,由于各个国家机关的性质不同、职权不同,其责任制的表现方式也不尽相同。责任制可分为集体责任制和个人责任制两种。集体责任制是指在决定问题时须经集体讨论,由集体作出决定,通过决议的制度,集体责任制多存在于合议制机关。个人责任制是由首长个人决定并承担相应责任的领导体制。个人责任制多存在于行政机关和军事机关,它强调首长个人的权威、判断和智慧。

二、代议机关

(一)代议机关概述

代议机关是由选民直接或间接选举产生,代表选民讨论和决定国家或地方重大问题的国家机关。从各国宪法的规定看,代议机关可分为一院制和两院制两种组成形式。一院制是指代议机关由一个议院组成并行使全部职权的议会制度,现在实行一院制的国家有丹麦、瑞典、芬兰、波兰、匈牙利、罗马尼亚、泰国、新加坡等 100 多个。两院制是指代议机关分设两个议院分别行使职权的议会制度,现在实行两院制的国家有英国、美国、法国、德国、日本、意大利、奥地利、澳大利亚、巴西、印度、伊朗等。

代议机关的职权主要有:①立法权。立法权是代议机关制定、认可、解释、补充、修改或废止法律的权力。一般而言,代议机关的立法活动主要有提出法案、审议和通过法案以及公布法律等几个阶段。②财政权。财政权是指代议机关批准政府预算和决算的决议权。③监督权。监督权主要是指监督政府的权力。由于行政权的急剧膨胀,代议机关对行政机关的监督也越重要,这是贯彻有限政府和责任政府原则的需要。监督权主要包括质询权、倒阁权、弹劾权和调查权等。

(二)我国的国家权力机关

1.全国人民代表大会及其常务委员会

全国人民代表大会是最高国家权力机关,行使国家立法权。全国人民代表大会由省、自治区、直辖市和军队选出的代表组成。各少数民族都应当有适当名额的代表。全国人民代表大会代表的名额不超过 3000 人。全国人民代表大会每届任期五年。全国人民代表大会的职权有:修改宪法和监督宪法的实施;制定和修改基本法律;选举、决定和罢免中央国家机关领导人;决定国家重大问题;对其他国家机关的监督权以及应当由最高国家权力机关行使的其他职权。

全国人民代表大会常务委员会是全国人民代表大会的常设机关,是全国人民代表大会闭会期间经常行使最高国家权力的机关,是国家立法机关。全国人民代表大会常务委员会由全国人民代表大会选举产生,对全国人民代表大会负责,并向它汇报工作。全国人民代表大会常务委员会由委员长、副委员长若干人、秘书长和委员若干人组成,每届任期五年,委员长、副委员长连续任职不得超过两届。全国人民代表大会常务委员会组成人员不得担任国家行政机关、审判机关和检察机关的职务。全国人民代表大会常务委员会的职权有:解释宪法、监督宪法的实施;立法权;法律解释权;监督权;国家重大事项决定权;人事任免权以及全国人民代表大会授予的其他职权等。

2.地方各级人民代表大会及县以上地方各级人大常委会

地方各级人民代表大会是地方国家权力机关,地方各级人民代表大会由人民代表组成。不设区的市、市辖区、县、自治县、乡、民族乡、镇的人大代表由选民直接选举;省、自治区、直辖市、设区的市、自治州的人大代表由下一级人大选举。乡、民族乡、镇的人大每届任期为三年,其余的每届任期为五年。地方各级人大的职权有:保证宪法、法律、行政法规的遵守和执行;通过和发布决议;选举权与罢免权;地方性重大问题的决定权;监督权;地方性法规的制定权等。

县以上地方各级人大常委会是同级人大的常设机关,是地方各级人大闭会期间行使地方国家权力的机关,它向同级人大负责并报告工作。县以上地方各级人大常委会由主任一人、副主任若干人、秘书长一人(县级人大常委会不设秘书长)、委员若干人组成。地方人大常委会的组成人员必须是同级人大代表并由本级人大选举产生。常委会的组成人员不得担任国家行政机关、审判机关和检察机关的职务。地方各级人大常委会的任期与同级人大每届任期相同,均为五年。地方各级人大常委会的职权有:执行权;决定权;任免权;监督权以及地方立法权等。

三、国家元首

(一)国家元首概述

国家元首是国家的首脑,是国家机构的组成部分,是国家对内对外的象征和代表者。现代各国国家元首制度有很大差别,主要有君主制国家元首和共和制国家元首两种形式。国家元首拥有的职权主要有:①公布法律权。法案由立法机关通过后,一般都由国家元首负责公布,从而使立法程序更加完备。②外事权。国家元首的外事权是指代表国家进行各种外事活动的权力。国家元首享有的外事权为最高代表权,其外事权主要包括使节权和缔约权。③军事权。国家元首的军事权是指对武装力量的统帅权和对外宣战权。④任免权。各国国家元首都有此项权力,但任免范围有所不同。⑤赦免权。国家元首的赦免权是指国家元首以命令的方式赦免犯罪和对于已被定罪的罪犯以赦免或减免其刑罚的权力。赦免分大赦和特赦两种。⑥荣典权。国家元首的荣典权是指规定或者颁赐荣誉、荣典、授予荣誉称号和荣誉职衔的权力。

(二)我国的国家主席

中华人民共和国国家主席、副主席由全国人民代表大会选举产生。《宪法》规定,有选举权和被选举权的年满四十五周岁的中华人民共和国公民可以被选为中华人民共和国主席、副主席。我国国家主席、副主席的任期都是五年,连续任职不得超过两届。国家主席的职权有:公布法律权;任免权;发布命令权;外事权;荣典权等。

四、行政机关

(一)行政机关概述

行政机关是指执行代议机关的法律,管理国家行政事务和社会事务的机关。行政机关拥有的行政权是各种国家权力中最广泛、最繁杂的一种权力。各国宪法对行政权规定的情况差别很大。伴随着政府职能的不断增加,现代国家的行政权有继续扩大的趋势。

(二)我国的行政机关

1.国务院

国务院即中央人民政府,是最高国家权力机关的执行机关,是最高国家行政机关。国务院由总理、副总理、国务委员、各部部长、各委员会主任、审计长和秘书长组成。国务院每届任期与全国人民代表大会相同,均为5年,总理、副总理和国务委员连续任职不得超过两届。国务院实行总理负责制。国务院的职权有:行政立法权;提出议案权;行政领导权;人事行政权;行政监督权;最高国家权力机关授予的其他职权。

2.地方各级人民政府

地方各级人民政府是地方各级国家权力机关的执行机关,是地方各级国家行政机关。乡、民族乡、镇人民政府每届任期3年,其他地方政府每届任期五年。地方各级人民政府实行行政首长负责制。地方各级人民政府的职权有:执行决议、发布命令;管理各项行政工作;领导和监督所属工作部门和下级人民政府的工作;依法保障各方面的权利;办理上级人民政府交办的其他事项等。

五、司法机关

(一)司法机关概述

广义的司法机关是指行使国家审判权、检察权和管理司法行政的专门机关。狭义的司法机关专指国家审判机关,即法院。就狭义司法机关而言,各国司法机关大多组织严密,体系庞杂,由于历史文化传统的不同,司法机关的组织不尽相同,可简单归纳为普通法院、专门法院和特别中央司法机关三种。司法机关的职能主要是审理各种诉讼案件,解释宪法和法律。司法独立是司法公正的保证,司法独立的保障措施主要有法官身份的保障和法官生活的保障。

(二)我国的司法机关

1.审判机关

人民法院是国家的审判机关,通过依法独立审判参与国家权力的行使。人民法院设院长、副院长、庭长、副庭长、审判员等;院长由同级人大选举和罢免,其他组成人员由同级人大常委会任免。院长每届任期与同级人大的任期相同,其中最高人民法院院长连任不得超过两届。人民法院分最高人民法院、高级人民法院、中级人民法院和基层人民法院四级,并设专门人民法院,如军事法院、海事法院、铁路运输法院、森林法院等。最高人民法院监督地方各级人民法院和专门人民法院的审判工作。人民法院对产生它的权力机关负责并报告工作。

2.检察机关

人民检察院是国家的法律监督机关,通过独立行使检察权对各级国家机关及其工作人员、公民是否遵守宪法和法律实行监督,以保障宪法和法律的统一实施。各级检察院设检察长、副检察长、检察员。检察长由同级人大选举,并报上级人民检察院检察长提请该级人大常委会批准;其他成员由同级人大常委会任命或批准任命。检察长每届任期与同级人大的任期相同,其中最高人民检察院检察长连任不得超过两届。最高人民检察院领导地方各级人民检察院和专门人民检察院的工作,上级人民检察院领导下级人民检察院的工作。人民检察院对产生它的权力机关负责并报告工作。

六、其他

(一)我国的中央军事委员会

我国的中央军事委员会领导全国武装力量,是我国最高军事领导机关,负责国家最高军事决策和军事指挥。中央军事委员会由主席、副主席若干人、委员若干人组成。中央军事委员会由全国人民代表大会选举产生,每届任期五年。中央军事委员会实行主席负责制,中央军事委员会主席对全国人民代表大会及其常委会负责。

(二)我国民族区域自治地方的自治机关

民族区域自治地方的自治机关是自治区、自治州、自治县的人民代表大会和人民政府,是国家的一级地方政权机关,实行民主集中制的人民代表大会制。民族区域自治地方的自治机关的职权有:制定自治条例和单行条例;变通执行和停止执行上级国家机关的决议、决定、命令和指示;自主管理地方财政;自主安排和管理地方经济建设事业及其他教育、科学、文化事业;组织本地方的公安部队;使用和发展当地通用的一种或几种语言文字等。

(三)特别行政区机关

香港、澳门特别行政区机关是行使基本法规定的高度自治权的机关,包括行政长官、行政机关、立法机关和司法机关。根据《香港特别行政区基本法》和《澳门特别行政区基本法》的规定,特别行政区行政长官是特别行政区的首长,代表特别行政区,依照基本法的规定对中央人民政府和特别行政区负责。特别行政区政府是特别行政区行政机关。特别行政区的立法机关是特别行政区立法会。特别行政区法院是特别行政区的司法机关,行使特别行政区的司法权。此外,香港特别行政区设立非政权性的区域组织,澳门特别行政区可设立非政权性的市政机构。

练习三

一、单项选择题

1. 中华人民共和国建立以来共制定过(　　　)部宪法。

   A.3　　　　　　　B.4　　　　　　　C.5　　　　　　　D.6

2.(　　　)是中华人民共和国的根本制度。

   A.民主集中制　　　　　　　　B.人民民主专政制度

   C.人民代表大会制度　　　　　D.社会主义制度

3. 根据《宪法》规定,我国元首职权由(　　　)行使。

   A.国家主席　　　　　　　　　B.全国人民代表大会及其常委会

   C.A与B共同　　　　　　　　D.国家主席与国务院总理共同

4. 我国《宪法》规定,公民有受教育的(　　　)。

   A.权利　　　　　　　　　　　B.权力

C. 义务　　　　　　　　　D. 权利和义务

5. 全国人民代表大会以修正案的形式对 1982 年宪法作了（　　）次修改和完善。

A. 1　　　　　B. 2　　　　　C. 3　　　　　D. 4

二、多项选择题

1. 根据我国宪法和选举法规定，（　　）没有选举权和被选举权。

A. 外国人

B. 劳改犯或劳教犯

C. 依法被剥夺政治权利的人

D. 不满 18 周岁的中华人民共和国公民

2.《宪法》规定的公民在法律面前一律平等原则是指（　　）。

A. 任何公民都平等地享有宪法和法律规定的权利

B. 任何公民都平等地履行宪法和法律规定的义务

C. 任何公民在适用法律上都是平等的

D. 任何公民在遵守法律上都是平等的

3. 我国《宪法》规定，（　　）监督宪法的实施。

A. 全国人民代表大会　　　　B. 全国人民代表大会常委会

C. 最高人民检察院　　　　　D. 中华人民共和国主席

4. 我国实行直接选举的人大代表有（　　）。

A. 乡级人大代表　　　　　　B. 镇级人大代表

C. 县级人大代表　　　　　　D. 设区的市的区级人大代表

5. 我国现行宪法所规定的公民的基本权利和义务主要有（　　）等特点。

A. 公民权利和义务的平等性　　B. 公民权利和自由的广泛性

C. 公民权利和自由的现实性　　D. 公民权利和义务的一致性

三、简答题

1. 什么是宪法？宪法的基本特征有哪些？

2. 为什么人大常委会委员不能在其他国家机关中任职？

3. 如何理解我国的国体和政体？人民民主专政制度和其他国家制度的关系如何？

4. 简述公民基本权利的含义及我国宪法对公民基本权利的规定。

5. 民主集中制体现在我国国家制度的哪些方面？

6. 如何理解宪法在法律体系中的地位？

7. 解释宪法产生的历史原因。

8．怎样理解言论自由。

四、案例分析

1．《华西都市报》2001 年 9 月 4 日报道了轰动全国的农民状告公安行政不作为案审理情况。在 1998 年 5 月 16 日至 5 月 19 日的四天三夜中，阆中市水观镇农民李茂润连续遭到一名叫郑国杰的疯子的追杀，5 月 19 日晚，在向阆中市公安机关求助未果的情况下，李茂润从自家二楼跳下，腿被当场摔断，经鉴定为八级残废。李茂润向阆中市公安局索赔 364 万元。阆中市人民法院一审判决被告违法，共赔偿李茂润 19751.32 元。

结合该案例，说说国家权力与公民权利之间的关系。

2．1990 年，原告齐玉苓与被告之一陈晓琪都是山东省滕州市第八中学的初中学生，都参加了中等专科学校的预选考试。陈晓琪在预选考试中成绩不合格，失去继续参加统一招生考试的资格。而齐玉苓通过预选考试后，又在当年的统一招生考试中取得了超过委培生录取分数线的成绩。山东省济宁商业学校给齐玉苓发出录取通知书，由滕州八中转交。陈晓琪从滕州八中领取齐玉苓的录取通知书，并在其父亲陈克政的策划下，运用各种手段，以齐玉苓的名义到济宁商校就读直至毕业。毕业后，陈晓琪仍然使用齐玉苓的姓名，在中国银行滕州支行工作。齐玉苓发现陈晓琪冒其姓名后，向山东省枣庄市中级人民法院提起民事诉讼，被告为陈晓琪、陈克政、济宁商校、滕州八中和山东省滕州市教育委员会。原告诉称：由于各被告共同弄虚作假，促成被告陈晓琪冒用原告的姓名进入济宁商校学习，致使原告的姓名权、受教育权以及其他相关权益被侵犯。请求法院判令被告停止侵害、赔礼道歉，并赔偿原告经济损失 16 万元，精神损失 40 万元。

请根据《宪法》第 46 条规定说说本案被告是否侵犯原告的宪法权利。

第四章

行政法律制度

【本章导读】

通过对本章的学习,了解行政法的概念、渊源、行政法律关系、行政行为等基础知识,理解有关行政法律制度的主要内容、基本精神,树立依法行政的法治观念,参与行政的民主思想,增强遵守和维护社会秩序的自觉性。

【本章重点】

我国行政法的概念和基本原则。

行政法律关系的基本特征。

我国行政机关体系的构造及其职权。

行政行为的合法性要件,理解几种重要的具体行政行为。

我国行政机关的行政行为的种类和行政处罚的有关规定。

【本章难点】

行政法基本原则的适用。

行政机关与行政主体是在不同层次上的表述。

行政行为的合法性与合理性是两个不同的概念。

行政处罚与行政处分是两个不同的概念。

第一节 行政法概述

一、行政的含义

行政法与行政的关系十分紧密。正像民法是有关民事的法,商法是有关商事的法,行政法是有关行政的法,所以要知道什么是行政法,必须先了解什么是行政。

"行政"一词的英文是 administration,源于拉丁文 administrare,原意是"执行事务"。从早期的用法来看,"行政"与"管理"是同等概念,通常是指政务的管理和领导。它既是指对国家事务的管理(这可称为公共行政),也泛指企业和各种社会组织对其内部事务的管理（这可称为"私人行政"，其中大量的是企业管理活动）。但根据现在通行的用法，"行政"一词通常特指"公共行政"（public administration），这种含义的"行政"与行政法密切相关，中外行政法和行政法学著述也都是从这个角度来研究"行政"这一概念的。我们从行政发展史观察到，公共行政的众多原则和方法就是从私人行政特别是企业管理经验中借鉴和获取的。

对于特指公共行政的"行政"的含义，国内外学者的观点甚多，没有统一的认识。归纳起来，主要有以下几种学说。

（一）国家意志执行说

这种早期的学说是以美国著名行政法学家古德诺为代表，在其所著的《政治与行政》一书中指出："政治是民意的表现，行政是民意的实现。政治在决定政策，行政在实行政策。"即制定政策是政治，执行政策是行政。

（二）目的实现说

这种学说以德国行政法学者奥托·马叶尔（Otto Mayer）、乃班德（Paul Laband）等人主张，行政便是实现国家政治目的的一切活动。

（三）除外说

这种观点最典型的是日本行政法学家美浓部达吉的"除外说"。他说：行政是除立法、司法以外的一切活动。

以上观点各从一定角度对公共行政作出解说，都有助于帮助人们认识行政的含义，但也各有其缺陷和不足。

马克思在论述行政的本质时指出："所有的国家都在行政机关无意识地或有意识地办事不力这一点上去寻找原因，于是它们就把行政措施看做改正国家缺点的手段。为什么呢？就因为行政是国家的组织活动。"从马克思的这一论述中，我们可以看出行政有两个主要特点：①行政是一种国家活动，而不是一般的社会活动。因此，只有在国家出现以后才有行政。将来国家消亡了，行政也将消亡。同时也说明，只有国家、国家机关才有权进行行政活动。②行政并不是国家的所有活动，而仅仅是它的组织活动，即对国家的事务进行组织监督等。后来，列宁发挥了马克思的这一思想，认为组织工作乃是行政的主要特点和内容。列宁指出："社会主义党在世界历史上第一次基本完成了夺取政权和镇压剥削者的事业，紧接着就要解决管理这个任务……要有效地进行管理，必须善于实际地组织工作。"

在这里，我们主张对行政的含义作这样的论述：

行政就是国家行政主体依法对国家和社会事务进行组织和管理的活动。也就是说，行政是国家行政主体实施国家行政权的行为。

行政的这一定义可以引申出两层意思,把握住这两层意思有助于准确地理解行政:

(1)行政是行政主体的活动。行政主体就是指依法代表国家,并以自己的名义实施国家行政管理的组织。在我国,它主要是国家行政机关及其机构,并包括得到行政授权的企事业单位和社会组织。可见,行政不限于行政机关的活动,它包括行政机构,得到授权的企事业单位和社会组织的活动。

(2)行政并不是行政主体的所有活动。它是指限于行政主体对国家和社会事务进行管理的活动,行政主体的非管理活动(如借用、租赁、买卖等)不属于行政。

从实质上说,行政就是一种管理。但它既不同于一般的社会管理,也不能与国家管理完全等同。从一般意义上说,它就是国家的行政管理。

二、行政法的概念

什么是行政法? 这是至今尚未形成通说、尚待深入探究的问题之一。以比较研究的方式对国内外有代表性的行政法概念略加考察,有助于认识行政法学者多年来一步步探索的历程,也有助于理解和把握现代行政法的理论体系。

(一)国外有代表性的行政法概念

1.大陆法系的行政法概念

大陆法系国家将行政法列入公法范畴,且大多设有行政法院,因此大陆法系的行政法概念有其鲜明特点。

德国著名法学家奥托·马叶尔(Otto Mayer,1846—1934)最早对行政法的认识加以系统整理,使之成为一门独立的法律学科,在其名著《德国行政法》中指出,"行政法是指调整作为管理者的国家与作为被管理者的臣民之间关系的法律规范。"另一位德国著名法学家哈特穆特·毛雷尔(Hartmut Maurer)认为,"行政法是关于公共行政机关的特殊的法律。"

法国奥科(Aucoc)认为,"行政法即规范行政以及行政权对于人民关系法规之总体。"

荷兰法学家克鲁尔(Kluwer)认为,"行政法通常是宪法的延伸和具体化,它主要是关于政府行政和对行政的司法审查。"

2.英美法系的行政法概念

在英美法系,公法与私法一般不作严格区分,也不另设行政法院,其行政法概念要比大陆法系国家的行政法概念窄一些。

目前最有代表性、影响最大的是英国当代行政法权威学者威廉·韦德爵士(Sir William Wade)的定义。他认为行政法"是控制政府权力的法","是规范行政机关行使权力、履行职责的一系列普遍原则"。美国目前最权威的一位行政法学家戴维斯(K. C. Davis)对行政所下的定义是:"行政法是关于行政机关权力和程序的法律,其中特别包括调整对行政行为进行司法审查的法律。"

3.日本的行政法概念

日本行政法以德国行政法为蓝本。著名法学家美浓部达吉认为,"行政法为国内公法之一部分,规定行政权之组织及行政权主体的国家或公共团体与其所属人民的关系";简言之,"行政法就是关于行政的国内公法"。杉村章三朗等主编的《行政法辞典》所下的定义为,"行政法在广义上是指关于行政的组织、作用及争讼的法,是行政组织法、行政作用法、行政争讼法及行政处罚法的总称"。

(二)我国有代表性的行政法概念

1.单一关系调整说

这种观点认为,行政法"是指有关国家行政管理法律规范的总称,是以行政关系为调整对象的一个仅次于宪法的独立法律部门"。

2.两种关系同时调整说

此观点以 1996 年 10 月出版的高等政法院校规划教材《行政法》的表述为代表,认为行政法"既调整行政关系,又调整监督行政关系,是调整这两类关系的法律规范和原则的总称"。

3.行政权力双向规范说

此观点以 1997 年 7 月出版的高等政法院校规范教材《行政法学》(修订版)的表述为代表,提出"行政法是关于行政权力的组织分工和行使、运作以及对行政权力进行监督并进行行政救济(或补救)的法律规范的总称"。

我们认为,根据我国行政法理论与实践,行政法定义为:行政法是以行政关系为调整对象的各种行政法律规范的总称。具体地说,是指对行政活动过程特别是行政权力运行过程加以规范、监督与补救,调整行政与监督行政主体及其行为所形成的社会关系的有关法律规范和原则的总称。行政法与民事法、刑事法一样,是基本的法律部门之一。

三、行政法的特征

与其他部门法相比,行政法在形式上和内容上都具有一些显著而有相互关联的特征。对此,行政法学界已有比较一致的认识。这些特征我们可

以从形式和内容两方面来认识

（一）行政法的形式特点

1. 尚无统一的行政法典

由于行政法涉及社会生活各个领域，内容纷繁复杂，技术性和专业性较强且行政关系变动较快，因而难以制定出一部包罗万象、完整统一的实体行政法典。有些国家虽然做过制定统一的行政法典的努力，但迄今为止只有少数国家取得了成功。因此，行政法只能表现为众多的、各种各样的单行法律、法规和规章等。尽管如此，尚无完整统一的实体行政法典这一特点，并不能成为否定行政法存在和发挥作用的理由。

2. 形式的多样性

制定行政法规是采取多极分别立法的方式，其制定机关甚多（在我国如权力机关或行政机关，在行政机关中如国务院、国务院各部委或有制定权的地方政府），效力层次不同（法律、法规、规章等），行政法规范及其存在的法律形式和法律文件的数量也特别大，居各部门法之首。

（二）行政法的内容特点

1. 支配性

在宪法上，国家机关的权力归根结底都来源于人民，实行人民主权原则。在民法上，双方主体的权利是平等的。但在行政法上，行政权与公民权具有不对等性，行政权具有优益性或支配性。

2. 广泛性

现代行政活动领域十分广泛，已不限于传统的治安、税收、军事、外交等方面，还扩展到经济、科技、文化等社会生活的各个方面，这些方面发生的社会关系需要行政法加以调整，这就决定了行政法有着广泛的内容。

3. 多元性

构成行政法的各法律规范的时间效力和适用范围是不可能相同的。这就使得行政法在时间、空间上的效力和对人的效力上具有多元性，而并不具有统一性。

4. 模糊性

我国行政诉讼法这一程序法中包含了许多实体性规范，而且在我国行政法中还存在一类特有的行为规范即行政程序规范，这是根据行政民主、法治、科学、效率的要求而对行政机关依法行使职权所作的特别程序约束。行政实体性规范与行政程序性规范共存于一个法律文件中，在实施和考察行政活动时很难将其截然分开，这种现象可说是行政法区别于民事法、刑事法的一个重要特点。

四、行政法的渊源

行政法的渊源,是指行政法律规范的根本来源和外部表现形式。由于我国是成文法的国家,作为成文法的渊源,有以下表现形式。

（一）宪法

宪法是国家的根本大法,具有最高的法律效力,是一切立法的依据。宪法所包含的行政法律规范通常是原则性强,涉及行政权力的取得、行使及对其进行监督的根本性问题的规定,对行政法的各种具体规范起统率作用。行政法的具体规范与这些一般性规范相抵触,将导致无效的后果。

（二）法律

《宪法》规定,全国人民代表大会及其常务委员会均有权制定法律。法律中涉及行政权力的设定及权限、行使及运用、对行政权力加以监督和在受到行政权力侵害时予以补救的规范,均属于行政法律规范。它们是行政法最重要的渊源之一。

（三）行政法规

行政法规是国务院制定的规范性文件的总称。它是对比较原则的法律规范加以具体化的主要形式之一,数量较大。

（四）地方性法规

地方性法规,是指省、自治区、直辖市的人民代表大会及其常委会,省、自治区人民政府所在地的市、国务院批准的较大的市以及经全国人民代表大会和全国人民代表大会常委会批准设立的经济特区的人民代表大会及其常委会,在不与宪法、法律相抵触的情况下所制定的规范性文件的总称。

（五）自治条例和单行条例

自治条例和单行条例是民族自治地方权力机关按照法定权限并依照当地民族的政治、经济和文化的特点所制定的一类规范性文件。它与地方性法规一样,所包含的法律规范多数是行政法规,因而也是行政法的重要渊源。

（六）行政规章

行政规章分部门规章和地方政府规章。前者是由国务院组成部门和一部分具有行政管理职能的直属机构依法制定的,后者是由省、自治区、直辖市、较大的市的人民政府依法制定的。行政规章的效力不及上述法律渊源,目前在我国的司法审查中不作为"依据",而是"参照"适用。

（七）国际条约和协定

我国参加和批准的国际条约和协定(但保留条款除外),凡内容涉及行政法的,也是重要渊源。

（八）法律解释

我国正式有效的法律解释规定为立法解释、司法解释、行政解释和地方解释,凡涉及行政法的,通常也作为行政法的渊源。

五、行政法的分类

行政法的内容虽然十分广泛,但我们可以依据不同的标准划分成不同的种类。

（一）一般行政法与特别行政法

这是以行政法调整的对象的范围为标准来划分的。一般行政法是对一般行政法加以调整的法律规范的总称,如行政程序法、公务员法等。特别行政法是对某一方面或某一领域的行政关系加以调整的法律规范的总称,因而又称为部门行政法,如卫生行政法、公安行政法等。

（二）实体行政法与程序行政法

这是以行政规范的性质为标准来划分的。实体行政法是规范行政法主体权利、义务等实体内容的行政法规范的总称。在传统行政法中,实体行政法是研究的重点,而程序行政法受到忽视,随着行政法治化程度的深入,原有的"重实体、轻程序"的倾向逐渐改变。

（三）行政组织法、行政行为法及行政监督法

第一类是关于行政组织的法律规范,包括行政组织法和行政人员法;第二类是关于行政主体的行为的法律规范,包括各种专门领域的行政作用法;第三类是关于对行政进行监督以及进行权利救济的法律规范,包括行政复议等。

六、行政法的地位与作用

（一）行政法在法律体系中的地位

我国对行政法在法律体系中地位的看法比较统一。这种相对一致的看法可以用一句话来表述,即:"行政法是个仅次于宪法的独立法律部门。"

宪法是国家的根本大法,在我国法律体系中处于最高地位,而行政法是宪法之下的一个独立法律部门,两者关系密切。我国法律体系按规范的效力等级可以分为三个层次:一是根本法,即宪法;二是部门法,如刑法、民法;三是分支法,如合同法（民法分支法）。行政法属于部门法,处于第二效力层次。

（二）行政法的作用

行政法作为重要法律部门，主要有下述几种作用。

1. 行政法有助于提高国家行政管理的效率

国家行政管理效率，是指行政主体在实施国家行政管理中，投入的人力、物力、财力和取得的效果之比。行政法对于行政主体提高行政管理效率是个有力的促进和积极的保障。

2. 行政法是宪法的具体化，它有助于宪法的实施和保障

社会主义民主的基本制度是通过宪法确立的，但是具体贯彻各项民主制度必须通过行政法来实现。

3. 行政法能保障行政权力合法有效行使，维护社会秩序和公共利益

行政法通过各类行政法律文件，加强国家经济管理职能，规定保障公民言论自由、奖励科学技术发明等各项制度。现代行政将行政权力赋予行政机关及其行政主体，同时有效规范和约束行政管理相对人的行为，促进其积极履行行政法义务，制止危害他人利益和公共利益的违法行为，建立和维护行政管理秩序，确保行政机关充分、有效地实施行政管理，维护社会和公共利益。

七、行政法律关系的含义和特点

（一）行政法律关系的含义

所谓行政法的法律关系，概括地说，是指基于行政法律规范的确认和调整而在行政关系以及监督行政关系的当事人之间形成的权利与义务关系。在广义上，这种法律关系也可简称为行政法律关系。在这里，应注意区分行政法律关系与行政关系。两者的区别主要在于：

（1）行政法律关系属于法律关系，体现了国家的意志。违反、破坏行政法律关系的行为，则要受到法律的追究。而行政关系是一种社会关系，不属于法律关系。

（2）行政法律关系以行政关系为基础，但它不等于行政关系。只有当行政关系为行政法调整，具有行政法上的权利与义务时才转化为行政法律关系；未经行政法调整，不具有行政法上的权利与义务内容的行政关系，均不能转化成行政法律关系。

（二）行政法律关系的特点

1. 在行政法律关系双方当事人中，必有一方是行政主体

这一特点表明，行政主体的存在，是发生行政法律关系的先决条件。没有行政主体参与的关系，不可能是行政关系，也不可能是行政法律关系。

2. 行政法律关系当事人双方的地位不对等

这一特征也被称为行政法律关系的单方面性，即国家行政机关单方面的意思表示常可引起行政法律关系的产生、变更和解除，而无须征得相对方的同意。

3. 行政法律关系当事人的权利义务由行政法律规范预先规定

一般来说，在行政法律关系中，当事人的权利义务通常不能由当事人双方互相协商约定，或任意选择，而是由行政法律规范。通常，事先当事人不得自由选择对方及权利，也不得取消义务，随意放弃权利、转让义务，而只能依据行政法律规范的规定享有权利或承担义务。但行政合同的出现，是此特例的一个例外，因为行政合同双方当事人可进行一定程度的协商让步和权利义务约定。

4. 行政法律关系当事人的权利与义务具有相对性和统一性

行政法律关系中，当事人的权利和义务出现许多交叉重叠、难以截然分开，这与民事法律关系的情况有很大不同，民法上的权利与义务的界限是十分清楚的。在行政法律关系中，行政主体的职权与职责、权利与义务相互渗透，从这方面看是职权或权利，从那方面看则是职责或义务。法律授予行政机关的职权，同时也是一种职责，职权与职责犹如刀刃与刀背的关系，两者是统一的、不可分割的。行政职权既是其可以行使的权力，又是其必须行使而不得放弃的权力，也即是其必须履行的职责，否则就是行政失职，将承担法律责任。

5. 行政法律关系引起的争议，在解决方式及程序上有其特殊性

行政法律关系引起的争议大多由行政行政机关或行政裁判机关依照行政程序或行政司法程序加以解决，只有在法律明文规定的情况下才通过司法程序解决。这是由于此类争议所涉及问题的专业性、技术性强，适宜由专业性强的行政机关或行政裁判机关来解决争议。事实上，各国都在寻求司法之外解决此类争议的更多更有效的途径，以提高行政争议解决效率，同时行政相对人也不丧失最后通过司法程序解决行政争议的选择机会。

(三)行政法律关系的构成要素

行政法律关系由行政法律关系主体、客体和内容三大要素构成。缺少一个要素就不能构成行政法律关系。

1. 行政法律关系主体

行政法律关系主体，就是行政法律当事人，也称行政法主体或行政法律主体，它是指参加行政法律关系、享有权利、承担义务的当事人。主要包

括：国家行政机关、其他国家机关、公民、法人、其他各种经济组织和社会组织。同时，外国人、无国籍人以及外国组织在一定条件下也可在中国成为行政主体关系的主体。目前，学术界对主体理论的一个重要争议点在于：个人（指从事国家行政管理活动并得到专门授权包括法律法规授权的行政公务人员）能否视为行政主体，对此，持肯定意见和否定意见者都有。

2. 行政法律关系的客体

所谓行政法律关系的客体，就是指行政法律关系当事人权利、义务所指向的对象，包括物、行为和精神财富。

（1）物。即具有使用价值和价值的物质资料。

（2）行为。即行政法律关系的主体根据其权利义务而进行的活动，包括作为和不作为。它是最主要的客体。

（3）精神财富。即以非物质形式表现出来的智力劳动成果。

3. 行政法律关系的内容

所谓行政法律关系的内容，就是指行政法律关系主体间的权利义务。主要包括行政主体的权利义务和行政相对方的权利义务。在行政法律关系中，行政主体的权利表现为行政主体所行使的国家行政权力即行政权。行政主体的义务即其职责，其中最基本的职责就是依法行政，包括遵守法律法规、积极履行职务、遵守程序等。

行政相对方在行政法律关系中的权利主要有：参加和了解行政管理权、隐私保密权、行政监督权、行政救济权等。行政相对方在享受权利的同时，必须承担相应义务，主要有：遵守法律、法规和规章，服从行政命令，协助行政管理等。

（四）行政法律关系的变动

行政法律关系处于动态之中，包含了产生、变更和消亡的过程。

1. 行政法律关系的产生

行政法律关系的产生，是指在已有行政法律规范的前提下，存在一定的法律事实而在行政主体与相对方之间形成特定的权利与义务关系。

2. 行政法律关系的变更

行政法律关系的变更是指行政法律关系的要素的变更，包括主体变更、客体变更和内容变更。

3. 行政法律关系的消亡

行政法律关系的消亡，是指行政法律关系的终止或不复存在。它包括主体的消亡、权利义务的消亡、客体的消亡等多种情形。

行政法律关系的变动，是以相应的行政法律规范的存在为前提，必须严格依法按程序办事,不能朝令夕改,否则对由此造成的对方损失,应承担赔偿责任。

<h1>第二节　行政法的基本原则</h1>

一、行政法基本原则的含义

行政法的基本原则,是指贯穿于全部行政法规之中、调整和决定行政主体的行为,指导行政法实践全过程的原则和准则。

行政法的基本原则是国家行政管理活动中必须遵循的共同准则。在国家大量的行政法律规范中,其所体现的基本精神必须是统一的。行政法的基本原则起着保证行政法制统一、协调和稳定的重要作用,是行政法的灵魂。在实践中,违背了行政法的基本原则,将直接产生某种法律后果,相关的行政主体必须承担相应的行政法律责任。比如,那些与基本原则相抵触的行政法律条文必须修改或撤销,违反行政法基本原则的行为必须加以纠正和制裁。

二、行政法基本原则的特点

行政法的基本原则概括起来有以下特点:

1. 普遍性

这是行政法制中普遍适用的基本原则。它一方面存在于全部行政法律规范之中,对各类行政法律规范均具有指导和统率的作用;另一方面它又存在于行政立法、行政执法、行政司法、行政监督等行政法制活动的各个方面,对行政法制世界起着指导作用。

2. 基础性

行政法的基本原则既是宪法精神或宪法原则的具体化,又是行政法中的其他原则和规则产生的前提与条件。行政法中其他具体的原则和规则必须反映、体现和服从行政法的基本原则,不能与之相抵触。

3. 特殊性

行政法基本原则应当具有区别于其他法律规范的本质特征。行政法作为我国整个法律体系中的一个重要组成部分,应体现我国社会主义法的基本原则,即社会主义原则、民主原则等。行政法所调整的社会关系具有特殊性,因而行政法在体现我国社会主义法制的基本原则的同时,应符合行政法调整对象的特殊要求。

作为行政法基本原则的行政合法性原则和行政合理性原则,具有行政法的具体原则所不可替代的重要作用和特殊功能。这主要表现在以下两个方面:①行政法的基本原则是行政法规范的制定依据;②行政法具体规范不明或没有具体规范的情况下,行政机关可运用行政法的基本原则来指导行政实务,有权机关也参照行政法的基本原则作出法律解释。

行政法的基本原则是其效力贯穿于行政法的制定、修改、废除、实施、监督等全部过程的根本原则。我国行政法的基本原则总的概括为行政法治原则,并可将其具体分解为行政合法性原则和行政合理性原则。下面对其内容分别加以阐述。

三、行政合法性原则

(一)行政合法性的含义

行政合法性原则是行政法治的核心内容。它是指行政权的设立、行使必须依据法律,符合法律要求,不得与法律相抵触。行政合法性原则要求行政主体必须严格遵循行政法律规范的要求,不得享有行政法规范以外的特权,超越法定权限的行为无效,行政违法行为依法应受法律制裁,行政主体应对其行政违法行为承担相应的法律责任。

行政合法性原则一般包括实体合法和程序合法两个方面的内容。行政主体在行使行政权时,违反实体法和违反程序法都是对行政合法性原则的践踏。实体法是指规定行政主体在行政管理活动中的权利与义务关系的行政法律规范,程序法通常是为保证行为程序公正,没有偏私,从而确保实体权利得以实现的法律规范。而行政程序合法的内容可概括为三个方面的内容:①指任何人不能成为审理自己案件的法官,贯彻这一原则的是回避制度;②行政机关在裁决行政纠纷时不能偏听偏信,应当给予当事人同等的辩论机会;③行政机关在作出对当事人不利的行政决定时,应当预先通知当事人并给予其表达自己意见的机会。

(二)行政合法性原则的具体要求

行政合法性原则的前提条件是"有法可依"。行政合法性原则一般要求行政权依宪法的规定存在,行政机关依法设立并应依法行使行政职权。具体而言,行政合法性原则至少应包括以下几个方面的要求:

(1)任何行政权都必须基于法律的授予。这是指中央政府与地方政府的权限划分、行政专业部门与综合部门的权限划分、上级与下级的权限划分等都必须依据法律确立。各部门不能超越法律设立,不能超越法律赋予的职权范围,否则均构成违法。

（2）任何行政权的行使应当依据法律，遵守法律，也就是指行使行政权力不仅应遵守实体法规范，而且应遵循程序法规范，两者不可偏废。

（3）任何行政权的授予和委托及其运用都必须具有法律依据，符合法律目的。

行政合法性原则的上述三个方面的具体要求，总体而言要求行政主体应依法严格办事，行政管理活动应有法可依，严格按照法律规范进行，违反法律规定的行为应受到法律追究并承担相应的法律责任。我们这里讲的法律，是指广义上的概念，它不仅仅是指全国人民代表大会及其常务委员会制定的宪法、法律，还包括国务院制定的行政法规，有权的地方人民代表大会及其常务委员会制定的地方性法规、自治条例和单行条例。国务院各部委和一些直属机构制定的规章，以及省、自治区、直辖市和"较大的市"的人民政府制定的规章。

四、行政合理性原则

（一）行政合理性原则的含义

行政合理性原则是行政法治原则的另一重要组成部分。它是指行政机关不仅应当按照法律法规规定的条件、种类和幅度范围作出行政决定，而且要求这种决定应符合法律的意图和精神，符合公平正义等法律理性。行政合理性原则中的"理"，是指体现全社会共同遵守的行为准则的法理。

行政合理性原则是基于实际行政活动的需要而存在的。任何法律都是有限度的，尤其是规范行政活动的法律。主要表现在：

（1）法律不可能规范全部行政活动。由于社会活动的复杂多变，使得国家行政活动也呈现出多变性与复杂性。法律不可能对全部行政活动都作出缜密的规定，在许多情况下行政机关只能在法律原则的指导下，运用自由裁量权，依据客观情况采取适当的措施或作出合适的决定。

（2）法律对行政活动的规范，应留有一定的余地，使得行政机关根据具体情况灵活应对。如果法律对行政活动规定得事无巨细，毫无裁量的余地，那么最终可能导致行政机关束手无策，无法满足行政管理的实践要求。

行政合理性原则是基于自由裁量权而产生的。所谓自由裁量权，是指行政机关在法律规范明示或默示的范围内，基于行政目的，在合理判断的基础上决定作为或不作为，以及如何作为的权力。行政机关拥有自由裁量权，并不意味着行政机关可以为所欲为，它同样受到一定的约束。自由裁量行为要根据客观情况，在适度的范围内，符合社会大多数人的公平正义理念而实施。同时，我们在承认行政机关的自由裁量权的同时，为了防止行使权力者对这一权力的滥用,必须强调对自由裁量权的控制,这是非常必要的。

行政合法性原则和行政合理性原则共同构成行政法的原则。合法性原则主要解决行政合法与非法问题,合理性原则解决行政是否适当的问题。合法性原则适用于一切领域,而合理性原则主要适用于自由裁量领域。一个行为如果违反了合法性原则就不存在是否合理的问题了,而一个行为属于自由裁量行为则会引起合理性问题。合理性问题与合法性问题不是一成不变的,随着行政法治进程的加快,原先属于合理性范畴考虑的问题可能转变为合法性问题,反之亦然。

(二)行政合理性原则的具体要求

行政合理性原则作为一项普遍适用的行政法的基本原则,其具体要求有:

(1)行政行为的动因应当符合立法目的。任何法律规范的制定都是基于一定的社会需要,为达到某种社会目的。而法律授予行政机关某种权力或规定某种行为的具体内容,均是为了实现该项立法目的。行政机关在运用权力时必须符合立法目的。法律赋予行政机关自由裁量权正是为了实现立法目的。

(2)行政行为应建立在正当考虑的基础之上,要有正当动机。所谓正当考虑、正当动机,是指行政机关作出某一行政行为,在其最初的出发点和动机诱因上,不得违背社会公平观念或法律精神,必须客观、实事求是,而不是主观臆断,脱离实际,或存在法律动机以外的目的追求。例如,行政机关对行政相对人处以罚款的动机不是为了制裁违法行为,而是为了增加财政收入,改善工作人员的福利待遇,就是不正当动机。动机正当要求行政机关不能以执行法律的名义,将自己的偏见、歧异、甚至恶意等强加于公民或社会组织。行政机关在实施行政活动时必须出于公心,不抱成见、偏心,平等地对待行政相对方。

(3)行政行为的内容应合乎情理。所谓合乎情理是指行政行为应符合常规或一般规律。比如,按照《治安管理处罚法》的规定,赌博或为赌博提供条件的,可以单处 3000 元以下的罚款。如果行政执法人员在处理这一类案件时,对于违法责任重者处以 30 元的罚款,而对于违法责任轻者处以3000 元的罚款,这样,显然违反常规和处罚要求,不符合行政合理性的要求。

综上所述,行政合理性原则要求行政机关的行为要符合常理,与行政内部及外部各方面因素相协调。自由裁量权赋予行政机关更多的权力,因此应受到更多的限制。既要防止对自由裁量限制过严,使自由裁量变成羁束决定;又要防止对自由裁量的放任,使之变成专横行为,破坏行政法治。一般而言,具有不正当动机、不相关考虑、不合理内容和不协调表现的行政决定,是滥用自由裁量的决定,是对法律精神的抵触。换言之,目的要正当、考虑要适当、内容要合理、行为要协调这几个方面是相互联系的,共同形成对行政自由裁量的实质控制,使行政法治得以完善。

第三节　行政法主体

本节主要介绍行政权运行时的各方主体。我国立法通常把行政权授权给一定的组织以自己的名义对外行使,而实际情形是,这些组织又必须依靠自然人才能真正行使行政权。在行政法学上,学界把依法拥有独立的行政职权,能代表国家,以自己的名义行使行政权以及独立参加行政诉讼,并能独立承受行政行为效果与行政诉讼效果的组织称为行政主体。行政主体是一种组织,而不是个人,作为组织的行政主体的行政行为始终是通过个人来进行的。这种依法代表行政主体实施行政行为的个人,便是行政人。在具体的行政法律关系中与行政主体相对应的另一方当事人,即处于被管理地位上的组织和个人,学理上称为行政相对人。

一、行政主体与行政机关

在我国,行政主体不是法律概念,而是法学概念,系指依法拥有独立的行政职权,能代表国家,以自己的名义行使行政权以及独立参加行政诉讼,并能独立承担行政行为效果与行政诉讼效果的组织。一个组织能否成为行政主体关键要看它是否有"以自己的名义"对外行使行政权的法律依据。国家权力机关行使立法权,人民法院行使审判权,人民检察院行使检察权,因此它们都不是行政主体。像公安局内部的治安科显然没有行政主体的资格,因为法律只把治安管理权授给地方公安部门和公安派出所。

在中国,行政主体主要是行政机关,即从中央到地方的各级人民政府。行政机关有广义与狭义之分。广义上的行政机关,系指从中央到地方的五级人民政府(国务院、省级人民政府、市人民政府、县人民政府、乡镇人民政府等)和各部门机构(如政府所属的部、委、厅、局、处、室等)。狭义的行政机关,则仅指各级人民政府。而行政主体是个法学概念,也是个动态概念。因为它不是依据某个组织是否属于行政机关而定,而是依照该组织是否拥有独立的行政职权,能否代表国家并以自己的名义行使职权和参加行政诉讼,能否承担行政行为和行政诉讼的法律效果而定。在我国,行政主体的角色主要是国家行政机关,从而使有些人把行政主体简单地与行政机关等同起来。在这里,我们要注意区别如下:一是行政机关并非在任何场合都是行政主体。当行政机关从事民事活动时,其身份是"机关法人",而不是"行政主体"。二是行政机关以外的组织未必就不是行政主体。行政机关内部的某些行政机构(如公安局、工商局等)和外部得到行政授权的社会组织同样是行政主体。

二、行政主体的职权

行政职权亦称行政权力,是行政法学上的一个核心概念。许多行政法学原理都渊源于它,其他不少基本概念均离不开它。行政职权是国家行政权的转化形式,是行政主体依法拥有的、实施国家行政管理活动的资格及其权能。行政主体的职权是国家对行政机关及少量非行政机关组织进行行政权限与职能设定的结果,从另一方面看,行政主体的职权是行政主体从国家手里分配到行政权,它通过权限与权能全方位表达。

权能是法律赋予行政主体采取一定方法、手段和措施完成行政管理任务的一种资格,如法律赋予公安机关对违法者采取行政拘留的手段完成治安管理任务。权限是法律赋予行政主体运用权能完成行政管理任务时在事务、地域和层次方面的范围界限。权限与权能两者共同构成职权,无法分离。

行政职权内容和形式因行政主体的不同而有一定的差异。概括地说,行政职权主要包括:行政立法权,如制定和公布行政法规、行政规章;行政命令权,如指令、命令,以及具有普遍约束力的行政措施等;行政处置权,如扣押、即时强制等;行政决定权、行政救济权、行政司法权等。

另外,行政主体及其工作人员还享有行政优益权。它是国家为保障行政主体有效地行使职权、履行职责,赋予行政主体职务上或物质上的许多优益条件,行政主体享受这些优益条件的资格可选择性便是行政优益权,它由行政优先权和行政受益权构成。1980年制定的《人民警察使用武器和警械的规定》第10条关于"人民警察正在执行公务的各种警车,可以使用特殊音响警报器和红色回转警灯。对使用特殊音响警报器和红色回转警灯的警车,其他车辆应当避让"的规定,就是警察行使职权时职务上的优惠条件。国家向政府和其职能部门提高办公夹具、行政经费等就是行政主体及其工作人员行使行政权时物质上的优益条件。

需要注意的是,行政主体所享有的行政权不同于一般权力,它具有自由裁量性、主动性、广泛性、优益性等性质和特点,往往容易导致对行政相对人权益的侵害,因此必须确保行政主体在法定职权的范围内实施各项行政管理活动,在全面、高效地实现公共利益的同时,切实保障行政相对人合法权益不受违法或不当行政行为的侵害。为了有效行使行政职权,必须有行政权的优益性作为保障,同时行政主体也必须履行行政职责即履行法定的义务。

三、行政人与公务员

行政人是中国行政法学理论上的一个重要概念,特指依法代表国家,并以行政主体的名义,实施行政行为,其行为效果归属于行政主体的自然人。在我国,自然人成为行政人,或者说自然人获取行政人的资格,有两条途径:①自然人通过竞争考试进入国家行政机关公务员队伍;②自然人得到行政主体的委托,自然人成为行政人。无论是职权行政人还是授权行政人法律都必须符合以下三个最一般的法律条件:①自然人必须是我国公民;②自然人必须年龄满 18 周岁以上;③自然人必须有完全的行为能力。除此之外,还有两个禁止条件值得一提:①被剥夺政治权利的人不能被赋予行政人的资格;②被判处管制、徒刑或宣告缓刑的人不具有行政人的资格。

在我国,行政人的主要承担者是国家公务员。根据 1993 年 10 月国务院制定的《国家公务员暂行条例》第 3 条的规定,国家公务员是指"各级国家行政机关中除工勤人员以外的工作人员"。它分为两大类:政务类和业务类。政务类公务员通常是各级人民政府的组成人员,由同级国家权力机关选举或决定,有一定任期,并严格依照宪法和组织法进行管理。业务类公务员通常通过考试或考核以委托形式产生,还有少数通过聘任产生,一般无任期限制。无论哪一类公务员,都可以承担行政人,享受行政人的法律地位。

公务员享有下列权利:非因法定事由和非经法定程序不被免职、降职、辞退或者行政处分;获得履行职责所应有的权利;获得劳动报酬和享受保险、福利待遇;参加政治理论和业务知识的培训;对国家行政机关及其领导人的工作提出批评和建议;提出申诉和控告;依照《国家公务员暂行条例》的规定辞职以及宪法和法律规定的其他权利。

公务员的义务主要有:遵守宪法、法律和法规;依照国家法律、法规和政策执行公务;密切联系群众,倾听群众意见,接受群众监督,努力为人民服务;维护国家安全、荣誉和利益;忠于职守,勤奋工作,尽职尽责,服从命令;保守国家秘密和工作秘密;公正廉洁,克己奉公及履行宪法和法律规定的其他义务。在上述义务中,有一个问题需要特别探讨,即公务员是否有坚决服从上级命令的义务?学界对此存在分歧。我们认为,原则上公务员必须服从上级命令,但公务员有权拒绝执行上级犯罪的命令,公务员也有权拒绝执行严重违法的上级命令。遇后一种情况,公务员应及时向上级报告并提出异议,上级要求继续执行的,下级公务员不承担因执行违反命令而产生的行政责任。

中国社会主义现代化建设需要一支精明强干、积极负责、素质高、充满活力的国家公务员队伍。国家对公务员实现科学的人事管理,它包括录用、考核、奖惩、职务升降、培训、交流等一整套系统的制度。

四、行政相对人

行政相对人是指在行政法律关系中与行政主体处于相对应一方的公民、法人和其他组织。行政相对人在具体的行政法律关系中,处于被管理一方。例如,在税收关系中,税务机关为行政主体,纳税的单位或个人为相对人;在交通指挥关系中,交通警察是行政人,开车的司机是相对人。

与行政主体和行政人一样,行政相对人同样是一个学理概念。在理解行政相对人时,我们应该注意以下方面:①行政相对人是一种法律关系的当事人,而不是仅指个人,相对人的人与行政人的人不同,行政人的"人"限指个人,不包括组织,而相对人的"人"是指"当事人",因而既指个人,也指组织。②行政相对人是指被管理一方的当事人,而不是指法律关系中的义务人。因为行政相对人在行政法律关系中既享有权利,又负有义务。在行政法律关系中,既没有无权利而只有义务的行政相对人,同样也不存在只有权利而无义务的行政相对人。③行政相对人的称谓具有相对性,而不是绝对的。我们说某一个法人或其他组织是行政相对人,只是说它在某一具体行政法律关系中为相对人,而不是指它是一种永恒或无条件的相对人。相对人是相对的、有条件的。在一个行政法律关系中是相对人,在另外一个行政法律关系中可能是行政主体;成为行政相对人的组织,同时可以成为其他法律主体。

在中国,行政相对人可分为国家组织(国家机关和国家机构的合称)、社会组织(包括企事业单位、社会团体及其他社会组织)、中国公民、外国组织和外国人。

根据中国现行行政法律规定,行政相对人具有参与行政管理权、行政协助权、行政保护权、行政受益权、隐私保密权、行政监督权、行政赔偿和补偿权。没有无权利的义务,同样也没有无义务的权利。行政相对人在行政法上享受一定的权利,同时也必须履行行政法上的义务。行政相对人主要有三项义务,即遵守行政法律秩序、服从行政命令和协助行政管理。

第四节 行政行为与程序

行政行为是形成于大陆法系国家的一个十分重要的行政法学概念,也为我国行政法学者所普遍采用。在我们国内,行政法学上的行政行为,特指行政主体通过行政人,依法代表国家,基于行政职权所单方作出的,能直接或间接引起法律效果的公务行为。它既包括行政主体进行行政立法的行为和非立法性行政规范制定的行为;也包括行政主体针对特定相对人作出的权力行政行为。现代行政有多样性特征,所以有时行政主体也用非权力行政手段,比如用行政指导方式进行行政活动。

行政又是一个过程,它在理解上被称为行政程序。所谓行政程序是行政主体实施行政行为所必须遵循的方式和步骤的过程。该定义的含义可以从以下两方面来理解:①行政程序是指行政机关实施行政行为的程序。其他国家机关实施的行为程序不是行政程序,如人民法院审理行政案件所遵循的程序是诉讼程序,而不是行政行为的程序。②行政程序是由行为的方式和步骤所构成的动态过程。

基于行政行为与行政程序的无法分离性,本节对它们作共同介绍。

一、行政行为概述

从主体上看,行政行为是由行政主体通过行政人作出的;从性质上看,行政行为是一种公务行为,而不是一种私人行为;从方式上看,行政行为是一种单方行为;从效果上看,行政行为是一种能直接或间接引起法律效果的行为。一个合法的行政行为要求:行政主体及其职权合法,行政依据合法并充分,行政内容明确且正当,行政程序符合法律并合理。

我国行政法学者通常从如下几种角度对行政行为作出划分。

(一)抽象行政行为和具体行政行为

这是一种十分重要的分类,对于理解和研究行政立法制度和行政诉讼制度有着十分重要的意义。所谓抽象行政行为,是指行政主体依法制定和发布普遍适用的规则的行为。抽象行政行为针对不特定的行政相对人作出,具有普遍的约束力。所谓具体行政行为,是指行政主体对特定组织和个人,就特定的具体事项作出的能够产生行政法律效果的单方行为。在我国,目前行政相对人只有对具体行政行为不服才可以提起行政诉讼。

（二）羁束行政行为和自由裁量行政行为

羁束行为与自由裁量行为的划分标准是行政行为受法律法规拘束的程度。凡是法律法规对行政行为的条件、范围、内容及方式、方法作出具体而明确的规定,行政主体只能严格执行而没有多少自由裁量余地的行政行为属于羁束行为。比如,税务机关严格按照法律规定的税种、税率征税,不能有任何变动,这是一种机械执法。凡是法律法规对行政行为的条件、范围、内容或方式、方法未作硬性规定,行政主体可以在法定范围内依据自己的主观意志灵活作出的行政行为皆属自由裁量行为。比如,《治安管理处罚法》规定"拘留为一天以上,十五天以下",在这一幅度内,公安机关根据违法人情况作出具体几天的拘留处罚行为就是自由裁量行政行为。

（三）内部行政行为和外部行政行为

内部行政行为是指行政主体对其内部的组织和个人采取的行政行为,这种行政行为的效力不及于社会组织和公民,因而,内部行政行为实际上是国家行政机关内部的管理行为。比如,行政机关对内部工作人员的行政处分。外部行政行为是指行政主体对行政相对人作出的行政行为。比如,公安机关对社会上的刀具进行管制的行为。我国法律规定,相对人只有对外部具体行政行为不服才可以提起行政诉讼。

（四）依职权的行政行为和依申请的行政行为

这是以行政主体能否主动采取行政行为作为标准而对行政行为进行的分类。所谓依职权的行政行为,是指行政主体可以依职权主动采取的行政行为,故又称"主动的行政行为"。例如,行政主体制定行政规范,对行政相对人实施行政处罚。依申请的行政行为,是指行政主体必须根据相对人申请才能作出的行政行为,这种行为以相对人申请为前提,行政主体不能依职权主动进行,故又称为"被动的行政行为"。例如,公民申请专利、单位申请注册商标等,相对人没有申请,当事人即便符合条件,行政机关也不能主动授予。

二、抽象行政行为

抽象行政行为是一个学理概念,它是指行政机关针对非特定相对人而制定具有普遍约束力并且可以反复适用的规范性文件的行为。对于抽象行政行为,我们可以从动态和静态两方面进行考察:从动态方面看,抽象行政行为是指国家行政机关针对不特定的人和不特定的事制定具有普遍约束力的行为规则的行为;从静态方面看,抽象行政行为是指国家行政机关针对不特定的人和不特定的事制定的具有普遍约束力的行为规则,包括行政法规、行政规章和其他具有普遍约束力的决定、命令等。抽象行政行为具有如下特征:①对象的不特定性;②反复适用性;③不可诉性,抽象行政行为不能成为行政诉讼的对象。

抽象行政行为依据不同的标准,有不同的分类:理论界较为认同而且比较实用的分类方法,是以抽象行政行为的规范程度与效力等级为标准,划分为行政立法行为和制定其他规范性文件的行为。行政机关的行政立法行为,按其效力等级可以分为:制定行政法规的行为和制定规章的行为。从制定的机关来分则可以分为:国务院制定、发布行政法规行为,行政法规制定需要经规则、起草、协商、征求意见、审议和发布等步骤。国务院制定的行政法规只用条例、规定和办法三个名称,它必须由总理签署并公开发布方可生效。国务院各部委和直属机构制定、发布部门规章的行为,省、自治区、直辖市、较大的市的人民政府制定、发布地方政府规章的行为。制定其他规范性文件的行为,是指除以上制定行政法规、规章以外,各级各类人民政府和职能部门针对广泛的、不特定的对象制定的具有普遍约束力的规范性文件的行为。

抽象行政行为的成立并不意味着必然合法有效。同具体行政行为一样,抽象行政行为也同样存在着合法与不合法的问题。目前,关于行政行为的合法要件的构成,得到广泛认同的有三要件说,即行为主体合法、行政内容合法和行为的程序合法。

三、具体行政行为

关于具体行政行为的定义,最高人民法院 1991 年 5 月 29 日作出的司法解释表述为:"'具体行政行为'是指国家行政机关和行政机关工作人员、法律法规授权的组织、行政机关委托的组织或者个人在行政管理活动中行使行政职权,针对特定的公民、法人或者其他组织,就特定的具体事项,作出的有关公民、法人或者其他组织权利义务的单方行为。"在这里,我们要区别具体行政行为的成立要件与具体行政行为的合法要件。具体行政行为的成立要件是指具体行政行为能够成立,并对行政相对人产生影响所应具有的要件,它包含三个方面:①行政主体作出了行政决定;②行政决定已送达行政相对人;③行政决定文书已为行政相对人受领。而具体行政行为的合法要件是指具体行政行为应属于行政主体法定的职权、职责范围;意思表示正确、真实,且依据内容程序合法。

四、行政程序概述

行政程序是指行政主体实施行政行为所必须遵循的方式和步骤的过程。行政程序的特征一般有以下几方面：①行政程序呈现多样性。由于行政事务繁多，不同的行政行为有着不同的行政程序，不同的行政程序又规范着不同的行政行为，因而行政程序在客观上表现出多样性的特点。②行政程序法定性。行政程序的法定性是指行政主体和相对人在进行法律活动时必须严格遵守法定程序。③行政程序分散性。行政法的一个显著特征是行政实体法没有统一的法典。尽管有不少国家制定了单行的行政程序法典，但仍然不可能穷尽行政行为的一切程序。

依据我国行政程序的宗旨，从我国行政管理与社会主义民主和法制的实际情况出发，行政程序应具有以下基本原则：①公正原则。该原则要求行政主体在实施行政行为过程中，在程序上要公正、平等；对待各方当事人，排除各种可能不平等或不公正的因素。②公开原则。与公民、法人或其他组织的权利义务直接相关的行政行为，应通过一定的程序让对方了解。③听证原则。是指行政主体的行政行为应在程序上保障相对方当事人或者有关人员发表意见或观点的权利。④效率原则。是指行政程序应保证行政行为能准确、及时或者简便有效地得以实施。⑤法定原则。是指行政程序应在法律、法规、规章中明确规定。

行政程序既不同于立法程序，也不同于司法程序，但行政程序既要借鉴立法程序的某些规则、制度（如可行性研究、专家咨询论证等），也要吸收司法程序的某些规则、制度（如回避制度、辩论制度等）。现代行政程序，通常更多地借鉴和吸收了司法程序的有关规则、制度。从当今世界上一些行政程序发达的国家来看，行政程序基本制度包括听证制度、辩论制度、回避制度、职能分离制度、情报公开制度、时效制度、说明理由制度等。

第五节　行政违法与救济

现代行政活动具有涉及面广、量大、情况复杂多样的特点，行政权力趋于扩张和滥用，行政主体在这一过程中难免出现偏差、产生负面作用和影响，损害行政相对人的合法权益。因而必须按照现代法治原则和对行政权力加强监督，采取有效措施来防止和纠正偏差，及时和公正地对因行政偏差致使合法权益受到损害的行政相对人予以救济。这既是贯彻依法治国方略和依法行政的要求，也是 21 世纪中国行政法学需要进一步加强研究和认真解决的一个重要课题。

一、行政违法

一般认为,行政违法是指行政主体所实施的行政管理行为违反行政法律规范,侵害受法律调整和保护的行政关系,但尚未构成犯罪的行政行为。判断某一行政行为是否构成违法,主要有下列要件:

(1)行为人负有相关的法定义务。这是构成行政违法的首要条件,是判断某一行政行为是否属于行政违法的前提。行政主体及其行政人都享有国家行政管理权力的行为人,他们在行使权力的同时,也承担相应的义务。如果行为人不履行该种法定义务,就可能构成行政违法。

(2)行为人有不履行相关法定义务的行为。它包括作为或不作为,并带来不履行义务的一定的社会危害性。仅有法定义务,行政违法的产生只有可能性,只有当行政行为人不履行或不承担法定义务时,行政违法才会产生。

(3)行为人在主观上有过错,即故意或过失。不过,现在越来越多的学者认为,在具体分析某一行为是否违反行政法律规范时应实行客观违法原则,即着重考察该行为的客观表现,而不必过于强调主观过错,除非法律另有规定。

行政违法主要表现为下列形态:

(1)行政失职。是指法定行政主体没有行使其依法享有的行政职权。

(2)行政越权。是指行政主体及其行政人超越职务权能或权限而作出的行政行为。例如,公安机关没收个体工商户的营业执照(营业执照只有颁发机关即工商行政管理部门才有权吊销)。

(3)行政滥用职权。即滥用行政自由裁量权,指行政主体及其工作人员在职务范围内违反行政合理性原则的自由裁量行为。

(4)事实根据错误。如果行政主体实施行政行为所依赖的必要事实没有足够的证据证明,那么该行为就会因缺少主要的证据或证据不足而成为违法行政行为。

(5)适用法律规范错误。是指行政主体作出行政行为时在适用规范性法律文件或其条款时发生了错误。

(6)违反法定程序。是指行政主体作出行政行为时违反了法律、法规、规章规定的方式、步骤或时限。

根据行政法治原则的要求,行政行为必须做到既合法又合理。非常不合理的行政行为构成行政违法,一般不合理的行政行为构成行政不当,又称行政失当。

从学理上说,任何人都可以评价某一行政行为属于违法或不当,但这不一定产生法律后果。能够对某种行政行为作出具有法律效力的违法或不当的判断权属于某些特别国家机关,主要有权力机关、行政机关和人民法院。行政违法的后果就是行为人应承担的相应法律责任,行政违法与行政责任是因果关系,这是比较狭义且普遍的理解。

二、行政责任

行政责任是"行政主体因违反行政法律规范而依法必须承担的法律责任,它是行政违法(以及部分行政不当)所引起的法律后果"。这是目前比较通行的观点。从该定义中,我们可以理解到,行政责任是一种法律责任,这种法律责任是由行政违法而引起,且是一种独立的责任,也就是说,行政责任不能代替其他责任,其他责任也不能取代行政责任。当然,行政责任是行政主体的一种外部责任,它并不包括行政主体内部的责任。

行政主体及其行政人承担行政责任的前提条件是:①行政行为人有行政违法或行政不当的行为;②行政行为人具有责任能力;③行政行为人在进行或不当行政行为时主观上有过错。

关于行政责任的种类,从不同角度可有不同的划分方法。已取得较多共识的有如下三种划分方法:

(1)划分为国家侵权责任和国家合同责任。行政责任通常因行政当局的侵权或违约而产生且应由国家予以赔偿或补偿。此种划分方法也为许多国家行政法学者所普遍接受。

(2)划分为惩罚性行政责任和补救性行政责任。前者是指针对具体实施行政违法或不当行为者的通报批评、行政处分、责令承担一定赔偿额等,它通过惩罚来达到教育的目的;后者是针对因行政违法或不当行为而致合法权益受到损害的相对人予以各种有效补救,它是行政责任的主要方面。

(3)划分为制裁性行政责任、强制性行政责任和补救性行政责任。

这三类法律责任是紧密关联的、互为补充和有所区别的。

行政责任的表现形式多种多样,其中主要是补救性的行政责任形式。具体而言,可采用的补救性行政责任形式主要有:①承认错误,赔礼道歉。这是非财产性质的最轻微的一种补救性行政责任形式。②恢复名誉,消除影响。这也是非财产性质的补救性行政责任形式。③履行职务。这种责任由行政失职者具体承担。④撤销违法。对于行政违法行为,行政机关本身有义务撤销,行政相对人有权要求撤销,权力机关、上级行政机关、审判机关有权依法予以撤销。⑤纠正不当。即行政不当行为要予以矫正的责任。⑥返还权益。当行政相对人的合法权益被非法或不当剥夺,因而撤销或变更行政违法行为时,必须返还相对方的权益。⑦恢复原状。在行政违法造成相对人的物品损坏时,行为人应承担恢复原状的责任。⑧行政赔偿。行政侵权行为造成行政相对人财产上的实际损失,必须承担赔偿责任,这是一种单一的财产责任;而且这也是在无法恢复原状的情形下给予该相对人权利补救的一种形式。

三、行政监督与救济

"一切有权力的人都很容易滥用权力,这是万古不变的一条经验"。行政权力是一种主要的公权力,它在行使中具有扩张和滥用的顽强倾向,必须加以有效监督和制约,使之符合人民的意志,这是现代民主政治的基本要求。所以法治社会需要想办法控制它,这种控制是技术性的,其中事前、事中的控制重在行政权力的分配和行政程序的法定,事后的控制主要是对行政违法和行政不当行为的矫正并同时实现对遭受其侵害的相对人合法权益予以恢复和补救。我国现行监督行政体制系统是改革开放以来体制选择的结果,带有社会转型期的诸多特点,主要分为两大系统:一是国家权力性监督,简称国家监督,它由国家机关依法实施,具有国家约束力,能够直接产生相应的法律效果,主要包括人大监督、司法监督和行政监督;二是非国家权力性监督,简称非国家监督,也称社会政治民主监督,它由国家机关以外的监督主体依法实施,不具有国家约束力,不必然直接产生相应的法律效果,主要包括政党和政协的监督、社会组织的监督、大众传媒的监督和公民个人的监督。

（一）国家权力性监督

1. 人大对行政的监督与救济

人大监督目前主要有如下三种方式:①工作监督。其中包括审查政府的工作报告,审查和批准政府提出的国民经济和社会发展计划执行情况的报告,审查和批准预算和预算执行情况的报告,组织人民代表对政府工作进行视察和检查,办理公民来信来访和申诉,监督行政机关处理并负责答复人民代表提出的建议、批评和意见,对行政机关的工作提出质询和讯问等。②法律监督。其中包括经常了解政府遵守宪法、法律、法规和法律法规性决议的情况,全国人民代表大会及其常委会撤销国务院制定的同宪法、法律相抵触的行政法规、决定和命令,地方各级人大及县级以上人大常委会撤销本级人民政府的不适当的决定和命令,审议本级人民政府提出的立法和地方立法草案。③人事监督。其中包括对本级政府组成人员的选举权、任命决定权和罢免权、免职决定权。这是十分重要的一项监督行政的权力。

2. 司法机关对行政的监督与救济

在我国,司法机关与行政机关处于平行的法律地位,目前司法机关只能依法对行政机关及其工作人员的具体行政行为实施法律监督,它包括人民法院的监督和人民检察院的监督。

(1) 人民法院的监督。该种监督主要是通过行政审判来保护相对人合法权益和维护行政秩序,促进依法行政。

(2) 人民检察院的监督。人民检察院是我国《宪法》规定的专门的法律监督机关。人民检察院的监督主要包括查处行政机关工作人员的职务犯罪案件,对公安机关、国家安全机关的侦查活动是否合法进行监督,对监狱、看守所、劳改机关的活动是否合法进行监督,对行政诉讼活动实施法律监督,等等。

(3) 行政机关的内部监督。这是经常、大量、直接和便捷的监督方式,主要有一般监督、主管监督和专门监督三种形式。一般监督是指上级人民政府对所属部门和下级人民政府的全面监督;主管监督是指上级政府主管部门对下级政府主管部门进行的监督;专门监督是指行政机关内部的专职机关对其他行政机关及其工作人员进行的监督。

(二)非国家权力性监督

1. 政党和政协对行政的监督

这类监督主要包括:执政党——中国共产党对行政的监督;参政党——民主党派对行政的监督;统战组织——政协对行政的监督。

2. 社会组织对行政的监督

在现代社会,国家机关和政党以外的社会组织种类多、数量大,是社会民主、社会发展和社会平衡的重要力量。这些社会组织包括工会、共青团、妇联、文联、侨联、科协、商会、协会、联合会、基金会、学会、研究会等各种界别和行业组织、各类企事业单位,律师事务所、审计事务所等中介组织。它们主要通过组织各自成员开展活动,以多种方式提出建议、批评和意见。

3. 大众传媒对行政的监督

大众传媒在对公共权力的监督中起着不可忽视的特殊作用,被人们形象地比喻为与立法、行政、司法并列的"第四种权力"。报刊、广播、电视、国际互联网等对大众传媒在现代社会的影响力日益扩大,在监督政府及其他国家机关依法行使国家权力、呼吁对相对人的合法权益加以保护等方面发挥着越来越大的作用。

4. 公民个人对行政的监督

我国《宪法》第 41 条就公民的批评、建议、申诉、控告、检举等权利作出了明确的规定,这是公民对行政进行监督的宪法依据。广大公民是一支最基本、最广泛,也是最本源的社会民主监督力量。

第六节 部门行政法简介

一、关于行政处罚的法律规定

《中华人民共和国治安管理处罚法》是由第十届全国人民代表大会常务委员会第十七次会议于 2005 年 8 月 28 日通过、自 2006 年 3 月 1 日起施行。主要内容有:①根据《治安管理处罚法》规定,违反治安管理行为是指扰乱社会秩序、妨害公共安全、侵犯公民人身权利、侵犯公私财产,情节轻微尚不够刑事处罚的行为。②《治安管理处罚法》主要是根据违反治安管理所侵犯客体的不同,将其分为 11 类:扰乱公私财物的行为;侵犯他人人身权利的行为;侵犯公私财物的行为;妨害社会管理秩序的行为;违反消防管理的行为;违反交通管理的行为;卖淫、嫖宿暗娼、介绍或者容留卖淫、嫖宿暗娼的行为;赌博或者为赌博提供条件以及制作、复制、出售、出租或者传播淫书、淫画、淫秽录像或者其他淫秽物品的行为等。③《治安管理处罚法》规定,治安管理处罚是对实施了违反治安管理行为的当事人,所采取的一种行政制裁措施。行使治安管理处罚权的机关是公安机关。治安管理处罚的对象,是在中华人民共和国领域内,包括在中华人民共和国的船舶或者飞机内,实施了违反治安管理行为的中国公民、外国人或无国籍(除法律有特别规定的以外),以及违反治安管理的法人或其他组织的直接责任人或主管人员。

《治安管理处罚法》根据违反治安管理行为的情节轻重、危害大小,将治安管理处罚分为:①警告;②罚款;③行政拘留;④吊销公安机关发放的许可证、限期出境或者驱逐出境(对违反《治安管理处罚法》规定的外国人适用)等。

二、教育法律制度

(一)《中华人民共和国教育法》
1995 年 3 月 15 日第八届全国人民代表大会第三次会议通过的《中华

人民共和国教育法》(以下简称《教育法》)是我国历史上第一部由最高权力机关制定的关于教育的根本大法。该法的主要内容有:《教育法》确认教育是社会主义现代化建设的基础,把教育摆在优先发展的战略地位,它不仅规定根据财政性教育经费的支出占国民生产总值的比例应当随着国民经济的发展和财政收入的增长逐步提高,而且突出强调了各级人民政府在教育投入方面的责任,从而将教育优先发展纳入了法制轨道;《教育法》明确规定了国家的教育方针,即教育必须为社会主义现代化服务,必须与生产劳动相结合,培养德、智、体等方面全面发展的社会主义事业的接班人。此外,《教育法》还规定我国发展社会主义教育事业,必须坚持以马克思列宁主义、毛泽东思想和建设有中国特色社会主义理论为指导,遵循宪法确立的基本原则,并且在受教育者中进行爱国主义、集体主义、社会主义的教育,进行理性、道德、纪律、法制、国防和民族团结教育,以利于教育方针的全面贯彻。《教育法》明确规定的教育基本制度主要有:学校教育制度、义务教育制度、职业教育制度、成人教育制度·国家教育考试制度,学业证书制度、学位制度、扫除文盲教育制度、教育督导制度和教育评估制度等。

(二)《中华人民共和国教师法》

1993年10月我国制定了《中华人民共和国教师法》(以下简称《教师法》)。这是我国第一部关于教师的专门法律。该法分总则、权利和义务、资格和任用、培养和培训、考核、待遇、奖励、法律责任和附则,共九章43条。自1994年1月1日起实施。

《教师法》是为了保障教师的合法权益,建设具有良好思想道德修养和业务素质的教师队伍,促进社会主义教育事业的发展而制定。它适用于在各级各类学校和其他教育机构中专门从事教育教学工作的教师。

教师是履行教学职责的专业人员,承担教书育人、培养社会主义事业建设者和接班人、提高民族素质的使命。教师应当忠诚于人民的教育事业。各级人民政府应当采取措施,加强教师的思想政治教育和业务培训,改善教师的工作条件和生活条件,保障教师的合法权益,提高教师的社会地位。该法规定,全社会都应当尊重教师。每年9月10日为教师节。

三、公共安全和民政法律制度

(一)《中华人民共和国集会游行示威法》

第七届全国人民代表大会常务委员会于1989年10月31日制定了《中华人民共和国集会游行示威法》。该法的主要内容有:该法规定,集会是指聚集于露天公共场所,发表意见、表达意愿的活动;游行是指在公共道路、露天公共场所列队行进,表达共同意愿的活动;示威是指在露天公共场所或者公共道路上以集会、游行、静坐等方式,表达要求、抗议或者支持、声援等共同意愿的活动。为了实施该法,1992 年 5 月 12 日国务院制定了《中华人民共和国集会游行示威法实施条例》。法律保障公民依法行使集会、游行、示威权利,并不意味着国家提倡公民采取这种方式表达意愿。我国是人民当家作主的社会主义国家,大量矛盾是人民内部矛盾。在一般情况下,这些矛盾完全可以通过协商、批评、建议、申诉、控告或者检举等方式来解决。能通过其他方式解决的,就不必采取集会、游行、示威这些比较激烈的方式。该法还规定了集会示威法的基本原则,比如政府依法保障原则、权利义务一致原则、和平进行原则。该法还详细规定了集会游行示威的申请与举行的具体事项以及应该承担的行政、民事和刑事法律责任。

(二)《高等学校校园秩序管理若干规定》

国家教育委员会于 1990 年 9 月 18 日发布了《高等学校校园秩序管理若干规定》,于同日起实施。

对高校校园秩序进行规范化管理的目的是:优化教育环境,加强高校校园管理,维护教学、科研、生活秩序和安定团结的局面,建立有利于培养社会主义事业的建设者和接班人的校园秩序。加强校园秩序管理的目的,不是要限制甚至剥夺师生员工的权利,而是要创造一个良好的环境使师生员工的权利得以实现。维护校园秩序,既是师生员工的义务,又是师生员工的权利。

高校校园秩序管理制度主要分三大部分:①关于进入学校的规定,一般人员进入学校,必须凭有效证章、证件;无证人员应当向门卫登记后方可进入学校;记者、外国人和港澳台人员必须履行一定手续后方可进入学校。②有关留宿校舍人员的规定,留宿校外人员应当报请学校有关机构许可,并履行登记手续;不得在学生宿舍留宿异性。③有关校内活动的规定,在校内从事特定活动,须经学校有关机构同意、审批、许可。④对违反规定,经过劝告、制止仍不改正的师生员工,学校可视情节给予行政处分或者纪律处分。

练习四

一、单项选择题

1. 限制人身自由的行政处罚权只能由(　　)行使。

　　A. 人民法院　　B. 人民检察院　　C. 公安机关　　　　D. 监察机关

2. 公民、法人或者其他组织认为行政机关及其公务员的(　　)侵犯其合法权益,有权向人民法院提起行政诉讼。

A. 具体行政行为   B. 抽象行政行为

C. 行政处分行为   D. 民事侵权行为

3. 某税务局的下列( )行为属于行政行为。

A. 征收税款的行为   B. 购买办公用品的行为

C. 租用办公用房的行为   D. 分配内部公用车辆的行为

4. 公民甲驾驶车辆闯了红灯,交警对其处以 200 元罚款。交警的行为属于( )。

A. 抽象行政行为   B. 羁束行政行为

C. 具体行政行为   D. 非要式行政行为

5. ( )是行政机关的抽象行政行为。

A. 行政处罚   B. 行政强制执行   C. 制定行政法规   D. 行政裁决

二、多项选择题

1. 某公安机关对有赌博行为的李某给予罚款 2000 元的处罚,李某在限定时间内既不申请复议又不缴纳罚款。对此,该公安局可以( )。

A. 通知李某所在单位扣缴   B. 申请人民法院强制执行

C. 对李某向人民法院提起诉讼   D. 对李某处以执行罚

2. 行政法的基本原则是( )。

A. 为人民服务   B. 共产党的领导

C. 合法性原则   D. 合理性原则

3. 下列( )项属于抽象行政行为。

A. 某长江大桥桥头有一块牌子,上写"6:00—21:00,非机动车辆不得上桥",落款为该市公安局

B. 某公安局对违反规定驾驶人力三轮车上长江大桥的人员处以 50 元罚款

C. 某劳动局规定,本辖区内企业与员工间的劳动合同应报本局签证

D. 某劳动局对本辖区内某企业与员工间的劳动合同予以签证

三、简答题

1. 从中外行政法概念的比较来看,我国现代行政法的概念应当怎样表述?

2. 简述行政法基本原则的含义。

3. 行政主体与行政机关如何区分?

4. 如何区别具体行政行为和抽象行政行为?

5.试述我国行政主体资格的构成要素。

6.行政违法有哪些表现形式?

7.何谓行政责任?

8.什么是行政监督?试举例说明。

四、案例分析

1.原告任某,系谷城县盛康镇经营副食品的个体工商户。2005年8月4日,被告县食品卫生监督检验所(以下简称卫检所)所属的盛康镇食品卫生监督员李某、蒋某对原告任某经营的个体副食品商店进行检查时,发现任某没有办理当年有效的健康证和卫生许可证,便口头宣布让任某当天到镇卫生院办理健康证和卫生许可证。后李某、蒋某准备离开时,发现任某的店内有10余瓶谷城南河产的矿泉水超过保质期限,并有沉淀物,即口头宣布当场销毁。任某及其丈夫刘某表示同意,李某即动手把矿泉水倒在任某的商店门口。任某、刘某见门口有数人围观,为顾其名誉,便要求自行销毁剩余的矿泉水,李某不同意,于是双方发生争执,刘某蒋李某往门外推。这时,刘某的父亲刘某元(70岁左右)、哥哥刘某康(系残疾人)等赶来,与李某发生厮打,后被群众拉开。李某、蒋某两人回去后向其所在的镇卫生院负责人和被告卫检所作了汇报。被告答复让其向盛康镇政府汇报。随后,卫生院负责人向盛康镇政府作了反映,同时,以妨碍公务为由向盛康公安派出所报了案,派出所同意调查处理。

次日(即8月5日)上午,被告卫检所又派5名工作人员到盛康镇,首先与镇卫生院的负责人进行了讨论,并决定对原告经营的商店内的食品进行彻底检查;当场销毁不符合食品卫生要求的食品,处以500元罚款;建议工商部门吊销营业执照;要求公安部门予以处罚。当日下午2时许,被告派来的5人及卫生院的有关人员携带照相机再次对原告的商店进行检查。这时,刘某赶来阻止,双方发生争执至厮打。后被告再次向盛康镇政府和盛康公安派出所、工商所作了汇报,要求协助检查处理。下午5时左右,在被告的要求下,盛康镇政府、公安派出所、工商所派员与被告一起再次对原告的商店进行检查,被告并以原告未办证、拒绝销毁变质沉淀的矿泉水软包装饮料、殴打食品卫生检查人员为由,当即给原告下达了谷食罚字〔1990〕第26号行政处罚决定书。其内容为:变质食品就地销毁;限期2日体检办证;停业整顿处理;罚款1000元。原告不服处罚,于2006年1月13日向谷城县人民法院提起诉讼。

请问:本案中被告卫检所的行为是否符合行政合理性原则?

2.2000年公民H进行以同等学力的身份报考W高校某系的博士研

究生。W 高校在对 H 进行了资格审查后发给了 H 准考证。H 的初试、复试成绩均为第一名。但 W 高校以 H 于 1990 年受过处分为由不录取 H。经 H 多方努力,2003 年 W 高校同意 H 跟 98 级博士生一起上课。此后,H 在 W 高校按要求完成了两年的学习并参加了学位课程考试,但博士研究生的学籍问题始终未能解决,而其户口与粮食关系也自然无法正式转入 W 高校。2005 年 12 月,H 向 W 高校所在地的基层人民法院提起行政诉讼,请求法院让被告 W 高校发给 H 录取通知书,让 H 补办注册手续,取得 W 高校博士研究生的学籍,同时将 H 的户口和粮油关系正式落入 W 高校。

请问:W 高校是行政机关吗? 可以以学校为被告提起行政诉讼吗?

3.尹某原为某市第二中学在聘语文高级教师,在他撰写的《入学教育课》论文以及《入世老抢》一书中,曾提出"读书为挣大钱娶美女"的观点和言论,并向学校推销其作品。该市教育局发现尹某的上述问题后,即组织专人对有关情况进行查处,并于 2000 年 8 月 31 日下发了教通字〔2000〕60号《关于查处向学生推销〈入世老抢〉问题的情况通报》,该文件作出了"该市(含五县市区)内所有学校不聘用尹某当教师"的处理意见。

请问:教育局作出的该文件是抽象行政行为吗?

第五章

民事法律制度

【本章导读】

通过本章的学习,使学生了解我国民商法的基本原则和主要制度,弄清民事权利和民事责任,正确行使民事权利,自觉履行民事义务,维护公民、法人和其他组织的合法权益。

【本章重点】

民法的概念和基本原则。

民事主体及其权利能力和行为能力。

财产所有权和与财产所有权有关的财产权利。

合同的概念、特征与订立。

民事责任的概念、种类及承担的方式。

【本章难点】

民事法律关系的理解。

民事权利能力和行为能力的概念理解。

民事法律行为和代理的概念。

债权的特征、无因管理和不当得利的概念。

效力待定合同条件的掌握,抗辩权、代位权和撤销权的理解。

民事责任的归责原则。

第一节 民法概述

一、民法概念与调整对象

民法是调整平等主体的自然人之间、法人之间以及自然人与法人之间的财产关系与人身关系的法律规范的总称。

一般而言,民法有形式意义的民法和实质意义的民法两种含义。前者指的是按编章节条款项编纂而成的民法典,如《法国民法典》、《德国民法典》等;后者指的是广义的民事立法,如《中华人民共和国民法通则》(以下简称《民法通则》)、《中华人民共和国合同法》等。虽然至今我国尚未颁布民法典,但已经颁行了大量的民事法规。

民法的本质可以从三个方面理解:首先,无论从历史的发展还是社会现实看,民法是商品经济的产物。凡存在商品生产和商品交换的社会,就有一部与之相适应的民法,民法是规范商品经济关系的基本法律。其次,民法是规定民事主体权利的基本法律。现代社会中权利包括政治权利和民事权利,民法就是规定和保障民事主体的民事权利的基本法律;并且从根本上讲,民事主体的民事权利是无法一一枚举的,故民法只是按类别对民事主体的权利加以规定;此外,只要民事法规不禁止,民事主体都有权去做,正所谓在民法领域里"法无禁止即合法"。这就为民事主体行使民事权利、发挥自身的主观能动性提供了广阔的空间。第三,民法是"市民法"。从词源上讲,民法来源于古罗马的"市民法",更重要的是,民法是调整市民社会关系的基本法律。按照马克思的理解,市民社会即经济关系,故"市民"一词不同于以往我们所熟悉的公民,其根本区别在于市民具有自利性,且这种自利性必须为民法所确认和保护。在民法上始终强调权利义务相一致,以权利义务为手段来调整民事主体之间的关系。

作为一个部门法,民法要对某一部分社会关系进行调整。通常而言,民法所调整的社会关系包括两方面:①人身关系,即平等的民事主体之间就人格和身份而发生的、与特定人身不可分离的、以非物质利益为客体的社会关系。②财产关系,即平等的民事主体之间以财产为媒介而产生的社会关系。

二、民法基本原则

民法基本原则是民法所调整的那部分社会关系的本质的具体体现,其效力贯穿于民法始终,是民事立法和司法实践的准则。根据《民法通则》的规定,民法基本原则主要有以下几方面。

1. 平等原则

《民法通则》第 3 条规定:"当事人在民事活动中的地位平等。"平等原则集中地反映了民法所调整的社会关系的本质特征,是民法区别于其他部门法的主要标志。

2. 自愿原则

《民法通则》第 4 条规定:"民事活动应当遵循自愿原则。"自愿即民事主体的意志自由,要求尊重民事主体的自由意志,不受任何非法干预。

3.诚实信用原则

《民法通则》第 4 条规定:"民事活动应当遵循诚实信用原则。"这一原则要求民事主体进行民事活动时要诚实、善意,最终达到自身利益与他人利益的平衡,个体利益与社会利益的平衡。

4.权利不得滥用原则

《民法通则》第 6 条规定:"民事活动应当尊重社会公德,不得损害社会公共利益,破坏国家经济计划,扰乱社会经济秩序。"该原则要求民事主体在行使民事权利、履行民事义务过程中,不得超越权利存在的合理界限,要实现个人利益与社会利益的平衡。

三、民事法律关系

(一)民事法律关系概念与特征

如上所述,民法是对平等主体之间的人身关系和财产关系进行规范的法律,而民事法律关系正是民法对这种社会关系进行调整的结果。平等主体之间的人身关系和财产关系一经民法调整便上升为民事法律关系,即以民事权利和民事义务为内容、符合民事法律规范的社会关系。民事法律关系的形成,实际上是民法对社会关系进行调整,使社会关系秩序化的目的得以实现的过程。

民事法律关系的特征在于:

(1)民事法律关系主体地位的平等,以此区别于其他法律关系。

(2)民事法律关系以民事权利和民事义务为内容,且权利和义务一般是对等的。

(3)民事法律关系的实现具有强制性,但强制性的保障措施更多地体现为补偿性、非惩罚性。

(二)民事法律关系要素

民事法律关系由以下三个要素构成。

1.民事法律关系的主体

民事法律关系是人与人之间的关系,所以必须有人作为主体。民事法律关系主体是指参加具体的民事法律关系享有民事权利、承担民事义务的当事人,包括自然人、法人及合伙组织。在特定情况下,比如在国债关系中,国家也可以作为特殊的民事主体出现。

2.民事法律关系的内容

民事法律关系即民事主体享有的民事权利和承担的民事义务。民事权利是民法为保障民事主体实现其人身利益或财产利益而允许其行为的可能性。民事权利可以根据不同的标准分为人身权和财产权、绝对权和相对权、支配权和请求权等。民事义务是民法为实现民事主体的权利而要求其他民事主体行为的必要性。民事义务可表现为积极义务(积极作为)和消极义务(消极不作为),同时民事义务还表现为"义务群",包括主义务、从义务及附随义务。

3.民事法律关系的客体

民事法律关系即民事权利和民事义务所共同指向的对象,一般包括物、行为和智力成果。民法上的物是指能满足人的需要、能为人所控制和支配、具有稀缺性和合法性的一切自然物和劳动创造物。物是最主要的民事法律关系客体;行为是指权利人行使权利及义务人履行义务的活动,如运输合同中承运人的运送行为;智力成果是人类运用脑力劳动创造的精神财富,如著作、发明、设计等。

民事法律关系的发生、变更和消灭要基于一定的客观事实,理论上把这些能够引起民事法律关系发生、变更和消灭的客观事实称为民事法律事实,它包括事件和行为,前者是指与当事人的意志无关的客观现象,如地震、战争等;后者是指为当事人意志所控制的人的行为,如签订合同等。

第二节　民事主体

一、民事主体概述

民事主体是指依照法律规定能够参与民事法律关系并享有民事权利或承担民事义务的人。在现代社会,民事主体具有广泛性和平等性,如1804年《法国民法典》第8条所规定的:"一切法国人均享有民事权利。"民事主体的平等性是民事主体参与民事活动的前提,尽管他们在社会中的身份各有不同,但参与民事活动、民事法律关系的资格却是平等的。民事活动是人类各项活动中最为基础、最为普遍的活动,这就决定了民事主体的广泛性,除自然人、法人之外,非法人组织、特殊团体,乃至于国家均可作为民事主体。

人作为民事主体,包含着两方面的问题:①民事权利能力,即人格,指法律赋予的享有民事权利、承担民事义务的资格。民事权利能力是人参与民事活动、享有民事权利或承担民事义务的前提,是人取得民事权利的资格,民事主体的平等性也正体现在民事权利能力平等上。②民事行为能力,指民事主体能以自己的独立行为参与民事法律关系从而取得民事权利、承担民事义务的资格。民事权利能力和民事行为能力共同构成民事主体的资格条件,其中民事权利能力是人作为民事主体的前提,而民事行为能力是民事主体取得并实现民事权利的基础。

二、自然人

自然人是指因出生而获得生命的人类个体。自然人是最重要的民事主体,《民法通则》明确规定了自然人的民事主体地位,即赋予自然人以法律上的人格。

在我国,自然人的民事主体资格(民事权利能力)始于出生,终于死亡。所谓出生,是指胎儿活着离开母体,出生是自然人取得民事主体资格的事实标记。所谓死亡,一是指生命体征消失,以心跳停止、呼吸停止为标准;二是以"脑死亡"为标准。

自然人的民事行为能力因其意识能力的不同而不同,而自然人的意思能力是随着年龄的增长而逐步发育成熟的,所以年龄成为划分自然人的行为能力的基本标准;同时,自然人的精神性疾病对其意识能力有影响,故精神性疾病又成为划分自然人行为能力的辅助标准。据此,《民法通则》对自然人的行为能力进行规定:18 周岁以上的自然人具有完全民事行为能力;16 周岁以上不满 18 周岁的自然人以自己的劳动收入为主要生活来源的,视为完全民事行为能力人。他们有权以自己的行为从事一切民事活动,并承担相应的法律后果。10 周岁以上的未成年人以及不能完全辨认自己行为的精神病人是限制行为能力人,他们只能从事与其年龄、智力和精神健康状况相适应的民事活动。10 周岁以下的未成年人和完全不能辨认自己行为的精神病人是无民事行为能力人,其民事活动由其法定代理人进行。根据《民法通则》的规定,对于限制民事行为能力和无民事行为能力的自然人要设定监护人,监护人的职责是保护被监护人的人身和财产利益。

作为民事主体的自然人应有自己的姓名,每个自然人有权决定、使用和变更自己的姓名;自然人出生后应及时向国家户籍管理机关进行户籍登记,并以户籍所在地为其住所,如经常居住地(指居住一年以上的居住地)与住所不一致,经常居住地视为住所。

三、法人

法人是依法成立、具有必要的财产或经费、能够独立承担民事责任的社会组织。在我国,法人的成立要具备下列条件:①依法成立;②有必要的财产或经费;③有自己的名称、组织机构和场所;④能独立承担民事责任。

与自然人不同,作为民事主体的法人,其民事权利能力和民事行为能力同时产生(产生于法人成立)、同时终止(终止于法人消灭),有权利能力就有行为能力。法人的民事权利能力,是指法人享有的参与民事活动、取得民事权利和承担民事义务的资格。法人的民事行为能力,是指法人以自己的行为进行民事活动、取得民事权利和承担民事义务的资格。

根据不同的标准,法人可有不同的分类。我国立法上根据法人设立目的和活动内容的不同,把法人分为企业法人、国家机关法人、事业机关法人和社会团体法人。法定代表人就是法人的机关之一,它是指依照法律或法人组织章程的规定,代表法人行使职权的负责人。一般由法人内部正职行政负责人,如工厂的厂长、公司的董事长或不设董事会的执行董事担任;法人内部没有设立正职行政负责人的,由主持法人工作的副职人员如副厂长、副经理担任;法人内部没有明确正副职务时,由主持法人工作的行政负责人担任。

第三节　民事法律行为与代理

一、民事法律行为的概念与特征

民事法律行为是民事主体设立、变更、终止民事权利和民事义务的合法行为。它有下列特征:

(1)法律行为是一种表意行为,行为人在主观上具有导致一定法律效果发生的意图,如买卖行为。

(2)法律行为以意思表示为基本要素。所谓意思表示,是指行为人将其期望发生某种法律效果的内在意图以一定的方式表达于外部。因为法律行为不过是民事主体个人愿望的法律表达方式,所以,意思表示就成为法律行为不可或缺的最基本的要素。

(3)法律行为从本质上讲是一种合法行为,行为人的主观意图之所以能产生他所预期的法律效果,能得到国家法律的确认和保护,是因为这种意图本身及其表达方式的合法性。

二、民事法律行为的分类

民事法律行为可根据不同标准进行分类。

(1)按照是否以当事人单方意思表示即可成立,有单方法律行为和双方法律行为之分。前者是指依据一方当事人的意思表示就可成立的法律行为,如遗嘱;后者是指需各方当事人意思表示一致才可成立的法律行为,如合同。

(2)按照当事人取得权利是否支付代价,有有偿法律行为和无偿法律行为之分。前者是指当事人享有某项权利而必须偿付相应代价的法律行为,如买卖行为;后者是指当事人享有权利无须偿付相应代价的法律行为,如赠与。

(3)按照法律行为的成立是否以交付标的物为前提,有诺成法律行为和实践法律行为之分。前者是指仅以当事人意思表示即可成立的法律行为,如租赁合同;后者是指在当事人意思表示之外还要交付标的物才能成立的法律行为,如赠与。

(4)按照法律行为成立是否需采用特定形式,有要式法律行为和不要式法律行为之分。前者是指依法律规定,必须采取一定形式或履行特定程序才可成立的法律行为;后者是指法律不要求采用特定形式,由当事人自由选择的法律行为。

依法律行为的内容,有财产行为和身份行为之分。前者是指导致财产关系发生、变更和终止的法律行为;后者是指导致身份关系发生、变更和终止的法律行为,如结婚、收养等。

三、民事法律行为的有效条件

民事法律行为的实质在于法律确认并保护行为人的意思表示,要求行为人的意思表示合乎法律的要求,即民事法律行为的成立要具备一定的条件。其中实质条件有三:①行为人要具备相应的行为能力;②行为人意思表示要真实;③不违反法律或社会公共利益、公共道德。任何民事法律行为均要符合此三条实质条件,否则不能产生行为人预期的法律效果。

此外,行为人进行的是要式法律行为时,其行为形式还要符合法律的要求。一般而言,法律行为的形式有明示和默示两种,其中明示形式有口头形式和书面形式,默示形式包括行为推定和单纯沉默。

四、民事法律行为的其他规定

1. 附条件与附期限的民事法律行为

一般而言,法律行为自成立起生效,但在法律另有规定或当事人另有约定的情况下,其效力也可受到一定的限制。限制法律行为效力的情况有两种:①条件,即把将来不确定的事实的发生或不发生作为法律行为生效或失效的前提;②期限,即以一定期限的到来作为法律行为效力开始或终止的前提。

2.无效的民事行为

无效的民事行为是指欠缺民事法律行为的有效要件,不发生法律效力的民事行为。无效民事行为可分为全部无效的民事行为和部分无效的民事行为。包括以下情形:①无民事行为能力人实施的;②限制民事行为能力人依法不能独立实施的;③一方以欺诈、胁迫的手段或者乘人之危,使对方在违背真实意思情况下所为的;④恶意串通,损害国家、集体或者第三人利益的;⑤经济合同违反国家指令性计划的;⑥以合法形式掩盖非法目的的。

3.可撤销或可变更的民事行为

可撤销或可变更的民事行为是指行为人的意思与表示不一致及意思表示不自由,导致非真实意思表示,法律并不使之绝对无效,而是权衡当事人的利害关系,赋予表意人撤销权的民事行为。可撤销或可变更的民事行为包括:①行为人对行为内容有重大误解的民事行为;②显失公平的民事行为;③一方以欺诈、胁迫的手段或者乘人之危,使对方在违背真实意思的情况下订立的合同。

4.效力待定的民事行为

效力待定的民事行为是指其成立时有效或无效处于不确定状态,尚待享有决定权的第三人同意(追认)或拒绝的意思表示来确定其效力的民事行为。主要有以下情形:①民事行为能力欠缺。无民事行为能力人、限制民事行为能力人作出的民事行为,须经其法定代理人追认方为有效。②处分权限欠缺。无权代理人作出的民事行为。③无处分权人订立的合同。④法定代表人越权订立的合同。

五、代理

(一)代理概念与特征

代理是指代理人在代理权限内以被代理人的名义同第三人进行民事活动,并由被代理人承担相应的法律后果。在代理关系中,为他人利益实施代理行为的人是代理人,在民事活动中出面且承担相应法律后果的人是被代理人,代理人与之进行民事活动的人是第三人。代理具有下列法律特征:

(1)代理人是以被代理人名义同第三人进行民事活动,代理行为的法律后果由被代理人承担。

(2)代理人进行的代理行为实质是以被代理人的名义独立的意思表

示,由此代理与所谓的"使者"不同,后者只是传达他人的意思。

(3)代理人所从事代理行为的法律后果由被代理人承担,这正是代理制度存在的价值所在。代理人在代理权限内进行的代理行为,在法律上视为被代理人自己的行为,所产生的法律后果,不论是积极的还是消极的,均由被代理人承担。

(二)代理权限的取得

代理权限是代理人以被代理人名义对外从事代理活动的根据,也是被代理人承担代理行为法律后果的根据。代理权限产生于下列三种途径:

(1)法定代理。法律直接规定。法律为了保护处于特定情况下民事主体的利益,为了维护交易安全,直接规定无行为能力或限制行为能力人的监护人为法定代理人。

(2)委托代理。被代理人的委托授权。被代理人可以口头或书面形式将代理权限授予代理人,这种代理称为委托代理。

(3)指定代理。有关机关的指定。依法对被代理人的合法权益负有保护义务的组织,如法院以及未成年人所在地的居委会、村委会等,有权为未成年人指定代理人。

(三)代理人行使代理权的限制

代理人为了被代理人的利益行使代理权限,一般情况下要亲自实施代理行为,同时要及时报告代理事务进展,保守被代理人的秘密,转移代理行为所取得的利益。为了避免代理人在代理过程中损害被代理人利益,法律要求:

(1)代理人不得滥用职权。滥用职权是指代理人利用已取得的代理权进行损害被代理人利益的行为。其情形一般有三种:①禁止代理人在代理权限内与自己或与自己利益相同的人订立合同;②禁止代理人同时以双方被代理人的名义订立合同,实施同一民事行为;③代理人与第三人在代理活动中恶意串通,实施损害被代理人利益的行为。

(2)代理人不得无权代理。无权代理是指代理人没有代理权或者超越代理权限而进行的活动。无权代理的情形主要有以下三种:①超越代理权的"代理"。指代理人与被代理人之间存在代理关系,但代理人的"代理"行为超越了代理权限。②没有代理权的"代理"。指既未经委托授权,又没有法律上的依据,也没有人民法院或有关机关的指定,冒用他人名义进行的民事行为。③代理权消灭后的"代理"。指代理人本来享有代理权,但由于某种原因,其享有的代理权已经消灭,仍以他人名义进行民事活动。

无权代理只有经过被代理人的追认,被代理人才承担民事责任,否则

"代理"行为无效,后果由行为人承担。但是,如果本人知道他人在以自己的名义进行民事活动而不作否定表示的,视为同意,由被代理人承担责任;如果第三人知道行为人无权代理还与行为人实施民事行为给他人造成损害的,由第三人和行为人负连带责任。

(四)代理关系的消灭

代理关系根据一定的法律事实而产生,同样也可以根据相应的法律事实的出现而消灭。因为代理关系赖以产生的法律事实不同,导致代理关系终止的原因也有所不同。

(1)委托代理因下述事实的出现而终止:①代理期限满或代理事务完成;②被代理人取消委托或代理人辞去委托;③代理人一方死亡;④代理人丧失民事行为能力;⑤作为被代理人或代理人的法人终止或解散。

(2)法定代理或指定代理因下列情况而终止:①被代理人取得或恢复民事行为能力;②被代理人或代理人死亡;③代理人丧失民事行为能力;④指定代理的人民法院或指定单位取消指定;⑤由其他原因引起的被代理人和代理人之间的监护关系消灭。

第四节　民事权利

一、民事权利的概念和分类

民事权利是民事法律规范规定的确认的民事主体的权利。在民事法律关系中,权利和义务是相关联的,其中民事权利在民事法律关系中占主导地位。民事权利依据不同的标准,可以作以下分类:

(1)以民事权利所体现的利益的性质为标准,分为财产权和人身权。财产权是以财产利益为内容的权利,如物权、债权。人身权是以人身利益为内容,与权利主体不可分离的权利,如姓名权、名誉权等。

(2)以民事权利的作用为标准,可分为支配权、请求权、形成权、抗辩权。支配权是以权利人可以直接支配权利客体,而具有排他性的权利;请求权是指权利人要求他人为特定行为的权利;形成权是指权利人依自己单方的意思表示,使民事法律关系发生、变更或消灭的权利;抗辩权是指对抗他人行使权力的权利。

(3)以民事权利的效力范围为标准,可分为绝对权与相对权。绝对权是指无须通过义务人实施一定的行为即可实现,并可以对抗不特定人的权利。相对权是指必须通过义务人实施一定的行为才能实现,只能对抗特定的人的权利。

（4）以民事权利的依存关系为标准,可分为主权利与从权利。主权利是相互关联的两个以上的民事权利中,能够独立存在的权利;从权利是不能独立存在而从属于主权利的权利。

（5）以民事权利与主体的关系为标准,可分为专属权与非专属权。专属权是指专属某特定民事主体专有的权利;非专属权是指不属于某特定民事主体专有的权利。

（6）以民事权利是否已经取得为标准,可分为既得权与期待权。既得权是指权利人已经实现的权利;期待权是指将来有取得与实现可能性的权利。

二、物权

（一）物权概述

物权是民事主体依法对特定的物进行管理支配并享有物上利益的民事权利。如前所述,民法要对平等主体之间的财产关系进行调整,财产关系有财产的占有关系和财产的流转关系,物权正是民法调整这种财产占有关系的结果。民事主体对财产的占有是其从事生产活动的物质基础,财产的占有关系直接决定着财产交换关系和分配关系,所以在财产权利体系中,物权是作为其他财产权的前提和归宿而存在的。

物权作为一种财产权,其法律特征如下:

（1）物权是绝对权,是以不特定的任何人为义务主体的民事权利。在具体的物权关系中,物权人的权利可及于除他本人之外的任何人,可排除任何人对其物权的侵害。

（2）物权以物为客体。一般而言,物权的客体是具体的、独立的、有形的物。

（3）物权是支配权,即以对物进行支配并享受物上利益为内容。物权人可以在法律规定的范围内以自己的意志和行为直接支配物;支配的目的在于享受物上利益,该利益既可表现为归属上的利益,物权上表现为所有权;也可以表现为对物的使用价值的支配,或对物的交换价值的支配,在物权上分别表现为用益物权和担保物权。

（4）物权在效力上具有排他性、优先性和追及性。物权的排他性是指在同一物上不容存在两个所有权,以及同时以占有为内容的两个以上的他物权。物权的优先性可以从两方面理解:①当同一物上物权和债权并存时,物权的效力优先于债权;②当两个以上物权并存于一物时,先成立的物权优先于后成立的物权。物权的追及性是指不论物权的客体辗转落入何人之手,物权人均有权利取回该物以行使其物权。

伴随社会发展而来的是生产力飞速提高和物质财富的急剧增加,由此财产的占有关系日趋复杂。现代物权法为适应客观经济关系的需要,规定了物权的三大基本原则,即物权法定原则、一物一权原则、公示公信原则。

1. 物权法定原则

它是指物权的类型、各类物权的具体内容及其取得、变更都由法律直接规定,禁止任何人创设法律规定之外的物权和超越法律的限制行使物权。物权法定原则体现了物权法律规范的强制性,这是物权关系的基础性和维护交易安全所需要的。

2. 一物一权原则

它是物权排他性的体现。大陆法系国家的物权法要求在同一物上只能成立一个所有权,由此,在所有人的所有物上,其他人都只能取得除所有权外的他物权,其目的是要建立起以所有权为核心,包括用益物权和担保物权的、层次分明的物权体系,从而分别对物的归属关系、使用收益关系和担保关系进行有效的法律调节。

3. 公示公信原则

它包含两方面内容:①物权的取得、变更和消灭必须按法定方式进行公示,动产和不动产的公示方式分别是占有和登记。只有当事人合意而不依法进行公示的,不发生物权变动的法律效果或不能对抗善意第三人。②依法进行公示的物权具有社会公信力,如公示的物权名义人不是真正的物权人,因相信物权公示而与公示名义人进行交易的善意第三人的利益受法律的保护。物权公示公信原则的目的在于维护物的占有秩序,保障交易的安全、便捷。

(二)所有权

1. 所有权的概念

所有权是所有人依法对所有物进行独占性的全面支配并排除他人干涉的权利。对所有权的理解还应从以下几点把握:

(1)所有权是独占权,所有人独占其所有物并独立支配物的价值与使用价值。

(2)在物权体系中,所有权是原权利,而用益物权和担保物权都是从所有权派生而来的,是所有权与其他权能分离的结果。

(3)从所有权对物的支配看,它是最完全的权利,所有人可以根据自己的需要,对所有物进行占有、使用、收益和处分。

（4）所有权具有弹性力、回归力，所有人可以根据自己的利益需要，在所有物上设定他物权，从而使所有权处于不圆满的状态；一旦他物权消灭，所有权的限制即行消灭，所有权重新归于圆满。

2.所有权权能

所有权设定的目的是满足所有人对物的需要，所有人可以采取各种措施与手段支配其所有物，这就是所有权的权能问题。根据《民法通则》的规定，所有权的权能包括积极权能和消极权能两类。

所有权积极权能包括：

（1）占有权能，指所有人有权将所有物置于自己的实际控制、管领之下，这是所有权的基础；占有权能通常由所有人行使，也可以让渡给非所有人。当非所有人实际占有所有物时，视其有无占有权而区分为合法占有和非法占有；在非法占有时，视占有人主观心态又有善意占有和恶意占有之分。

（2）使用权能，指所有人有权按物的物理性能和用途对物加以利用以满足自己的生产和生活需要。使用权能通常由所有人享有，非所有人也可以根据法律规定或与所有人的约定而有偿或无偿地取得使用权能。

（3）收益权能，指所有人基于原物的所有权有权收取由原物而生的孳息，包括由原物按自然规律派生出来的天然孳息，以及根据法律关系由原物产生的租金、利息等法定孳息；收益权能同样可以和所有权分离而由第三人享有。

（4）处分权能，指所有人依法对物进行事实上的处分或法律上的处分，从而决定物的命运的权利。处分权能是所有权极为重要的权能，一般只能由所有人享有，除非法律特别规定或所有人委托，非所有人无权对他人所有物进行处分。

3.所有权的取得与消灭

所有权有两种取得方式，即原始取得和继受取得。原始取得主要有以下几种方法：生产或扩大再生产、孳息、添附、时效取得、善意取得，以及国家强制国有化、征收、没收等。继受取得主要有以下几种方法：买卖、互易、赠与、继承以及遗赠等。

所有权的消灭与取得是两个密切联系的问题，上述除取得孳息所有权外，其他情况下取得所有权的同时均引起原所有人所有权的消灭。也就是说，在这些情况下，所有权的取得与消灭实际上是同一问题的两个不同侧面。此外，对所有物的事实上的处分行为，以及抛弃所有权的行为都会导致所有权消灭。所有权的消灭可分为绝对消灭和相对消灭，绝对消灭是指所有物本身灭失,所有权不再存在;相对消灭是指某一特定的所有权主体丧失财产所有权,而他人取得该财产的所有权。

（三）用益物权

用益物权是以物的使用和收益为目的而设立的他物权,传统民法规定的地上权、地役权、永佃权等权利都属此类权利。我国《民法通则》规定的国有企业的经营权、农村土地的承包权、国有土地使用权、采矿权等也属用益物权。目前,我国立法机关正加紧制定物权法,力求以准确的法律语言将社会经济生活中存在的各种典型的物的使用收益关系在法律上表达出来。用益物权的行使以对物的占有为前提,以对物的使用价值的支配为基本内容,同时也包含对物的依法处分,国有土地使用权的转让、设定抵押等。

（四）担保物权

担保物权是为担保债务的履行,以特定财产为标的而设立的,并以该财产的交换价值优先受偿的他物权,包括抵押权、质权和留置权。

抵押权是债权人对债务人或第三人提供的不转移占有而作为履行债务担保的财产,在债务人到期不履行债务时,得就其价值优先受偿的权利。根据我国《担保法》的规定,可作为抵押物的财产主要有:不动产及不动产用益物权,如房屋及其他地上定着物的所有权,国有土地使用权等;动产所有权,如机器设备、交通运输工具等;同时法律还规定了土地所有权,学校、幼儿园和医院等公益单位的教育和医疗设施,所有权不明或有争议的财产,以及依法被查封、扣押、监管的财产不得作为抵押物设定抵押。抵押权作为物权的一种,其设定一般要经过登记,否则抵押权不发生法律效力。

质权是债权人对债务人或第三人转移占有而供担保的动产或权利,得就其价值优先受偿的权利,根据质物的不同,质权有动产质权和权利质权两种。与抵押权不同,动产质权以动产为标的,其设定除双方当事人订立质权合同之外还要转移质物的占有,否则质权不成立。权利质权以民事权利为标的,根据《担保法》规定,主要有债权、股权和知识产权,如汇票、支票、本票、存单、仓单、提单,依法可转让的股份、股票,以及专利权、商标权和著作权等。

留置权是债权人按照合同约定占有债务人的财产,当债务人不按时履行债务时,有留置该财产,并就该财产优先受偿的权利。根据《担保法》规定,留置权仅适用于运输合同、加工承揽合同和保管合同。

三、债权

（一）债权概述

《民法通则》第 84 条规定："债是按照合同的约定或者依照法律的规定,在当事人之间产生的特定的权利和义务关系。"其中,享有权利的人称债权人,承担义务的人为债务人。债权债务是一对既对立又统一的矛盾,债权起着主导作用,故一般都从债权切入来讨论债的法律关系。

作为一种财产权利,债权与物权不同,债权具有以下法律特征：

(1)债权是相对权。债权是以特定的人为义务主体的民事权利,在具体的法律关系中,债权人只能要求债务人履行义务,其效力只及于特定的债务人。

(2)债权的客体具有多样性。除物之外,特定的行为、智力成果都是债权的客体。

(3)债权是请求权。债权人的权利只能通过请求债务人为一定行为或不为一定行为得以实现,由此,债务人的义务就不是表现为消极的作为,而是要根据债权人的要求积极地作为。

(4)债权在效力上是平等的,各个债权无论成立时间的先后、数量的大小,都是平等的。

（二）债权的担保和保全

除即时实现的债权之外,债权一般都是一种"期权",债权人的权利能否实现有待于将来债务人是否履行其债务,一旦债务人不积极履行其义务,债权人的权利就可能落空。为了保障债权人权利的实现,法律特别规定了债权担保和债权保全制度。债权担保也称特别担保,有保证、抵押、质押、留置和定金等五种方式。其中,保证属于人的担保,是第三人以自己的一般财产为债务人提供履行债务的担保,其他四种均为物保,是以债务人或第三人的特定财产作为实现债权的担保,债权人的权利只能针对该特定财产,对债务人的一般财产则无能为力。在很多情况下,债权的实现就依赖于债务人的一般财产,其一般财产的增加与减少直接影响到债权人债权的实现。为了防止债务人财产发生不当减少,维持其财产的正常状况,确保债务的清偿,法律在担保之外,还设立了债权保全制度,即代位权和撤销权。

1.保证

人的权利和属于人的担保,是指保证人和债权人约定,当债务人不履行债务时,由保证人按照约定履行债务或者承担民事责任。保证协议要以书面形式记载,协议可包括保证方式、保证范围、保证期限等内容。根据《担保法》规定,只有具备代为清偿能力的法人、自然人以及其他组织才可以作保证人;国家机关原则上不能作保证人;学校、幼儿园、医院等公益单位不得作保证人;而企业法人的分支机构有法人书面授权的,可以在授权范围内提供保证。保证人的保证责任因保证的方式不同而有所不同。在连带责任保证中,一旦债务到期未清偿,债权人就可以同时或先后向债务人或保证人提出清偿全部或部分债务的请求,此时保证人的责任与债务人的责任是一样的,没有先后顺序之分。在一般保证中,一旦债务到期未能清偿,债权人只能先向债务人提出履行债务的请求。保证人的保证责任与债务人的责任有先后顺序之分,保证人的责任只是债务人责任的补充。

2.定金

定金是指当事人一方在合同订立之后、未履行之前,在应给付数额内预先支付另一方一定数额金钱的担保形式。定金不得超过应给付金额的20%。定金的担保作用主要体现在:给付定金的一方不履行债务时,无权要求返还定金;接受定金一方不履行债务时,应当双倍返还定金。

3.代位权

代位权是指债务人享有对第三人的权利而又不积极行使,致使其财产应能增加而未能增加,危害债权实现的,债权人有权向法院请求以自己的名义代替债务人行使该权利。根据我国《合同法》的规定,代位权的行使要具备四个条件:①债务人须享有对第三人的权利;②该权利须非属于债务人自己行使的专属性权利;③须债务人有怠于行使权利的事实,且有导致权利丧失的可能;④债权人的债权已届清偿期。只要具备上述条件,债权人就可行使代位权,其权利的行使要以债权为限。

4.撤销权

撤销权是指因债务人的行为有害债权的实现,债权人有权依诉讼程序,申请法院予以撤销的权利。根据《合同法》规定,撤销权的行使要具备主观和客观两方面的要件:主观要件是指债务人与第三人为法律行为时,明知行为有害于债权而仍为之,即主观上具有恶意;客观要件是指债务人实施了有害债权的行为,包括放弃到期债权、无偿转让财产、以明显不合理低价转让财产等。债权人行使撤销权以其享有的债权为限。

(三)债权的发生、转让和消灭

1.债权的发生

债权作为一种民事法律关系,其发生同样要基于一定的法律事实。一般而言,能引起债权债务关系发生的法律事实主要有:

(1)合同；

(2)侵权行为；

(3)不当得利；

(4)无因管理；

(5)合同缔约上的过失。

当事人的单独行为也能发生债权。其中,不当得利是指没有法律上或合同上的根据,取得利益并导致他人受损的事实;一旦发生不当得利,则得利人为债务人,受损人为债权人,债权人有权要求得利人返还所得的利益。无因管理是指没有法定的或约定的义务,为避免他人利益受损而自觉地管理他人事务的行为。此时,管理人为债权人,因该管理行为而受益的本人为债务人,管理人有权要求本人支付因管理行为所支出的一切合理费用。关于合同与侵权行为待后再述。

2.债权的转让和消灭

债权作为一种民事权利是可以转让的。债权人可以合同方式将债权让与他人,但当事人约定或法律规定不得转让的债权例外。任何债权都是有时间性的,它可因一定的法律事实而发生,也可因一定的法律事实而消灭。能导致债权消灭的原因有许多,常见的有:

(1)清偿。即债务人履行债务,使债权人的权利得以实现。

(2)抵消。即同类已届清偿期的对等债务,因当事人双方相互协商或一方主张抵消而消灭,能抵消的债务一般是金钱之债。

(3)提存。即债权人下落不明或无正当理由拒绝接受履行,或债权人因故无法确定,致使债务人难以履行债务,经公证机关证明或法院裁决,债务人可将履行标的物提至有关部门保存,以替代向债权人履行债务。

(4)混同。即同一债的关系中,债权人和债务人因故合为一体,所涉的债权债务关系即行消灭。

(5)免除。即债权人放弃债权的行为,债务一经免除,债务关系即告消灭。

(四)合同

合同是当事人之间设立、变更、终止民事权利义务关系的协议。作为一种协议,合同的订立实际上是双方或多方当事人经过协商达成一致的意思表示。民法理论上把当事人这种协商的过程分为要约和承诺两个阶段。

1.要约

要约是希望与他人订立合同的意思表示,是一方当事人就订立合同的主要条款向另一方提出建议的意思表示。提出要约的一方为要约人,对方为受要约人。一般而言,要约都是向相对特定的人发出的,且要约的内容要包含合同的主要条款。要约的法律效力在于要约人受要约的拘束,一旦受要约人承诺,则合同即告成立。当然,要约人所受的拘束并不是永久的,在下列情况下,要约就失去拘束力:①受要约人拒绝要约;②要约人依法撤回或撤销要约;③要约规定的承诺期限届满,或受要约人在合理期限内未作承诺;④受要约人对要约内容进行实质性变更。

2. 承诺

承诺是受要约人同意要约的意思表示。受要约人对要约的完全接受。受要约人要将承诺的通知送达要约人,承诺通知到达要约人时即发生法律效力,双方合同关系成立;若承诺不需要通知的,受要约人可根据交易习惯或要约要求作出承诺的行为,该行为作出的时间即为承诺生效时间;若用数据电文订立合同的,数据电文进入收件人所指定的特定系统的时间即为承诺生效的时间。

3. 合同的订立

合同的订立可采用不同的形式,有书面形式,也有口头形式,如法律有特别规定,或当事人有特别约定的,合同形式应符合该规定或约定。这里要特别提出的是格式合同,即在实践中当事人为了重复使用而预先拟订的,并在订立合同时无须与对方协商的合同条款。格式合同的出现有其积极的方面,但其弊端也显而易见,主要表现在格式合同的一方当事人往往利用其优势,在所拟订的具体条款中侧重保护自己的利益,减轻或免除自己的责任,忽视对方的利益,或加重对方的责任,即所谓的免责条款。为此,《合同法》第 39 条第 1 款规定:"采用格式条款订立合同的,提供格式条款的一方应当遵循公平原则确定当事人之间的权利和义务,并采取合理的方式提请对方注意免除或限制其责任的条款,按照对方的要求,对该条款予以说明。"同时,《合同法》还规定,免责条款不得排除对造成对方人身伤害的一方当事人的赔偿责任,不得排除因故意或重大过失造成对方财产损害的赔偿责任,免责条款违反法律、行政法规和社会公共利益,恶意侵害国家、集体或他人利益的无效。

4. 合同的变更、解除

合同依法成立就具有法律效力,各方当事人都必须恪守信用,如期履行合同,不得随意变更和解除合同。但由于客观情况的变化,法律允许在一定条件下变更和解除合同。合同的变更是指在合同尚未履行或未完全履行之前,当事人对合同的内容进行修改和补充。变更通常是通过协商达成的。合同的解除就是提前终止合同关系,有约定解除和法定解除两种情况。根据《合同法》的规定,合同法定解除的条件有:

(1)因不可抗力致使合同目的无法实现;

(2)在履行期届满前当事人一方明确表示或以自己的行为表示不履行合同主要义务;

(3)当事人一方迟延履行主要债务,经催告后在合理期限内仍未履行;

(4)当事人一方迟延履行债务或有其他违约行为致使合同目的不能实现;

(5)法律规定的其他情形。

当合同的法定解除条件出现时,有解除权的一方当事人就可直接向对方作解除合同的意思表示,从而终止合同关系。

(五)侵权行为

根据我国《民法通则》的规定,侵权行为是指行为人由于过错侵害他人的财产和人身,依法应承担民事责任的行为;行为人虽无过错,但法律特别规定应对受害人承担民事责任的其他致害行为,也属侵权行为。侵权行为是债权债务关系的发生根据之一,其中,实施侵权行为的人为债务人,因该侵权行为遭受损害的人是债权人,他有权请求致害人对其所造成的损害进行赔偿。

1.侵权行为的特征

(1)侵权行为的结果是给他人造成损害。该损害有物质上的损害,如毁人财产、伤人身体,也有精神上的损害,如侮辱他人人格、毁损他人名誉等。

(2)行为是违法行为,即违反了法律禁止性规定(作为侵权)或命令性规定(不作为侵权)。在通常情况下是损害了他人利益,而行为本身却是合法的,如紧急避险、正当防卫等。

(3)侵权行为是应该受到法律谴责的行为,其原因在于侵权行为人主观上有过错。过错是行为人决定其行为的一种心理状态,包括故意和过失两种情形。当然,在法律有特别规定的情况下,行为人即使主观上不存在过错,同样也构成侵权行为。

(4)侵权行为的法律后果一般由行为人自己承担。在我国,有行为能力的人就有责任能力,他必须为自己所实施的包括侵权行为在内的一切行为承担法律后果。但是,行为人如果是无行为能力人或限制行为能力人,则由其监护人依法承担责任。

2.侵权行为的种类

侵权行为根据不同标准可区分成多种类型。常见的有:

(1)一般侵权行为和特殊侵权行为。前者适用一般的责任条款,以过错责任原则为基本归责原则;后者是法律特别规定的由当事人的特殊行为或特别原因致人损害的行为。

(2)积极侵权行为和消极侵权行为。前者是以一定的作为致人损害,如伤害身体、侵占财产、侮辱人格等;后者是以一定的不作为致人损害,如施工人不设置危险标志和采取安全措施致人损害。

(3)单独侵权行为和共同侵权行为。前者是一人单独实施的侵权行为;后者是两人以上共同实施的侵权行为,造成他人损害的,由共同侵权人承担连带责任。

四、人身权

(一)人身权的概念与特征

人身权是指民事主体依法享有的,以在人格关系和身份关系上所体现的与其自身不可分离的利益为内容的民事权利。

人身权作为民事主体一项基本的民事权利,其法律特征主要如下:

(1)人身权体现和保障的是人的精神利益,包括人在精神上、躯体上、道德上的利益;而财产权是以满足人的物质利益为目的的,讲的是经济学上的价值和使用价值。但这并不影响人身权与财产利益之间的密切的联系,因为人是精神与物质的统一,在实际生活中,其精神利益与物质利益常常如此密切地结合,甚至互为前提,故人身权与财产权又有一定的联系,如企业的信誉是否良好直接影响企业的经营,直接关系到金钱。

(2)人身权是一种专属性的民事权利,与特定的主体不可分离,只能由特定的民事主体享有,它不能转让,不能继承。因为精神利益必定与特定的主体相联系,离开了特定的权利主体,就不存在所谓的精神利益。

(3)人身权是一种绝对权和支配权。所谓绝对权是就其权利效力而言,任何人都负有不侵犯、不妨害他人人身权的义务;所谓支配权,是指其权利实现的方式,权利人实现人身权的方式一般表现为对自己的人身、人格利益的直接支配。

(二)人身权的种类及其内容

1. 人身权的种类

人身权可分为人格权和身份权两部分。人格权是以权利人的人身、人格利益为客体的民事权利,又有一般人格权和具体人格权之分;身份权是存在于一定身份关系上的民事权利。

一般人格权是民事主体所享有的,以人的人格独立、人格自由、人格尊严等一般人格利益为内容的最基本的民事权利。与具体人格权相比,一般人格权的特点在于,它为任何权利主体所普遍享有,其权利内容本身具有高度的概括性和不确定性。理论上通常将一般人格权的内容概括为人格独立、人格自由、人格平等和人格尊严四方面。

人格独立的基本含义可理解为,每一个民事主体都享有独立的人格,可以根据自己的精神生活和物质生活的需要独立支配自己的人格,不受他人的支配、干涉和控制。人格自由应理解为私法上的抽象的自由,它指的是人格不受约束和控制的状态,每一个民事主体都有权利保持自己人格自由的地位,自主地参与社会活动,享有权利和承担义务。人格平等实际上就是法律面前人人平等,它指的是每一个民事主体不论其身份、财产、地位如何不同,都平等地享有人格权;法律赋予他们平等的地位、平等的权利、平等的保护。人格尊严是指人作为民事主体起码应具有的社会地位并且受到社会和他人起码的尊重。人格尊严包含主观和客观两方面内容:从主观上讲,人格尊严的本质是民事主体基于自身的社会地位、所受教育等对自身价值的认识,是一种自我感觉;从客观上讲,人格尊严是一种社会态度,是一个社会以及这个社会中的每一个人对他人作为民事主体的应有的尊重,这种尊重不受具体的人的能力、智商、社会地位、财产状况的影响。

具体人格权包括:生命权、身体权和健康权。自然人有维护生命和安全的权利,生命的存在和生命权的享有是每一个人的最高利益。身体是人的生命和健康得以存在的物质基础,自然人有维护其肢体、器官和身体其他组织的完整并进行支配的权利。自然人有权利保护自身的健康(包括生理健康和心理健康)不受侵害。实践中侵害自然人的生命权、身体权和健康权的行为主要有:非法剥夺他人生命,伤害他人身体完整,损害他人身体健康。

2.人身权的内容

(1)姓名权、名称权和肖像权。自然人的姓名和法人的名称是每个民事主体用以区别其他民事主体的特定标志。肖像是以自然人的面部为中心的个人形象的再现,它反映了该自然人的真实形象与特征。

(2)名誉权和荣誉权。名誉是一定的社会群体对特定的民事主体的品德、才干、信誉、商誉、资历等方面的综合评价。荣誉是特定民事主体从特定组织依法获得的积极评价。

(3)隐私权。所谓隐私是自然人个人生活中不愿公开的秘密,包括个人私生活、个人日记、财产状况、通信秘密等方面,自然人有权保护上述各方面情况处于秘密状态。

(4)身份权。主要是指基于婚姻和家庭关系而产生的人身权利,包括亲权、配偶权及亲属权。

第五节　民事责任与诉讼时效

一、民事责任

(一)民事责任概述

民事责任是民事主体违反法律规定或当事人约定的民事义务所应承担的民事法律后果,其中当事人违反法律规定的民事义务应承担的是侵权责任,当事人违反合同约定及合同法规定的民事义务则应承担合同责任。从法律制度的意义上说,民事责任是关于确立民事责任的原则、条件和形式等法律规范的体系,是民法体系中的重要组成部分。

民事责任与刑事责任、行政责任一起共同构成法律责任体系,民事责任在具有法律责任的共性的同时,也有自身的特征。其主要特征有:①民事责任是违反民事义务所应承担的不利法律后果,故以民事义务的存在为前提,正所谓"无义务则无责任"。在这个意义上说,民事责任实际上是对负担义务者所实施的一种具有强制性的约束。②民事责任主要表现为财产责任,这是由民法调整对象和目的所决定的。民事责任的主要功能是填补受害人所受到的损害,恢复其被侵害的权利。当然,这也不排除民事责任还包括如消除影响、恢复名誉、赔礼道歉等非财产责任形式。③民事责任是一种对违法行为的强制措施,但其强制性表现出与其他法律责任明显的不同,民事责任的承担并不以受害人向法院起诉或有权机关的追究为条件,而往往是以责任人自觉承担来实现的;甚至,民事责任可由双方当事人预先约定,如违约责任;也可由双方事后协商。

民事责任的归责原则是确定行为人民事责任的标准和规则,它直接决定着民事责任的构成要件、举证责任、责任方式以及赔偿范围等诸多方面。根据《民法通则》规定,我国民事责任的归责原则体系由过错责任原则、无过错责任原则、公平责任原则共同组成。

1. 过错责任原则

要求以行为人的主观过错为承担民事责任条件,无过错即无责任。我国《民法通则》第106条第2款规定:"公民、法人由于过错侵害国家的、集体的财产,侵害他人财产、人身的,应当承担民事责任。"过错责任原则要求受害人就行为人的过错、违法行为、所受损害、因果关系等四个条件进行举证。过错推定是过错责任原则适用的一种特殊方法,即根据所发生的损害事实推定行为人主观上有过错,只有行为人证明自己确无过错时,才能免除责任。

2. 无过错责任原则

无过错责任原则是指民事责任的承担不以行为人主观上的过错为条件,它的权利与义务关系,主要是指相互间的扶养关系和遗产继承的适用要以法律明文规定为限。根据该原则,只要行为人不能证明有法律规定的免责事由的存在,不论有无过错,都应承担民事责任。无过错责任原则是现代大工业发达的结果,它并不着重于对违法行为的制裁,因此在责任范围上,其赔偿通常规定有限额。

3. 公平责任原则

公平责任原则是指在法律没有规定适用无过错责任,而适用过错责任又显失公平时,依公平原则由当事人承担责任的原则。《民法通则》第132条规定:"当事人对造成损害都没有过错的,可以根据实际情况,由当事人分担民事责任。"

根据《民法通则》规定,民事责任形式主要包括停止侵害、排除妨害、消除危险、返还财产、恢复原状、修理、重做和更换、赔偿损失、支付违约金、消除影响、恢复名誉以及赔礼道歉等。

(二)合同责任

合同责任是合同当事人违反合同所约定的义务或因过错违反《合同法》所规定的义务,依法应承担的法律责任。合同责任有缔约过失责任和违约责任之分。

1. 缔约过失责任

缔约过失责任是缔结合同的当事人因过错违反《合同法》所规定的先合同义务,依法应承担的民事责任。所谓先合同义务,是指从缔约双方为签订合同而相互接触磋商开始逐渐产生的注意义务。我国《合同法》第42条规定:"当事人在订立合同过程中有下列情形之一的,给对方造成损失的,应当承担损害赔偿责任:(一)假借订立合同,恶意进行磋商;(二)故意隐瞒与订立合同有关的重要事实或者提供虚假情况;(三)有其他违背诚实信用原则的行为。"其他基于诚实信用原则所产生的义务包括保护义务、告知义务、保密义务、协助义务等。缔约过失责任的赔偿范围一般以信赖利益为限,即无过错的当事人一方相信合同有效成立,但因对方过错致使合同不成立、无效或被撤销而造成的损失。该损失一般表现为财产损失;同时,也可能因过错方违反保护义务,给他人造成人身伤害。

2.违约责任

违约责任是合同当事人违反有效合同所约定的义务,依法应承担的民事责任。承担违约责任的要件包括:

(1)违约方有违约行为,如不履行或不完全履行合同义务,给付迟延或受领迟延,等等。

(2)受害方在经济上受到损失,包括现有财产的减少和将来应增加的财产未能增加。

(3)违约行为与损失之间有因果关系,如一方的损失并非他方违约所造成,就无须承担违约责任。

具备上述条件,违约责任即告成立。但当违约是由于某些客观事由造成的,法律则免除当事人的责任。根据法律规定,免责事由包括不可抗力、对方过错,以及涉及具体合同的法律规定,如货物运输合同中的物品合理损耗。

违约责任的形式主要有两种:

(1)违约金。即违约方依照法律规定或合同约定向他方支付一定数额的金钱。违约金具有惩罚性和补偿性双重功能。其惩罚性表现在,它的支付并不以损失为前提,只要违约方有违约行为,且不存在免责事由,就可要求支付违约金;其补偿性表现在,当违约金明显高于或低于违约行为所造成的损失时,当事人可要求减少违约金,或再行赔偿不足部分。

(2)赔偿损失。

(三)侵权民事责任

如前所述,侵权行为分为一般侵权行为和特殊侵权行为。从民事责任上讲,两者在法律特征和责任构成要件上有所不同。

1.一般侵权行为民事责任

就法律特征而言,一般侵权行为的民事责任有以下特征:

(1)责任人必须具备责任能力。只有完全行为能力人才有责任能力,才能独立承担民事责任。

(2)责任人只对自己的行为承担责任。也就是说,责任人对他人的行为,以及对自己所占有、所有或管理的物致人损害的后果不承担责任。

(3)责任人只对自己的过错行为承担责任,即以过错责任为归责原则。

(4)在责任要件上,一般侵权责任的构成要件是统一的,即适用共同的责任构成要件。

一般侵权行为民事责任的构成要件具体包括:

(1)损害事实的客观存在,所谓损害是指因一定行为或事件使民事主体的财产权利或人身遭受某种不利的影响。民事主体只有在其权利遭受损害的情况下,才能请求法律上的救济。故损害事实的存在是承担民事责任的首要条件。

(2)行为人所实施的行为具有违法性,这是承担民事责任的必要条件。它要求行为人所实施的行为违反了法律禁止性或命令性规定。除法律有特别规定之外,行为人只对自己的违法行为承担法律责任。

(3)违法行为与损害事实之间存在因果关系,这是归责的基础和前提。行为人只对自己违法行为所造成损害后果承担民事责任。因果关系是非常复杂的问题,有一因一果,也有一因多果或多因一果;有必然因果关系,也有偶然因果关系。

(4)行为人主观上要有过错,这是行为人承担民事责任的主观要件。过错包括故意和过失两种形态。故意是行为人预见到自己行为的损害后果,但仍然希望或听任其发生;过失是行为人对自己的行为后果应当预见而未预见,或虽然预见,却心存侥幸而未采取相应措施予以防止。过失又有重大过失和一般过失之分。前者是指行为人在主观上连一般人最起码的注意程度都未能达到的情形;后者是指行为人虽未达到法律要求的、进行某种行为时所应具备的较高的注意程度,但并未违背一般人进行该行为时应达到和能够达到的注意标准。

一般情况下,具备上述四个要件,一般侵权民事责任即告成立。但是,与合同责任一样,一般侵权责任也存在免责事由。根据我国现行法律和司法实践,其免责事由主要有:职务授权行为、正当防卫、紧急避险、自助行为、受害人同意、受害人过错、第三人过错、不可抗力以及意外事故等。

2.特殊侵权行为民事责任

根据《民法通则》的规定,特殊侵权行为民事责任主要如下:

(1)职务侵权行为,由侵权行为人所在单位对受害人承担民事责任。

(2)产品致人损害,由产品的生产商或销售商对受害人承担民事责任。《民法通则》第 122 条规定:"因产品质量不合格造成他人财产、人身损害的,产品的制造者、销售者应当承担民事责任。运输者、仓储者对此负有责任的,产品制造者、销售者有权要求赔偿损失。"产品责任是因产品存在缺陷造成他人人身或财产损害而引起的民事责任所谓产品缺陷,是指产品存在危及人身、他人财产安全的不合理的危险,或不符合关于保障人体健康、财产安全的国家标准或行业标准。

(3)高度危险作业致人损害的民事责任。《民法通则》第 123 条规定:"从事高空、高压、易燃、易爆、剧毒、放射性、高速运输工具等对周围环境有高度危险的作业造成他人损害的,应当承担民事责任,如能够证明损害是由受害人故意造成的,不承担民事责任。"

(4)环境污染致人损害的民事责任。《民法通则》第124条规定:"违反国家保护环境防止污染的规定,污染环境造成他人损害的,应当承担民事责任。"

(5)地面施工致人损害的民事责任。《民法通则》第125条规定:"在公共场所、道旁或通道上挖坑、修缮、安装地下设施等,没有设置明显标志和采取安全措施造成他人损害的,施工人应当承担民事责任。"

(6)建筑物致人损害的民事责任。《民法通则》第126条规定:"建筑物或者其他设施以及建筑物上的搁置物、悬挂物发生倒塌、脱落、坠落造成他人损害的,它的所有人或者管理人应当承担民事责任,但能够证明自己没有过错的除外。"

(7)动物致人损害的民事责任。《民法通则》第127条规定:"饲养的动物造成他人损害的,动物的饲养人或者管理人应当承担民事责任;由于受害人的过错造成损害的,动物饲养人或者管理人不承担民事责任;由于第三人的过错造成损害的,第三人应当承担民事责任。"

(8)被监护人致人损害的民事责任。《民法通则》第133条第1款规定:"无民事行为能力人、限制民事行为能力人造成他人损害的,由监护人承担民事责任。监护人尽了监护责任的,可以适当减轻他的民事责任。"

二、诉讼时效

(一)诉讼时效的概念与特征

诉讼时效是指权利人在法定期间内的可能性。诉讼时效的法律特征在于:

(1)诉讼时效以权利人不行使法定权利的事实状态的存在为前提。

(2)诉讼时效届满的法律后果是致使权利人胜诉权的消灭,其实体权利仍然存在。《民法通则》第138条规定:"超过诉讼时效期间,当事人自愿履行的,不受诉讼时效限制。"可见,权利人丧失的只是依诉讼程序强制义务人履行义务的权利,而实体权利本身并不消灭,只是失去了国家强制力的保护。

(3)诉讼时效具有强制性和普遍性,其内容必须由法律作出统一规定,民事主体必须遵循;当事人不得就诉讼时效的提前终止、延长或提前放弃时效利益作出协议。

诉讼时效届满,其法律效果主要有两点:①权利人胜诉权消灭;②权利人实体权利依然存在,故仍有权受领义务人的自愿履行。

(二)诉讼时效的种类

根据时效期间不同,诉讼时效有普通诉讼时效、特别诉讼时效和最长诉讼时效三种。其中,普通诉讼时效是由民事基本法统一规定,普遍适用于法律没有作出特殊规定的各种民事法律关系。其诉讼时效期间为 2 年。

特别诉讼时效是由民事基本法或特别法专门规定几种诉讼时效,仅适用于某些民事法律关系,其时效期间短于或长于普通诉讼时效期间。《民法通则》第 136 条规定四种情况其诉讼时效期间为 1 年:①身体受到伤害要求赔偿的;②出售质量不合格的商品未声明的;③延付或拒付租金的;④寄存财物被丢失或者毁损的。

最长诉讼时效,也称最长保护期限。《民法通则》第 137 条规定:"从权利被侵害之日起超过 20 年的,人民法院不予保护。"

(三)诉讼时效的中止、中断和延长

所谓诉讼时效的中止,是指在诉讼时效进行的最后 6 个月内,因法定事由的发生致使权利人不能行使请求权,故暂时停止诉讼时效期间的计算,待阻碍时效进行的法定事由消除后,继续进行诉讼时效期间计算。根据《民法通则》第 139 条的规定,中止的事由为不可抗力和其他障碍。此处的其他障碍为概括性规定,一般理解包括:权利人不具备完全行为能力而无法定代理人或法定代理人丧失行为能力,权利人死亡,继承人或遗产管理人尚未确定,以及其他构成行使权利的障碍的情况。可见,导致诉讼时效中止的事由都是当事人无法控制的客观事实,此时权利人不行使权利并非其本人懈怠,如仍使其承担与怠于行使权利者同样的不利后果,显然有失公平,故有暂时中止的必要。

诉讼时效中断,是指在诉讼时效进行期间,因法定事由的发生,使已经过的时效期间统归无效,待时效中断的事由消灭后,诉讼时效期间重新计算。根据《民法通则》第 140 条规定,导致诉讼时效中断的法定事由包括:权利人提起诉讼,权利人以其他各种非诉讼方式向义务人及其保证人、代理人等主张权利,义务人承认权利人权利的存在愿意履行义务。

诉讼时效的延长,是指权利人在诉讼时效期间内确有正当原因而未能行使权利,而这些原因又不包括在中止、中断事由之内,严格适用诉讼时效将有失公平,故由法院根据具体情况延长诉讼时效。诉讼时效的延长是对诉讼时效中止和中断规定的补充,是以法官自由裁量权弥补立法列举式规定的不足。

练习五

一、单项选择题

1. 公民从( )起到死亡时止,具有民事权利能力,依法享有民事权利,承担民事义务。

    A. 出生时   B. 10 周岁   C. 16 周岁   D. 18 周岁

2. 甲 17 周岁,是某大学学生,生活自理能力很强。根据我国《民法通则》的规定,他( )。

    A. 是完全民事行为能力人   B. 可视为完全民事行为能力人

    C. 是限制民事行为能力人   D. 是无民事行为能力人

3. 个人合伙的合伙人对合伙的债务承担( )责任。

    A. 有限   B. 无限   C. 无限连带   D. 连带

4. 甲外出探亲,临时委托邻居乙照看房屋。一日,乙进入甲房,发现客厅一角放有一盆鲜花,因久未见阳光而开始发黄。乙出于好心,将花盆移放窗外晒太阳。后一阵大风将花盆吹落,恰好砸在楼下与丙吵架的丁的头上,造成丁的各种损失 2000 元。该费用应当由( )承担。

    A. 甲   B. 乙   C. 甲和乙   D. 甲、乙、丙

5. 刘迪,6 周岁,在北京某幼儿园学习绘画数年,2008 年夏天,某机构组织儿童绘画展,刘迪的画被选中参展,并获得一等奖,得奖金 3000 元。此时刘迪父母已离异,其母张某为刘迪的监护人,刘迪之父每月给刘迪 500 元抚养费。奖金应归( )所有。

    A. 刘母   B. 刘父   C. 幼儿园   D. 刘迪

二、多项选择题

1. 张某父子俩一起生活。2009 年夏天,张某父子俩出去打工,房屋无人看守。一天,气象台预报:近期将有强台风。张家的邻居刘某见张家无人,房子又年久失修,难以经受台风袭击。于是,就花钱请人对张家的房子进行了加固,共花费了 1500 元。但台风过后,张家的房子还是倒塌了。下列表述正确的有( )。

    A. 刘某所做的行为是无因管理

    B. 刘某所做的行为是受托行为

    C. 刘某有权请求张家父子偿还所支出的费用

    D. 刘某无权请求张家父子偿还所支出的费用

  2. 某大型超市内,一台中国银行的自动取款机正在提供取款服务,突

然取款机出现了故障,取 100 元人民币时,机子吐出 200 元,取 500 元人民币时,机子吐出 1000 元。取款者见状疯狂取款,在 14 小时内,18 位取款者多取走了 14800 元人民币。银行发现问题后,急忙拆机检查,发现原来是工作人员失误,错把百元面值的钞票放在了 50 元的窗柜里。银行要求 18 位取款者返还多取的 14800 元人民币,对此该如何处理?(   )

A. 按显失公平的行为处理

B. 按乘人之危的行为处理

C. 按重大误解的行为处理

D. 银行有过错,多取钞票不予返还

3. 甲见乙要挥木棍打丙,上前制止。乙挥木棍打伤甲,对于甲所受的损害应由谁承担责任?(   )

A. 由乙承担民事责任

B. 由丙承担民事责任

C. 如果乙无力承担,由甲自己承担

D. 如果乙无力承担,由丙给予适当的补偿

三、简答题

1. 简述民法基本原则。

2. 试分析公民的民事行为能力。

3. 简述民事法律行为的有效、无效条件。

4. 代理人行使代理权有哪些限制?

5. 简述债的发生根据。

6. 简述所有权取得的方式。

7. 解除合同的条件是什么?

8. 我国民事责任的归责原则是什么?

9. 在我国结婚有哪些条件?

10. 法定继承的继承顺序如何?

四、案例分析

1. 万雄是某市有名的服装个体户,被称为服装大王,几年盈利数百万。万雄夫妇有一个 13 周岁的独生女儿,名叫万琪,夫妻俩视她为掌上明珠。在万琪 12 周岁生日时,万雄花 3000 元买了一串宝石项链,作为生日礼物送给女儿。万琪在学校里有一个非常要好的朋友,名叫刘凤,两人形影不离,无话不谈。万琪为了表示对刘凤的友谊,擅自做主,将宝石项链送给了刘凤。事隔几天,万雄夫妇得知女儿将宝石项链送给了刘凤,大为恼火,立即

找到刘凤及其家长，要求返还宝石项链。刘凤的母亲不同意，并说："项链是万琪自愿送给我女儿的，而不是借给我女儿的，所以不能再要回去。"万雄夫妇见无法索回宝石项链，只好向法院起诉，要求返还宝石项链，维护自己的合法权益。请问：如果你是法官，会如何判决？

2. 杨某在上海市静安寺邮电局买了42张1998年第1期"聚宝盆"有奖有息邮政储蓄存单，每张存单面额值100元人民币。《文汇报》刊登"聚宝盆"开奖公告后，杨某赶紧拿着报纸回家，将自己所买的42张存单逐一核对，发现所持的一张0529494号码的存单与开奖公告上刊登的价值6万元的房屋甲等奖的号码29494仅"相差"两个数。杨某不无懊悔地将存单摔在一边。这时，与其邻住的汪姑娘凑过来说："这个号码肯定就是头奖，你不信就卖给我。"汪提出以500元购买其面值100元的0529494存单。杨某当时没在意，便答应了。汪姑娘拿走该存单后，片刻又返回杨某处，说要以凭为据，故要杨某在其拟好的字据上签字，载明"汪××自愿买下存单，杨本人愿意，假如反悔坚决不退单。"次日，杨某去上班，单位同事都说杨某是"憨大"，将一张价值6万元的中奖存单卖掉了。杨某此时才如梦初醒，赶紧到邮局打听0529494存单是否中奖，得到肯定答复后，便心急如焚地赶到汪姑娘处，请求归还存单。而汪却振振有词地说："我花钱所买的存单已有凭为据，完全是天经地义的合法买卖，即使你上告法院我也坚决不会还给你的。"杨某请双方单位领导出面做工作，但汪固执己见，坚持不退存单，杨某无奈，只得向法院提出了诉讼。请问：法院会如何判决？

3. 刘某、张某、曲某和王某四人是同窗好友。一日，四人共同出资1000元（其中每人250元）到长城游览。第二天中午返回学校，发现仅剩20元钱。恰好校门口附近有关人员正在销售福利彩券，每张5元。刘某建议，这20元钱不值得分，干脆买4张福利彩券，每人一张，说不定还会中大奖，其他三人立即表示同意。于是他们买了4张福利彩券，每人分了一张。当即兑奖，发现曲某分得的那张福利彩券中了头等奖，奖金5000元，其余三人均未获奖。于是，其余三人要求与曲某平分这5000元奖金。而曲某认为，福利彩券已分到个人，谁获奖就应该归谁所有，不同意平分。四人为此争执起来，其余三人起诉到法院，要求依法处理。请问：法院该如何处理？

第六章

婚姻与继承法律制度

【本章导读】

本章内容共分两大块:第一块主要讲述婚姻法的基本原则,结婚的必备条件与禁止条件,婚姻关系,离婚的条件、方式,财产的分割,以及子女的抚养;第二块主要讲述继承法的基本原则、遗产的范围、继承的方式以及遗产分割的方式。

【本章重点】

婚姻法的基本原则。

结婚、离婚的条件和程序。

夫妻财产制度。

无效婚姻与可撤销婚姻。

【本章难点】

遗产范围的确认。

遗产转移的方式及先后次序。

代位继承与转继承的区别。

第一节　婚姻家庭法

一、婚姻法的概念和基本原则

(一)什么是婚姻法

有一句古话,叫做"男大当婚,女大当嫁"。我国的婚姻法作为民事基本法之一,是指规范和调整婚姻家庭关系的法律规范的总和。我们应该注意到实际上我国的婚姻法既管婚姻又管家庭。关于这一点,美国的法律恰好相反,它叫家庭法,但也管婚姻。在有些国家,调整婚姻关系和家庭关系的法律是分开的,婚姻法和家庭法并存。在学理上,把仅仅调整婚姻关系的婚姻法叫做狭义的婚姻法,而把既调整婚姻关系又调整家庭关系的婚姻法叫做广义的婚姻法。我国的婚姻法是广义的婚姻法。

新中国的第一部《婚姻法》是1950年5月1日颁布施行的。1980年9月,第五届全国人民代表大会在1950年《婚姻法》的基础上修订通过了新的《中华人民共和国婚姻法》(下简称《婚姻法》),自1981年1月1日起施行。随着我国政治、经济、社会形势的发展和人们思想观念的变化,在婚姻家庭关系方面的新情况、新问题不断出现,《婚姻法》中对有些问题没有规定或规定得过于原则等问题也逐步暴露出来,在实施中存在着一系列亟待解决的问题。为此,第九届全国人民代表大会第二十一次会议于2001年4月28日通过了《关于修改〈中华人民共和国婚姻法〉的决定》,对原《婚姻法》作了一系列的修改、补充和完善。

婚姻法与其他法律相比有着普遍性和伦理性的特点。首先,由于婚姻家庭是涉及社会上每一个人的最基本的问题,婚姻法与每个社会成员都有密切联系,因而它在适用上具有仅次于宪法的广泛性和普遍性。其次,由于婚姻家庭是重要的社会伦理实体,决定它必须反映社会主义道德规范的要求,并与法律义务有机结合起来,所以它具有强烈的伦理性。此外,为了有效地保护婚姻家庭关系和社会利益,《婚姻法》中的规定多数为强制性规定,由法律预先指明并严格规定,当事人不得自行改变或者通过约定加以变更。

(二)我国婚姻法的基本原则

我国婚姻法的基本原则是我国社会主义婚姻家庭制度的核心,是贯穿于全部婚姻立法中的指导思想。我国现行的《婚姻法》第2条规定:"实行婚姻自由、一夫一妻、男女平等的婚姻制度。保护妇女、儿童和老人的合法权益。实行计划生育。"从该条中我们可以看出,我国《婚姻法》的基本原则有五个:

(1)婚姻自由。它是指男女双方有依法结婚和离婚的自由,任何人不得干涉或强迫。这里的任何人当然包括父母亲朋。有人说,终身大事当然得咨询父母。对,可以咨询但不是代替你作决定。离婚自由是对结婚自由的补充,要不要离婚只能是根据当事人自主的意愿而定,其他人无权干涉。为此,我国《婚姻法》明文规定:禁止包办、买卖婚姻和其他干涉婚姻自由的行为;禁止借婚姻索取财物。当然,婚姻自由并不意味着随心所欲,也就是说这种自由不是绝对的,而是相对的、有条件的,它必须受到国家法律和社会公德的约束。那种在西方"性解放"的思潮影响下,把爱情当浮云、婚姻当儿戏的草率轻浮行为,是同婚姻自由的原则背道而驰的。我国《婚姻法》对结婚、离婚的条件和程序作了严格的规定。因此,一方面要坚持婚姻自由,另一方面又要反对轻率离婚,树立正确的恋爱婚姻观,正确行使法律赋予的自由权利。

(2)一夫一妻。它是指在婚姻关系存续期间任何一方只能有一个配偶。因此无论男女在与配偶离婚或配偶死亡之前,都不能再婚,否则就构成重婚罪,要依法追究其刑事责任。现实生活中,有人婚外与他人非法同居,虽然《婚姻法》修正案中没有关于第三者责任的规定,但事实上该非法同居的事实已经违背了婚姻法的基本原则,给婚姻的合法者造成了伤害,因而在离婚时可作为过错理由要求对方赔偿。

(3)男女平等。它是指在婚姻家庭中男女两性享有平等的权利,承担平等的义务。在政治、经济、文化、社会和家庭生活的方方面面,不因性别的不同影响权利的享有和义务的承担。

(4)保护妇女、儿童和老人的合法权益。妇女、儿童和老人从某种角度说是家庭中的弱者,保护弱者天经地义。妇女的各项合法权益以及儿童受抚养不被虐待,老人受赡养不被遗弃等,是我们这部《婚姻法》所特别提倡的。

(5)计划生育。这是夫妻双方共同的义务,为了有计划地调控人口的增长速度,保证人口的质量,夫妻双方均应自觉遵守履行该义务。

上述五项基本原则相互联系、相互制约,构成一个统一的整体。只有全面贯彻这些原则,才能完成婚姻法所承担的任务。

二、结婚

结婚即婚姻的成立,是男女双方依照法律规定的条件和程序,确立夫妻关系的行为。结婚不仅是个人生活中的大事,而且是具有社会意义的一种法律行为。因此,《婚姻法》对结婚规定了严格的条件和必经的程序。只有符合法定条件和程序的婚姻,才是法律所确认和保护的合法婚姻,否则不具有法律效力。

(一)结婚的法定条件

我国《婚姻法》对结婚条件的规定包括必备条件和禁止条件。必备条件是结婚所必须具备而缺一不可的条件;禁止条件是指应该排除的婚姻障碍,出现了这些障碍就要被禁止结婚。

1.必备条件

(1)男女双方完全自愿。这是指男女双方都有自愿结合为夫妻的意思表示。《中华人民共和国婚姻法》第5条规定:"结婚必须男女双方完全自愿,不许任何一方对他方加以强迫或任何第三者加以干涉。"这是婚姻自由原则的必然要求。当然,我们不反对我们父辈亲朋的关心,也不反对自己去向他们咨询。应当指出的是,这里的自愿仅具有形式上的意义,至于这种自愿是如何产生的,法律并不过问。只要你具备了结婚的行为能力,意思表示真实并且自己亲自表示就符合该条要求。

(2)必须达到法定婚龄,即男不得早于 22 周岁,女不得早于 20 周岁。这个条件是说必须具备结婚的最低年龄。一般国家都只规定了结婚年龄的下限,但也有例外。如沙皇俄国曾在《民法》中规定男女已逾 80 岁者不得结婚。规定结婚年龄不仅是从结婚的生理条件考虑,更重要的还是对国家和社会担负的责任,因为成家立业、为人父母、抚养后代这些事非到一定年龄的人不能具备这样的心理素质和责任心。大家都知道,我们国家有关于晚婚晚育的政策规定,如浙江省规定的晚婚年龄是男 25 周岁、女 23 周岁才符合要求。那么位于这两者之间的人可否结婚? 我们说可以。因为《婚姻法》规定的是:"晚婚晚育应予鼓励。"

(3)符合一夫一妻制。符合一夫一妻制是说要求结婚的双方当事人必须未婚,或与配偶已离异或配偶死亡后,才可行使该项结婚的权利,否则即构成重婚。违反一夫一妻制的男女结合不具备婚姻的法律效力,不受法律保护。

2.禁止条件

(1)直系血亲和三代以内旁系血亲禁止结婚。基于优生学和伦理学的要求,禁止一定范围内亲属之间通婚。但此项禁止仅限于血亲,于姻亲则不限。但实际上,如同翁媳、岳婿之间的婚姻关系似也有悖人伦。直系血亲不得结婚,是各国立法的通例;对于旁系血亲禁止结婚的规定则不尽相同。我国《婚姻法》明确禁止三代以内旁系血亲结婚。"三代以内旁系"是指同出于一个祖父母或外祖父母的旁系血亲。具体指:兄弟姐妹;伯叔姑与侄、侄女;舅姨与甥、甥女;堂兄弟姊妹、表兄弟姊妹。

(2)患有医学上认为不应当结婚的疾病的禁止结婚。我国立法一向禁止特定疾病患者结婚。鉴于麻风病已非主要威胁,故在 2001 年 4 月 28 日的修正案中去掉了"患麻风病未经治愈"的表述。根据 1986 年卫生部颁发的《异常情况分类指导标准》,对当事人的结婚问题根据其健康状况作出了四种不同的规定:不许结婚(血亲及严重智力低下者);暂缓结婚(疾病未愈);不许生育(患严重染色体显性遗传病、精神病患者、先天性心脏病患者);限制生育性别。为了保证婚姻家庭的幸福美满和下一代的健康,男女双方均应到医院进行婚前健康检查。

（二）结婚的法定程序

根据《婚姻法》第 8 条规定：要求结婚的男女双方必须亲自到婚姻登记机关进行结婚登记。内地居民办理婚姻登记的机关是县级人民政府民政部门或者乡（镇）人民政府，省、自治区、直辖市人民政府可以按照便民原则确定农村居民办理婚姻登记的具体机关。结婚登记的程序包括申请、审查和登记三个环节。

1.申请

按照国务院 2003 年 10 月 1 日起施行的《婚姻登记条例》的规定，内地居民结婚，男女双方应当亲自持本人的身份证、户口簿和本人无配偶以及与对方当事人没有直系血亲和三代以内旁系血亲关系的签字声明，共同到一方常住户口所在地的婚姻登记机关申请结婚登记。

2.审查

婚姻登记机关对双方当事人出具的证件、证明材料必须进行认真严格的审查并询问相关情况，查明是否符合《婚姻法》规定的全部结婚条件。

3.登记

经审查，凡符合条件的应当当场予以登记，并发给结婚证。取得结婚证，即确立夫妻关系。对不符合条件不予登记的，应当向当事人说明理由。

（三）婚约和事实婚姻

1.婚约

婚约是男女双方以结婚为目的而作出的事先约定，在我国俗称订婚。我国《婚姻法》没有婚约问题的规定，因而婚约不是结婚的必经程序，也不具有法律效力。有婚约的双方要解除婚约，无需通过法律程序。但鉴于订婚习俗在我国流行已久，只要不违背法律也不加以干预。

2.事实婚姻

事实婚姻是指没有配偶的男女未经结婚登记而以夫妻名义公开同居生活，群众也认为他们是夫妻关系的婚姻。事实婚姻未履行法定程序，属于违法的婚姻，但基于其形成的原因和案件的具体复杂情况，为保护妇女和儿童的合法权益，维护婚姻家庭关系的稳定和社会的安定，有关司法解释在一定的时期内，有条件地承认事实婚姻关系，其余的则按非法同居关系对待，予以解除。具体规定如下：

（1）1994 年 2 月 1 日民政部《婚姻登记管理条例》公布实施以前，男女双方已经符合结婚实质要件的，按事实婚姻处理。

（2）1994 年 2 月 1 日民政部《婚姻登记管理条例》公布实施以后，男女双方符合结婚实质要件的，人民法院应当告知其在案件受理前补办结婚登记;未补办结婚登记的,按解除同居关系处理。

(四)无效婚姻和可撤销婚姻

根据《婚姻法》的规定,有下列情形之一的,婚姻无效:①重婚的;②有禁止结婚的亲属关系的;③婚前患有医学上认为不应当结婚的疾病,婚后尚未治愈的;④未到法定婚龄的。

因胁迫结婚的,受胁迫的一方可以向婚姻登记机关或人民法院请求撤销该婚姻。受胁迫的一方撤销婚姻的请求,应当自结婚登记之日起1年内提出。被非法限制人身自由的当事人请求撤销婚姻的,应当自恢复人身自由之日起1年内提出。

无效或被撤销的婚姻,自始无效。当事人不具有夫妻的权利和义务。同居期间所得的财产作为共同共有的财产,由当事人协议处理;协议不成时,由人民法院根据照顾无过错方的原则判决。对重婚导致的婚姻无效的财产处理,不得侵害合法婚姻当事人的财产权益。当事人所生的子女,适用有关父母子女的规定。

三、家庭关系

家庭是一定范围内的亲属所构成的生活单位;家庭关系就是一定范围内的亲属之间的权利义务关系。

(一)夫妻关系

结婚之后首先出现的当然是夫妻关系,它是家庭关系的核心和基础。夫妻关系中并非所有内容都由法律调整。《婚姻法》只在夫妻地位、人身关系及财产关系等几个方面有所规定。《婚姻法》第13条规定:"夫妻在家庭中地位平等。"这是对我国夫妻关系总的原则性规定。夫妻在家庭中平等地享有权利,平等地承担义务。

在人身关系方面,夫妻双方都有各用自己姓名的权利,不因结婚而改变自己的姓名,而且子女可以随父姓或者随母姓;双方都有参加生产、工作、学习和社会活动的自由,一方不得对他方加以限制或干涉;同时,双方都有实行计划生育的义务。

在财产关系方面,夫妻双方在婚姻关系存续期间所取得的财产归夫妻共有。对共同所有的财产,夫妻双方拥有平等的处理权。

依《婚姻法》规定,归夫妻共有的财产包括:①工资、奖金;②生产、经营的收益;③知识产权的收益;④继承或赠与所得的财产,但遗嘱或赠与合同中确定只归夫或妻一方所有的除外;⑤其他应当归共同所有的财产。这里的知识产权收益归双方共有,可能会引起一些人的异议。要注意到,仅仅是知识产权中已经取得的经济利益归夫妻共有,在婚姻关系存续期间尚未取得的经济利益即预期的利益以及具有人身权利性质的权利不属于夫妻共同财产。

归夫妻一方所有的财产,包括:①一方的婚前财产(当然得没消耗尽);②一方因身体受到伤害获得的医疗费、残疾人生活补助费等费用;③遗嘱或赠与合同中确定只归夫或妻一方的财产;④一方专用的生活用品;⑤其他应当归一方的财产。

夫妻之间可以书面约定他们婚后取得的财产和婚前的个人财产归各自所有还是共同所有抑或部分共有、部分各自所有。

夫妻之间有互相扶养的义务,一方在他方有需要的时候,得给予扶助照顾。根据《继承法》规定,夫妻之间可以第一顺序继承人身份继承对方遗产。夫或妻对依法继承的财产享有所有权,即便是再嫁的妇女也有权带走财产,他人无权干涉。

(二)父母子女关系

父母子女关系又叫亲子关系,在法律上是指父母与子女之间的权利义务关系。父母与子女是最近的血亲,因此父母子女关系成为家庭关系中的重要组成部分。

首先是父母对子女有抚养、教育、管教和保护的义务,反过来子女有赡养扶助父母的责任(请注意这两项义务并非对等的)。其次,父母子女互相对对方享有遗产继承权,可以第一顺序继承人身份互相继承对方的遗产。

要注意到非婚生子女、继子女、养子女同婚生子女与父母的关系是一样的。依照《婚姻法》规定,非婚生子女享有与婚生子女同等的权利,任何人不得加以危害和歧视;不直接抚养非婚生子女的生父或生母,应当负担子女的生活费和教育费,直至子女能独立生活为止。继父母与继子女之间不得虐待或歧视;继父母和受其抚养教育的继子女之间以及养父母子女之间的权利和义务适用婚姻法中父母子女关系的有关规定。收养关系依法成立后,养子女与生父母之间的权利和义务就因此而消除。

(三)其他家庭成员间的关系

有的人家庭成员很多,关系复杂,但法律除了规定夫妻关系、父母子女关系以外,只规定了祖父母、外祖父母与孙子女、外孙子女之间以及兄弟姐妹之间的权利义务关系。我国《婚姻法》第28条是这样说的:"有负担能力的祖父母、外祖父母,对于父母已经死亡或父母无力抚养的孙子女、外孙子女,有抚养的义务。有负担能力的孙子女、外孙子女,对于子女已经死亡或子女无力赡养的祖父母、外祖父母,有赡养的义务。"第29条规定:"有负担能力的兄姐,对于父母已经死亡或父母无力抚养的未成年的弟、妹,有扶养的义务。由兄姐扶养长大的有负担能力的弟妹,对于缺乏劳动能力又缺乏生活来源的兄姐,有扶养的义务。"这说明,祖孙之间和兄弟姐妹之间的抚(扶)养、赡养义务是有条件的,只在一定条件下发生抚(扶)养、赡养关系。此外,祖父母、外祖父母作为第二顺序法定继承人,有权继承孙子女、外孙子女的遗产,而父母先于祖父母、外祖父母死亡的孙子女、外孙子女,也有代位继承祖父母、外祖父母遗产的权利。兄弟姐妹作为第二顺序法定继承人,有互相继承遗产的权利。

四、离婚

离婚是指夫妻双方依照法定条件和程序,解除婚姻关系的法律行为。

(一)离婚的程序和条件

根据我国《婚姻法》第 31 条、32 条规定,离婚有两种程序或方式,条件各不相同。

1.协议离婚

双方好聚好散,只要双方自愿并就财产和子女问题有适当处理即可。程序是双方亲自到一方户口所在地的婚姻登记机关申请离婚登记。申请时应携带下列证件:结婚证;户口证明;所在单位、村委会或居委会出具的介绍信;离婚协议书;居民身份证。婚姻登记机关经审查符合离婚条件的,应该在 1 个月内予以登记,发给离婚证,注销结婚证,夫妻关系就此解除。

2.诉讼离婚

男女一方要求离婚的,人民法院判决离婚的条件是夫妻感情确已破裂。鉴于感情是否破裂难以把握,所以婚姻法又列举了下述情形,作为感情破裂的表征:

(1)重婚或有配偶者与他人同居的。

(2)实施家庭暴力或虐待、遗弃家庭成员的。

(3)有赌博、吸毒等恶习屡教不改的。

(4)因感情不和分居满 2 年的。

(5)其他导致夫妻感情破裂的情形。

根据《婚姻法》第 32 条第 2 款之规定,人民法院审理离婚案件,应先行调解,无效再作出准予离或不离的判决。

在诉讼离婚中,有两项特别规定:

(1)《婚姻法》第 33 条规定:现役军人的配偶要求离婚,须得军人同意,但军人一方有重大过错的除外。该条款的设置目的不言自明,须注意的是该条款只在配偶一方为非军人时适用。

(2)《婚姻法》第 34 条规定:女方在怀孕期间、分娩后 1 年内或中止妊娠后 6 个月内,男方不得提出离婚。女方提出离婚的或人民法院认为确有必要受理男方离婚请求的,不在此限。这是为了贯彻保护妇女、儿童的合法权益原则对男方离婚请求权的一种限制。

(二)离婚时的子女安置

根据《婚姻法》第 36 条规定:父母与子女之间的关系,不因父母离婚而消除。离婚后,子女无论由父或母直接抚养,仍是父母双方的子女。这意味着离婚后,父母对于子女仍有抚养和教育的权利和义务。换句话说,父母双方都对自己的子女享有监护权。并不是像大家通常所理解的,监护权只由直接抚养子女的一方单独行使,直到变更为止。

父母离婚对子女的影响是非常大的,为了更好地保护未成年人的身心健康,《婚姻法》对子女何去何从作了如下规定:

(1)哺乳期内的子女原则上随母亲。

(2)哺乳期后的子女由双方协商解决或由人民法院依据对子女利益最大原则判决。

根据最高人民法院 1993 年 11 月 3 日《关于人民法院审理离婚案件处理子女抚养问题的若干具体意见》规定,如果子女已满 10 周岁的,应考虑征求子女的意见。

子女判决归谁抚养并不意味着该抚养关系确定不变,他方可通过变更之诉请求法院变更该抚养关系。同时,法律也允许父母在协商一致的情况下,轮流抚养他们的子女。

离婚后不直接抚养子女的一方应负担子女必要的生活费和教育费的一部分或全部,负担费用的多少或期限的长短,由双方协议;协议不成时,由人民法院判决。其中,子女抚育费的数额,可根据子女的实际需要、父母双方的负担能力和当地的实际生活水平确定。有固定收入的,抚育费一般可按其月总收入的 20%～30% 的比例给付。负担两个以上子女抚育费的,比例可适当提高,但一般不得超过月总收入的 50%。无固定收入的,抚育费的数额可依据当年总收入或同行业平均收入,参照上述比例确定。有特殊情况的,可适当提高或降低上述比例。抚育费的给付期限一般至子女成年或能独立生活为止。

关于子女生活费和教育费的协议或判决,不妨碍子女在必要时向父母任何一方提出超过协议或判决原定数额的合理要求。

此外,离婚后,不直接抚养子女的一方有探望子女的权利,另一方有协助的义务。行使探望权利的方式、时间由当事人协商；协商不成时，由人民法院判决。

（三）离婚时的财产分割

根据《婚姻法》第 39 条规定，离婚时的财产分割由双方协议处理；协议不成时，由人民法院根据财产的具体情况，照顾子女和女方权益的原则判决。如果夫妻有协议，且协议约定婚姻关系存续期间所得的财产归各自所有，但一方在抚育子女、照顾老人及协助另一方工作方面付出较多义务的，有权在离婚时向另一方要求补偿。

离婚时原为夫妻共同生活所欠下的债务，应当共同偿还。其共同财产不足清偿的，或财产约定归各自所有的，应协商如何清偿；协商不成，由法院判决。

此外，如一方生活困难，另一方应从其住房等个人财产中给予适当帮助。具体办法由双方协议，协议不成则由法院判决。

五、关于涉外、涉及华侨和港澳台同胞婚姻的法律规定

（一）涉外婚姻

涉外婚姻是指发生在我国境内的中国公民与外国人结婚、离婚等问题。

1. 涉外婚姻的法律适用

《中华人民共和国民法通则》第 147 条规定："中华人民共和国公民和外国人结婚适用婚姻缔结地法律，离婚适用受理案件的法院所在地法律。"这就是说，中国公民同外国人在我国境内结婚的，适用我国的法律规定；在我国境外结婚的，适用当地国家的法律规定。中国公民同外国人离婚的案件，由我国法院受理的，就适用我国法律；由其他国家的法院受理的，就适用其他国家的法律。

2. 涉外婚姻的具体程序

2003 年 10 月 1 日国务院《婚姻登记条例》施行以前，对于内地居民和外国人之间的结婚程序，适用国务院 1983 年颁行的《中国公民同外国人办理婚姻登记的几项规定》；中国公民与外国人在中国境内要求离婚的，则不论是双方自愿，还是一方要求离婚，均应向有管辖权的人民法院提出离婚诉讼，一律通过判决形式解除婚姻关系。新的《婚姻登记条例》实施以后，统一规定了内地居民之间、内地居民与非内地居民之间婚姻登记的程序。

中国公民同外国人在中国内地结婚的，男女双方应当共同到内地居民常住户口所在地的婚姻登记机关（省、自治区、直辖市人民政府民政部门或者省、自治区、直辖市人民政府民政部门确定的机关)办理结婚登记。其中内地居民一方应当出具下列证件和证明材料:①本人的户口簿、身份证;②本人无配偶以及与对方当事人没有直系血亲和三代以内旁系血亲关系的签字声明。外国人一方应当出具下列证件和证明材料:①本人的有效护照或者其他有效的国际旅行证件;②所在国公证机构或者有权机关出具的、经中华人民共和国驻该国使(领)馆认证或者该国驻华使(领)馆认证的本人无配偶的证明,或者所在国驻华使(领)馆出具的本人无配偶的证明。

婚姻登记机关经审查,符合结婚条件的,当场予以登记,发给结婚证;不符合结婚条件不予登记的,则向当事人说明理由。

中国公民与外国人在中国境内要求离婚的,如果双方已经达成离婚协议,并且其结婚登记也是在中国内地办理的,双方应当共同到内地居民常住户口所在地的婚姻登记机关办理离婚登记;反之,则应该通过诉讼的方式解决。

(二)涉及华侨和港澳台同胞的婚姻

1. 华侨与内地居民的婚姻

内地居民与华侨结婚,应完全适用我国《婚姻法》,但由于双方居住国不同,因而在程序上又有一些特殊的具体规定。2003 年 10 月 1 日国务院《婚姻登记条例》施行以前,对于内地居民与华侨之间的结婚程序,适用《华侨同国内公民、港澳同胞同内地居民之间办理婚姻登记管理暂行办法》。新的《婚姻登记条例》实施以后,内地居民与华侨之间的结婚程序,除了办理结婚登记的华侨应当出具的证件和证明材料有特别要求以及办理婚姻登记的机关是省、自治区、直辖市人民政府民政部门或者省、自治区、直辖市人民政府民政部门确定的机关之外,其他的程序与内地居民办理结婚登记的程序并没有差异。办理结婚登记的华侨应当出具下列证件和证明材料:①本人的有效护照;②居住国公证机构或者有权机关出具的、经中华人民共和国驻该国使(领)馆认证的本人无配偶以及与对方当事人没有直系血亲和三代以内旁系血亲关系的证明,或者中华人民共和国驻该国使(领)馆出具的本人无配偶以及与对方当事人没有直系血亲和三代以内旁系血亲关系的证明。

国内公民与华侨在中国境内要求离婚的,可通过协议或诉讼的方式解决。但这类离婚案件的处理,既要维护我国法律的尊严,又要符合我国侨务政策,须慎重对待。如果结婚登记不是在中国内地办理的,则只能通过诉讼的方式解决。

2.港澳台同胞与内地居民的婚姻

香港、澳门和台湾都是中国的一部分,港澳台同胞与内地公民的结婚和离婚,必须遵守我国《婚姻法》的有关规定。但由于历史原因,这些地区具有特殊的地位,因而在程序上也有一些特殊的具体规定。2003年10月1日国务院《婚姻登记条例》施行以前,港澳同胞同内地居民之间办理婚姻登记的,适用《华侨同国内公民、港澳同胞同内地居民之间办理婚姻登记管理暂行办法》;内地居民与台湾居民办理婚姻登记的,则适用《大陆居民与台湾居民婚姻登记管理暂行办法》。新的《婚姻登记条例》实施以后,内地居民与港澳台同胞之间的结婚程序,除了办理结婚登记的港澳台同胞应当出具的证件和证明材料有特别要求以及办理婚姻登记的机关是省、自治区、直辖市人民政府民政部门或者省、自治区、直辖市人民政府民政部门确定的机关之外,其他的程序与内地居民办理结婚登记的程序并没有差异。办理结婚登记的香港居民、澳门居民、台湾居民,应当出具下列证件和证明材料:①本人的有效通行证、身份证;②经居住地公证机构公证的本人无配偶以及与对方当事人没有直系血亲和三代以内旁系血亲关系的声明。

内地居民与港澳台同胞在中国境内要求离婚的,如果双方已经达成离婚协议,并且其结婚登记也是在中国内地办理的,双方应当共同到内地居民常住户口所在地的婚姻登记机关办理离婚登记;反之,则应该通过诉讼的方式解决。

第二节 继承法

一、继承法的概念和基本原则

(一)继承法的概念

继承是公民死亡后发生的转移财产所有权的一种民事法律制度。继承法则是调整因自然人的死亡而发生的财产继承关系,确定遗产权利归属的法律规范的总和。1985年4月10日第六届全国人民代表大会第三次会议通过的《中华人民共和国继承法》是调整财产继承关系的主要法律依据。

(二)继承法的基本原则

1.保护公民的私有财产继承权

这是《继承法》第1条开宗明义的规定,是宪法保护公民私有财产继承权精神的具体体现。

2.继承权男女平等

由于我国数千年来的封建传统观念影响,女性在财产继承上的权利一直不被重视甚至事实上屡遭剥夺,继承法以及妇女权益保障法都特别明确规定了继承权利的男女平等。

3.养老育幼,照顾弱者

这一原则的基本含义是指《继承法》的各项规定及运作,都应有利于对老年人的赡养和未成年人的抚养教育,对缺乏劳动能力又没有生活来源的继承人,要给予特别照顾。

二、遗产的概念和范围

根据《继承法》规定,遗产是指公民死亡时遗留的个人合法财产,包括:财产所有权、有价证券、无形财产权以及履行标的为财产的债权。但抚恤金、保险金例外,因抚恤金是有关机关发给死者家属或被抚养人的,以作精神安慰之用,不能算作死者遗产,而保险金在保险合同中已有指明的受益人。

对于个人承包经营权不能继承,但承包所得个人收益,依法可以继承,若法律允许继承人继续承包的,可按承包合同办理,在同等条件下,原承包人的继承人享有优先承包权。租赁经营权、房屋租用权、宅基地使用权等财产用益权,均因其客体不属于公民所有,不是遗产,一般不能继承,但法律另有规定的除外。

我国《继承法》对公民遗产的范围以列举式作了具体规定,包括:①公民的收入;②公民的房屋、储蓄和生活用品;③公民的林木、牲畜和家禽;④公民的文物、图书资料;⑤法律允许公民所有的生产资料;⑥公民的著作权、专利权中的财产权利;⑦公民的其他合法财产。

三、遗产转移的方式

遗产转移可以通过法定继承、遗嘱继承和遗赠以及遗赠扶养协议方式进行。《继承法》规定:继承开始后,按照法定继承办理;有遗嘱的,按照遗嘱继承或遗赠办理;有遗赠扶养协议的,按照协议办理。由此可以看出,遗产转移的三种方式法律效力是不同的:协议高于遗嘱,遗嘱高于法定。这就是说,遗嘱已处分的财产,就不能按照法定继承进行分配,而协议已处分的财产,就不能按照法定继承或遗嘱进行分配。

（一）法定继承

法定继承是指继承人的范围、继承顺序以及遗产份额的分配都由法律直接规定的一种继承方式。

法定继承在下列情形下可以适用：①被继承人生前未立遗嘱的；②被继承人虽然立有遗嘱，但遗嘱所指定的继承人或者受遗赠人先于被继承人死亡的；③遗嘱继承人放弃继承或受遗赠人放弃受遗赠的；④遗嘱继承人丧失继承权的；⑤遗嘱无效或部分无效所涉及的遗产；⑥遗嘱未加处分的遗产。

根据《继承法》第10条规定，遗产法定继承的顺序为：第一顺序继承人为配偶、子女、父母；丧偶儿媳对公、婆，丧偶女婿对岳父、岳母，尽了主要赡养义务的，作为第一顺序继承人。第二顺序继承人为兄弟姐妹、祖父母、外祖父母。继承开始后，由第一顺序继承人先继承，第一顺序继承人不存在或丧失继承权的，由第二顺序继承人继承。同一顺序继承人继承权利平等，一般应当均分遗产，经协商也可以不均等。生活有特殊困难或缺乏劳动能力的继承人在分配遗产时应当予以照顾。对被继承人尽了主要抚养义务或与被继承人共同生活的继承人，分配遗产时，可以多分。

在法定继承中，如果继承人先于被继承人死亡的，由被继承人的先死亡子女的晚辈直系血亲代替继承人继承被继承人的遗产，这被称为代位继承。它是法定继承中的一种特殊情况。

这里有必要介绍一下易与代位继承混淆的一种继承情形，即转继承。转继承是指继承人和受遗赠人在被继承人死亡后尚未实际接受遗产之前死亡，其应当继受的份额由他的法定继承人、遗嘱继承人或受遗赠人承受的情形。它是继承人继承被继承人的遗产和转继承人继承继承人的遗产的连接，后一个继承是前一个继承的继续，所以转继承又可称为再继承或第二次继承。从表面上看，转继承和代位继承都是因继承人和被继承人相继死亡而发生的继承，但两者有着根本的区别，主要表现在：

（1）发生条件不同。转继承基于继承人后于被继承人死亡的事实而发生，被继承人、继承人先后死亡导致两个直接继承相连在一起；而代位继承则是基于继承人先于被继承人死亡的事实而发生的，是具有替补继承性质的一次性的间接继承。

（2）适用范围不同。转继承适用于法定继承、遗嘱继承和遗赠；而代位继承仅适用于法定继承。

（3）主体不同。转继承中先后两次继承的主体可以包括法定继承人、遗嘱继承人和受遗赠人；而代位继承则只限于被代位人的晚辈直系血亲。

此外，需要特别注意的是，正如代位继承的发生必须是被代位人没有丧失继承权一样，转继承的适用也以继承或者受遗赠人没有放弃或丧失继承权或受遗赠权为前提。如果继承人表示了放弃继承或因其他原因丧失了继承权,受遗赠人在知道受遗赠后 2 个月内没有表示接受遗赠,从而丧失受遗赠权的,就不能适用转继承了。

(二)遗嘱继承和遗赠

遗嘱继承和遗赠是指按公民生前所立遗嘱处分其遗产的一种继承方式。其中将遗产处分给法定继承人范围内的人所有的叫遗嘱继承,将遗产处分给国家、集体或法定继承人以外的人所有的叫遗赠。立遗嘱是公民对自己的财产行使处分权的一种体现。

遗嘱继承和遗赠的前提是遗嘱必须有效。遗嘱只有符合下列四个条件才有效:

(1)立遗嘱人在立遗嘱时必须具有完全的民事行为能力,即必须是年满 18 周岁、精神完全正常的公民或年满 16 周岁视为完全民事行为能力的公民。

(2)遗嘱必须是立遗嘱人的真实意思表示,而且必须亲自所为;在他人胁迫、欺骗之下设立的遗嘱和被篡改、伪造的遗嘱以及由他人代理设立的遗嘱一律无效。

(3)遗嘱内容必须合法,并不违反社会公德,如不得取消缺乏劳动能力又没有生活来源的继承人的继承权,必须为胎儿保留必要的份额,不得处分属于国家、集体或他人所有的财产等,否则遗嘱就是无效或者部分无效。

(4)遗嘱成立的形式必须符合法律规定。关于遗嘱的形式,我国《继承法》规定了五种:①公证遗嘱,必须由遗嘱人亲自到国家公证机关办理,其效力高于其他形式的遗嘱;②自书遗嘱,须由遗嘱人亲笔书写、签名,并注明时间;③代书遗嘱,由他人代笔,须有 2 个以上无利害关系的见证人在场见证(其中 1 人代笔);④录音遗嘱,也应当有 2 个以上无利害关系的见证人在场见证;⑤口头遗嘱,只有在遗嘱人生命垂危或有其他紧急情况,来不及采用其他遗嘱形式的条件下才能采用,并且也应有 2 个以上无利害关系的见证人在场见证;如果危急情况解除,遗嘱人能够用书面或录音形式立遗嘱的,所立的口头遗嘱无效。所有形式的遗嘱都必须注明时间。

遗嘱人立遗嘱后,如果认为原来所立遗嘱不妥,有权加以变更和撤销。如果遗嘱人先后立有数份内容相抵触的遗嘱,其中有公证遗嘱的,以最后所立的公证遗嘱为准;没有公证遗嘱的,以最后所立的遗嘱为准。可见,公证遗嘱在各种形式的遗嘱中法律效力最高,自书、代书、录音和口头遗嘱不得撤销、变更公证遗嘱,公证遗嘱只能通过公证变更或撤销。

(三)遗赠扶养协议

遗赠扶养协议是公民与扶养人订立的,由遗赠人将自己的合法财产的一部分或全部在其死后转移给扶养人所有,而由扶养人承担遗赠人生养死葬义务的协议。它是不同于法定继承、遗嘱继承和遗赠的第三种遗产转移的方式,具有如下法律特征:

(1)遗赠扶养协议是一种双方民事法律行为,有别于体现国家意志的法定继承,也有别于体现遗嘱人个人意志的遗嘱继承和遗赠,它体现了遗赠人和扶养人双方的共同意志。

(2)遗赠扶养关系的主体,在一般情况下,遗赠方即被抚养的一方是无人扶养的孤寡老人,扶养方则必须是有扶养能力的法定继承人以外的公民或集体组织,法定继承人、全民单位或国家不能作为扶养人。

(3)遗赠扶养关系是继承法规定的多种遗产转移方式中优先适用的一种方式,凡与协议抵触的遗嘱全部或部分无效,有协议时也不能按照法定继承办理。

(4)遗赠扶养关系自协议签订时生效,但双方履行义务的时间不同。扶养人应从协议生效之日起履行义务,在遗嘱人死亡后实现权利;遗嘱人则从协议生效之日起享受权利,死亡之后财产转移给扶养人。

(5)遗赠扶养关系作为一种双方民事法律行为,不能像作为单方民事法律行为的遗嘱那样随时变更、撤销,任何一方无权单方擅自改变原协议,而必须协商一致后才能予以变更。确有理由要求解除协议的,原则上应予允许,具体由双方协商解决,或由人民法院裁决,并根据双方过错情况决定是否给予扶养人适当的经济补偿。

四、遗产的处理

(一)继承的开始

1.继承开始的时间

根据《继承法》的规定,确定继承开始的时间,应以被继承人死亡的时间为准,包括生理死亡的时间和宣告死亡的时间。如果两个以上互相有继承关系的人在同一时间中死亡,应首先根据客观情况明确死亡时间的先后,确实无法确定的,可以适用推定。一般应推定没有继承人的先死亡;死亡者各自都有继承人的,推定长辈先死亡;死亡者辈分相同的,推定同时死亡,彼此不发生继承关系,由他们各自的继承人分别继承。准确地确认继承开始的时间,是遗产继承中的一个关键问题。它是使可能性继承权转变为现实性继承权的时间界限,是确定继承人、遗产范围和数额的最终时限,同时还是确定和保护继承权最长诉讼时效的起算点。不能把遗产分割的时间当作继承开始的时间。

2.继承的通知和遗产的保管

继承开始后,知道被继承人死亡的继承人应当及时通知其他继承人和遗嘱执行人。继承人中无人知道被继承人死亡或者知道被继承人死亡而不能通知的,由被继承人生前所在单位或住所地居委会或村委会负责通知。

从继承开始到遗产实际分割,往往有一段或长或短的时间,此时,存有遗产的人应当妥善保管遗产,任何人不得侵害或者抢夺。

3.继承、遗赠的接受和放弃

继承、遗赠的接受和放弃,是指继承人、受遗赠人同意接受或者不接受遗产的意思表示。继承的接受和放弃与遗赠的接受和放弃,在法律规定上是极不相同的。接受继承可以明示,也可以默示。继承人在继承开始后,没有表示放弃继承的,就视为接受继承;而放弃继承的意思表示,则应当在继承开始后、遗产分割前以明示方式作出。遗产分割后表示放弃的不再是继承权,而是所有权。接受遗赠必须在受遗赠人知道受遗赠后2个月内,以明示或积极作为的形式作出表示;到期没有表示的,视为放弃受遗赠。

接受和放弃继承或遗赠的效力均追溯到继承开始之时。

(二)遗产的分割

(1)确定遗产的范围,划清遗产和共有财产的界限。

(2)继承方式的适用。继承开始后,如果有遗赠扶养协议的,按协议办理;有合法遗嘱的,按遗嘱办理;没有遗赠扶养协议和遗嘱的,按法定继承办理。同一次继承中,也有可能三种方式都适用,应该注意确定哪些遗产按哪种继承方式进行分配。

(3)保留胎儿的继承份额。如果被继承人死亡时留有尚未出生的胎儿,继承人在分割遗产时,应当保留胎儿的继承份额,由胎儿母亲代为保管或行使有关权利。如果胎儿出生时是死体的,保留份额按照法定继承方式由被继承人的继承人继承。

(4)遗产分割应当有利于发挥遗产的效用。对不宜实物分割的遗产,应本着有利于生产和生活需要,有利于发挥遗产效益的原则,采取折价、适当补偿或共有等方式来处理。

(三)债务清偿

继承遗产应当清偿被继承人生前所欠的债务。清偿债务要注意以下几个方面:

(1)必须严格限定被继承人生前的个人债务。被继承人与他人的共同债务,不能当作被继承人的个人债务,债权人追偿不受遗产价值之限;被继承人生前因继承人能尽而不尽义务所欠的债务,即使遗产不足清偿,继承人仍应负清偿责任。

(2)清偿债务以遗产的实际价值为限。如果被继承人遗留的债务超过了其遗产的实际价值,对于超过的那部分债务,继承人不负清偿责任,但自愿偿还的不在此限。继承人放弃继承的或受遗赠的,对被继承人依法应当缴纳的税款和债务可以不负偿还责任。

(3)老弱病残分得遗产的权利优先于清偿债务。继承人中有缺乏劳动能力又无生活来源的人,即使遗产不足偿债,也应为其保留适当遗产。这是照顾弱者原则的体现。

(4)清偿债务优先于执行遗赠。只有遗赠人所欠的税款和债务已经从遗产价值中得到清偿后,遗赠才能得到执行,不能因执行遗赠而不清偿债务、税款。

(5)按顺序和比例清偿债务。一般来说,债务清偿应在先,遗产分配在后;但也有先分割遗产后清偿债务的。当遗产已被分割而未清偿债务时,如有法定继承又有遗嘱继承和遗赠的,首先由法定继承人用其所得遗产清偿债务,不足清偿时,剩余的债务由遗嘱继承人和受遗赠人按比例用所得遗产偿还;如果只有遗嘱继承和遗赠的,由遗嘱继承人和受遗赠人按比例用所得遗产偿还。

(四)无人继承又无人受遗赠的遗产处理

无人继承又无人受遗赠的遗产称为"绝产"。根据《继承法》的规定,对于无人继承又无人受遗赠的遗产归国家所有;死者生前是集体所有制组织成员的,则归集体所有制组织所有。

五、涉外继承

涉外继承是指构成财产继承关系中的被继承人、继承人和遗产这三个基本要素中,有一个或几个涉及外国因素的继承,即被继承人在国外,或继承人中有外国人,或可供继承的遗产部分或全部位于外国境内。由于涉外继承关系中有涉外因素,而各国继承立法有差异,因而可能导致适用法律方面的冲突,即发生适用相关国家中哪国法律的问题。根据我国《继承法》第36条规定,处理涉外继承关系时,动产继承适用被继承人死亡时的住所地法;不动产继承适用物之所在地法;我国与外国订有条约、协定的,按照条约、协定办理,但我国声明保留的条款除外。

练习六

一、单项选择题

1.我国公民甲与 H 国公民乙在 W 国结婚,根据我国法律,甲和乙的婚姻成立应适用( )。

    A. 中国法律   B. H 国法律

    C. 我国和 H 国法律   D. W 国法律

2.继承人先于被继承人死亡的,继承人的( )有代位继承的权利。

    A. 父母   B. 配偶   C. 子女   D. 兄弟姐妹

3.夫妻离婚后,关于子女的生活费和教育费的协议达成后或判决生效后,生活费和教育费( )。

    A. 不能再行变更   B. 可以增、减、免

    C. 只能增加,不能减少   D. 可以增加、减少,不能免除

4.某女结婚 8 年后父亲病故,她和母亲及弟弟继承了父亲的遗产。为了使老母亲晚年生活得更好,她想把继承的遗产送给母亲,为此,她( )。

    A. 应征得弟弟的同意   B. 应征得自己丈夫及儿女的同意

    C. 应征得丈夫的同意   D. 可自行将继承的遗产赠与母亲

5.李某生前租住三居室住房一套,另有存款 12000 元,摩托车 1 辆,彩电、音响各 1 台,股票、国库券若干,曾借给赵某 3000 元人民币,李某妻早亡,儿子、女儿与其分家单过,现李某死亡,依照法律的规定,李某的遗产包括( )。

    A. 住房

    B. 存款

    C. 摩托车、彩电、音响

    D. 住房、存款、摩托车、彩电、音响、股票、国库券和借给赵某的 3000 元人民币

6.王斌和范华是源于同一外祖父母的表兄妹,后来范华被他人收养。依照我国《婚姻法》之规定,王斌与范华( )。

    A. 可以结婚   B. 不能结婚   C. 可以照顾结婚   D. 从习惯

二、多项选择题

1.男女双方申请结婚,婚姻登记机关不予登记的情况有( )。

    A. 一方未达法定婚龄   B. 一方已有配偶

    C. 一方患麻风病已经治愈   D. 双方是姑表兄妹

2.修改后的《婚姻法》规定下列（　　）财产属夫妻共有。

    A.工资、奖金

    B.生产、经营的收益

    C.知识产权的收益

    D.继承或赠与所得的财产，但遗嘱或赠与合同中确定只归夫或妻一方的财产除外

3.男女双方未经结婚登记，而以夫妻名义同居生活，一方向法院起诉"离婚"的，（　　）。

    A.法院不予受理　　　　　　　B.宣告婚姻无效

    C.按同居处理　　　　　　　　D.可撤销可变更婚姻

4.个体户张某开设面馆，因经营不善，亏欠税款和货款共10万元，不久因焦虑成疾病故，遗留切面机一部，平顶瓦房一间，共估价5万元。张某有一子，其子（　　）。

    A.若继承遗产，负责清偿10万元的债务

    B.若继承遗产，负责清偿5万元的债务

    C.若放弃继承，不负责清偿张某的债务

    D.不论是否继承遗产，均应负责清偿张某的债务

5.作家王某与艺术家江某结婚。生有一子王林，两女王英、王玲，儿子王林、大女儿王英均已成家，各生一子王强、李勇。1999年王林因公牺牲，儿媳带着王强同两位老人共同生活，对公婆尽了主要赡养义务，2010年王某去世，王某的遗产继承人有（　　）。

    A.儿媳、王强　　　　B.江某　　　　C.王英　　　　D.王玲

三、简答题

1.婚姻法的基本原则有哪些？

2.结婚应具备哪些条件？

3.怎样理解婚姻自由原则？

4.离婚时如何进行财产分割？

5.何谓离婚损害赔偿？其构成条件如何？

6.什么是遗嘱？遗嘱的有效要件有哪些？

7.什么是遗嘱继承？遗嘱继承与遗赠的区别和联系是什么？

8.怎样进行遗产的分割？

9.什么是法定继承？法定继承的顺序怎样？

10.什么是代位继承和转继承？两者有何区别？

四、案例分析

1.甲一年前认识了现在的所谓"丈夫"。当时两人在丈夫户口所在地的婚姻登记管理机关进行了结婚登记。可结婚不久,甲发现丈夫早在六年前就已结婚,与甲登记时是他单位的一个朋友给他开了假证明。请问:甲的婚姻是否有效? 所生子女怎么办?

2.甲和男友是大学同学,2008年毕业之后他们就住到了一起,平时也像夫妻一样生活,至今已经三年了。可前不久男友向甲提出了分手,因为他与公司的一个女同事产生了感情。请问:甲想告男友重婚,可以吗?

3.王清与丈夫办理离婚事宜,发现丈夫把家中的存折、股票和一些贵重饰品都藏了起来,拒不交出。请问:王清该怎么办? 如果王清是离婚后才发现,那她还能请求分割这部分财产吗?

4.李树纲以打鱼为生,有两层楼房一幢,共12间房。其女李玲出嫁多年,常有来往。长子李全喜,用自己经商收入建房4间,自成家庭;李全喜前妻早丧,遗子李山;后妻任平,生子李林。李山是复员军人,为成立小家庭也用复员费购置新房2间,其妻何慧,生女李洁。李树纲的次子李全兴已病故,妻子王氏带儿子李明星另嫁。李树纲有一友宋建曾帮助过李树纲,李树纲想赠宋建一笔钱,但其未接受。李树纲即写下字据将自己房屋2间待自己死后赠给宋建的儿子宋明。今年年初,李树纲、李全喜、李山三人出海打鱼,遇台风船毁人亡,但各人死亡时间不能确定。丧事完毕,死者亲属们为房产分割发生纠纷。李玲认为,其兄已死,她是李树纲唯一子女,要求继承李树纲的房屋12间;任平认为李玲是出嫁的女儿,不能回娘家分房子,她系李树纲的丧偶儿媳,因此房屋应由她和李林继承;另外她还认为李山也系其子,她亦有权继承李山的房产。何慧不同意他们的意见,她及李洁均请求分割遗产,李明星也要求继承。宋明得知受遗赠后3个月来一直未表示态度,但在发生纠纷时也提出分割遗产要求。

(1)请指出本案的被继承人和遗产,并说明被继承人死亡的先后顺序及认定理由。

(2)本案当事人李玲、任平、李林、何慧、李洁、李明星、宋明能否分割遗产? 分别说明理由。

5.刘季南与赵玉芬于1978年结婚,生有一子刘裕和一女刘兰兰。1990年5月,刘季南因与赵玉芬发生争执而离家出走,一直未有音讯。1998年,赵玉芬向当地法院申请宣告刘季南死亡,法院于1998年8月作出刘季南死亡的宣告。赵玉芬及其子女对刘季南的遗产进行了继承。1999年赵玉芬再婚。刘裕于1997年7月结婚后生有一子刘明江。1999年6月刘裕外出车祸死亡。2006年12月赵玉芬接到某市公安局的通知,告知刘季南于2006年11月因心脏病死于该市。经查,刘季南1990年离家出走后,一直给人打工,生活非常困难。1999年开始经商并获得成功,积聚了财产200万元。在经商期间,刘季南与胡柔相识,并于2001年元旦举办了婚礼(未履行结婚登记手续)。2002年4月两人生有一女刘冬冬。刘季南于2005年亲笔写了一份遗嘱,指明自己的财产在其死后由胡柔、刘冬冬、赵玉芬和刘裕四人均分。请问:

(1)刘季南的死亡时间如何确定? 为什么?

(2)刘季南被宣告死亡后赵玉芬等对刘季南遗产的继承是否有效? 为什么?

(3)假设刘季南2005年(即被宣告死亡后)所立的遗嘱在内容及形式上均不违反法律的强制性规定,该遗嘱是否有效? 为什么?

(4)刘季南2005年所立的遗嘱应如何执行?

第七章

知识产权法律制度

【本章导读】

了解我国知识产权的基本概念,掌握知识产权区别于传统产权的法律特征以及我国著作权法、专利法和商标法的基础知识,树立知识产权法律保护意识,懂得用法律保护自己合法的智力成果权,并尊重他人的合法知识产权。

【本章重点】

掌握知识产权的概念和法律特征。

正确理解著作权以及著作权主体、客体、内容的概念,掌握著作权的取得方法和保护期限,明确侵犯著作权的行为及法律责任。

掌握专利权及专利权主体、客体和内容的概念,了解专利的申请原则、审查和批准的条件以及专利权的保护。

理解商标权的概念,掌握商标权的主体、客体、内容,注意注册商标的有关事项。

【本章难点】

著作权主体的认定,侵犯著作权行为的认定。

专利权主体的把握。

侵犯商标权行为的认定。

第一节　知识产权法概述

一、知识产权的含义和特征

我国"知识产权"一词首次使用于《中华人民共和国民法通则》,并沿用至今。知识产权,英文是 intellectual property,直译为"智力财产权"。迄今为止,无论是国际公约还是各国的立法,都没有给知识产权下过明确的定义。一般认为,知识产权是指人们依法对其智力创造的成果享有的专有权。"专有权"包括财产权和人身权。

知识产权是人们对无形财产所享有的权利,它不同于一般的有形财产所有权,具有以下特征:

(1)无形性。财产所有权分为有形和无形两大类。有形财产所有权是体现在有形物体财产上的财产权;无形财产所有权是体现在人类创造的智力成果上的财产权,它是一种无形的东西和利益,因而具有不同于有形财产的一系列法律形态。

(2)法定性。法律对有形财产,只要某人对其具有所有关系,就予以承认和保护,无须再作具体规定。而对知识产权的保护,则必须由法律作出直接和具体的规定和确认。如没有建立专利制度的国家,就不存在专利权这种知识产权。

(3)专有性。专有性又称垄断性或排他性,它有两方面的含义:首先,权利人对其权利客体智力成果享有独占权,非经权利人的许可,其他任何人都不得任意使用,否则将受法律制裁;其次,对同一项智力成果,不允许有两个以上相同的知识产权并存,如已授权的一项发明,不能再授予作出同样发明的另一人。

(4)地域性。根据一国法律申请取得的知识产权只在该国境内有效,在其他国家不发生法律效力,即知识产权没有域外效力。即使在参加国际公约的条件下,该项知识产权也只在公约规定的范围内有效。

(5)时间性。知识产权权利人享有的专有权具有时间的限制,在法定的有效期内受法律的保护,超过了法律规定的期限,该项法律保护自动失效,有关的智力成果进入公有领域,成为任何人都可以无偿利用的社会公共财富。

二、知识产权的种类

传统的观点认为,知识产权主要包括工业产权和版权(即著作权)两部分内容。工业产权,其保护的对象主要包括发明、实用新型、外观设计、商标、服务标记、厂商名称、货源标记或原产地名称,以及制止不正当竞争等;版权保护的对象则包括作者对其作品享有的权利,以及作品的传播者所享有的权利。随着人类社会的进步和科技、经济的发展,知识产权的保护范围日益扩大,权利内容也不断丰富。根据1967年签订的《建立世界知识产权组织公约》的划分,广义的知识产权包括:①文学、艺术及科学作品。②表演艺术家的演出及其录音和广播。③在人类一切活动领域中的发明。④科学发现。⑤工业品外观设计。⑥商标、服务标记、商号名称和标记。

⑦制止不正当竞争。⑧其他一切来自工业、科学及文学、艺术领域的智力创作。这一划分几乎包括了一切人类智力创作的成果。WTO 的《与贸易有关的知识产权协议》(英文简称 TRIPS)将知识产权保护的范围规定为：①著作权及相关权利(指邻接权)。②商标权。③地理标记权。④工业品外观设计权。⑤专利权。⑥集成电路布图设计权。⑦对未公开信息的保护权。

一个国家的国内立法，是判断该国知识产权具体范围的主要依据。根据《中华人民共和国民法通则》和最近颁布的一些行政法规，我国知识产权主要包括著作权(版权)、专利权、商标权、发明权、发现权、其他科技成果权以及集成电路的布图设计权和植物新品种权等。

三、知识产权法的概念及其立法概况

知识产权法是调整在确认、保护和使用知识产权过程中所发生的各种社会关系的法律规范的总称。知识产权法所调整的社会关系，与一般的部门法调整的社会关系相比，具有更广泛、更复杂的特点：

(1)知识产权法所调整的社会关系，既有民事关系，又有行政关系和经济关系。其调整的民事关系主要是指知识产权中的财产关系和人身关系；其调整的行政关系主要是指国家对知识产权的行政管理关系；其调整的经济关系主要是指国家对知识产权的经济管理关系。

(2)知识产权法调整的社会关系，既涉及国内又涉及国外，知识产权法实际上既是国内法又是国外法。

新中国成立以后，我国曾颁布过一批有关知识产权的法规。如：1950年，颁布了《保障发明权和专利权暂行条例》；1963 年，颁布了《发明奖励条例》和《商标管理条例》等。1963 年以后的十几年，由于"文化大革命"，法治被破坏，知识产权的法治建设也同样遭到严重破坏。改革开放以后，我国开展了社会主义经济建设，扩大了与国际社会之间的经济贸易交流，加速建立知识产权法律制度成为我国法治建设中的重要工作。首先，《中华人民共和国民法通则》对知识产权作了原则性的规定；其次，先后颁布了《商标法》、《专利法》、《著作权法》、《科学技术进步奖励条例》、《计算机软件保护条例》、《反不正当竞争法》、《自然科学奖励条例》、《合理化建议和技术改进奖励条例》、《植物品种保护条例》、《集成电路布图设计保护条例》；最后，《商标法》、《专利法》、《著作权法》等有关知识产权的重要的法律颁布后，都已几经修改。这些法律与法规的颁布、实施和修改，标志着中国知识产权法律体系已逐步形成和完善。

从世界范围而言,知识产权制度诞生至今已经历了数百年的风风雨雨。从 1474 年《威尼斯专利法》到 1624 年《英国垄断法》,从 1709 年英国《安娜女王法》到 1803 年法国《关于工厂、制造场和作坊的法律》,欧美各国相继建立专利制度、著作权制度和商标制度。20 世纪中叶以来,知识产权制度已成为推动一国科技进步、经济发展和文化繁荣的有力杠杆,知识产权在经济、贸易中的地位急剧上升,知识产权在法律中的地位也变得越来越重要。

为了共同的发展和繁荣,各国政府经过谈判,在知识产权的各个领域内,订立了一系列国际保护的世界性或区域性的国际条约,最主要的有《保护工业产权巴黎公约》、《专利合作条约》、《商标国际注册马德里协定》、《保护文学艺术作品伯尔尼公约》、《世界版权公约》等。此外,还成立了政府间的国际机构——世界知识产权组织(WIPO)。目前,不少国家已将保护知识产权从原来的纯法律范围,上升到国家政策和发展战略的宏观层面,成为这些国家在国内发展和国际竞争中谋求优势、保持领先地位的一项重要策略。

围绕着知识产权问题,国际上也展开了双边和多边的谈判,关贸总协定乌拉圭回合谈判最后达成的《与贸易有关的知识产权协议》(TRIPS),把知识产权纳入了世界贸易组织管辖的范围。世界贸易组织规定,任何一个成员国因知识产权保护不力,将遭到贸易方面的交叉报复。这充分说明知识产权保护已成为国际政治、经济、科技和文化交往中一个受到普遍关注的问题。

第二节　著作权法

一、著作权法概述

著作权是指法律赋予著作权人对其作品享有的专有权利,即作者及其他著作权人对文学、艺术、自然科学、社会科学、工程技术等作品所享有的人身权利和财产权利的总称。它属于知识产权的一种。

著作权法即版权法,是指有关著作权以及相关权益的取得、行使和保护的法律规范的总称。我国著作权立法始于清朝末年,1910 年颁布了我国第一部著作权法《大清著作权律》。其后,北洋政府和国民党政府曾相继于1915 年、1928 年颁布著作权法。

新中国成立后,国家制定了《关于改革和发展出版工作的决定》、《关于纠正任意翻印图书现象的规定》。改革开放后,我国于 1990 年 9 月制定了《中华人民共和国著作权法》,1991 年 6 月 1 日起施行,该法及其实施条例和《计算机软件保护条例》、《集成电路布图设计保护条例》、《实施国际著作权条约》的规定和《中华人民共和国民法通则》、《中华人民共和国刑法》的有关条款,构成了我国比较完整的保护著作权的法律框架。我国分别于 1992 年 10 月 15 日和 30 日成为《伯尔尼保护文学和艺术作品公约》和《世界版权公约》的成员国,随后又于 1993 年 4 月 30 日成为《保护录音制品作者防止未经许可复制其录音制品公约》的成员国,从而成为国际版权大家庭的一员。2001 年 10 月,第九届全国人民代表大会常务委员会第 24 次会议通过了《关于修改〈中华人民共和国著作权法〉的决定》,使我国的国内法与我国参加的国际公约,主要是《伯尔尼公约》和我国加入的《世界贸易组织的知识产权协议》(TRIPS 协议)的规定基本一致。

二、著作权的主体、客体和内容

(一)著作权的主体

著作权的主体,亦称著作权法律关系的主体或著作权人,是指依著作权法对文学、艺术和科技作品享有著作权的人。它可以是公民,也可以是法人或其他组织,国家在一定情况下也可成为著作权的主体。著作权主体具体包括:作者和依法享有著作权的公民、法人或其他组织,以自己的创作作品而依法获得著作权的人,称为原始著作权人;通过合同、继承等方式而取得著作权的人,称为继受著作权人。原始著作权人享有著作权中的全部权益,包括著作权的人身权和财产权;继受著作权人只享有著作权中的财产权。

(二)著作权的客体

著作权的客体,即著作权法律关系的客体,是指著作权法律关系主体间权利和义务所指向的对象。它是由作者的脑力劳动所创造、为著作权法所确认、并受著作权法保护的一定形态的知识产品,简称为作品。作为著作权法律关系的客体的作品须具备的条件有:①独创性,即原创性,是指作者独立构思而成的智力成果。②可复制性。③合法性。另外须强调的是,单纯的思想或方法若还未形成作品,则不能成为著作权法律关系的客体。著作权法只保护作者思想的表现形式,而不保护纯粹的思想本身。

著作权的客体具体包括以下形式创作的作品:①文字作品、口述作品。②音乐、戏剧、曲艺、舞蹈、杂技艺术作品。③美术、建筑作品。④摄影作品。⑤电影作品和以类似摄制电影的方法创作的作品。⑥工程设计图、产品设计图、地图、示意图等图形作品和模型作品。⑦计算机软件。⑧法律、行政法规规定的其他作品。

著作权法保护作品的范围虽然很广,但并非任何作品都受其保护。中国著作权法不保护的作品有两大类:①不受著作权法保护的作品,是指不具备合法性要件的作品,具体为:一切依法禁止出版、传播的作品;一切违反宪法和法律,损害公共利益,违背社会公德和社会伦理的作品以及那些故意妨害公共秩序的作品。②不适用著作权法的作品,是指那些虽具有合法性,但因不具备独创性或已进入"公有领域",而不享有著作权保护的作品,具体为:法律、法规;国家机关的决定、命令和其他具有立法、行政、司法性质的文件及官方正式译文;时事新闻;历法、通用数表、通用表格和公式等。

(三)著作权的内容

著作权的内容是指著作权人享有的权利范围,包括人身权和财产权。

著作人身权,又称著作精神权利,是指作者对其作品所享有的各种与人身相联系又无直接财产内容的权利。具体包括:

(1)发表权。它是指作者决定作品是否公之于众的权利。如利用出版、表演、广播、讲授等方式在一定范围内,使特定的对象感知到自己的作品。

(2)署名权。它是指作者表明作者身份,在自己创作的作品上署名的权利。作者既可以署真名,也可以署笔名、别名,甚至不署名。不署名是作者行使自己署名权的一种方式,并不表明放弃署名权。署名权不得转让、继承,也不可放弃。

(3)修改权。它是指作者修改或者授权他人修改作品的权利。如删节、充实、改写等。报社、期刊社在不改变作品的基本内容和形式的条件下,可以对投稿作品作文字性修改、删节。

(4)保护作品完整权。它是指保护作品不被歪曲、篡改的权利。保护作品完整权实际上是修改权的延伸,或者说保护作品完整权与修改权是一个问题的两个方面。保护作品完整权是一种禁止权,即作者在授权他人修改作品时,有权禁止他人歪曲、篡改其作品。

著作财产权,是指著作权人享有的因他人使用其作品而获得报酬的权利。具体包括:

(1)复制权。它是指以印刷、复印、拓印、录音、录像、翻录、翻拍等方式将作品制作一份或多份的权利。复制权往往与发行权或者广播权连在一起使用。非经著作权人许可或法律允许,他人不得擅自复制作品。

（2）发行权。它是指作者以出售或者赠与方式向公众提供作品的原件或复制件的权利。发行可以是有偿行为，也可以是无偿行为。绝大多数的发行是有偿行为，包括出售和出租等。发行权通常与复制权一起行使，共同构成出版行为。

（3）出租权。它是指有偿许可他人临时使用电影作品和以类似摄制电影的方法创作的作品、计算机软件的权利（计算机软件不是出租的主要标的的除外）。

（4）展览权。它是指公开陈列美术作品、摄影作品的原件或复制件的权利。展览的作品可以是已发表的或未发表的。许可他人展览未发表的作品，应推定展览人同时取得了作品的发表权。

（5）表演权。它是指公开表演作品，以及用各种手段公开播送作品的权利。表演权是一种传播权，表演他人作品应征得著作权人许可。表演权的行使受到法律限制。

（6）放映权。它是指通过放映机、幻灯机等技术设备公开再现美术、摄影、电影和以类似摄制电影的方法创作的作品等的权利。

（7）广播权。它是指以无线方式公开广播或者传播作品，以有线传播或转播的方式向公众传播广播的作品，以及通过扩音器或者其他传送符号、声音、图像的类似工具向公众传播广播的作品的权利。

（8）信息网络传播权。它是指以有线或者无线方式向公众提供作品，使公众可以在其个人选定的时间和地点获得作品的权利。

（9）摄制权。它是指以摄制电影或者以类似摄制电影的方法将作品固定在载体上的权利。摄制作品可以是原作，也可以是演绎作品。摄制权作为一种演绎权时，也是一种特殊的改编权，通常表现为一种制片许可权。

（10）改编权。它是指改变作品，创作出具有独创性的新作品的权利。

（11）翻译权。它是指将作品从一种语言文字转换成另一种语言文字的权利。

（12）汇编权。它是指将作品或者作品的片段通过选择或者编排，汇集成新作品的权利。

（13）其他应当由著作权人享有的权利。

为了社会公共利益，《著作权法》规定在一些例外情况下，著作权人的许可权和获得报酬权受到限制，他人可以不经著作权人许可无偿使用其作品，但应当指明作者姓名、作品名称，并且不得侵犯著作人依法享有的其他权利。这些例外情况有：①为个人学习、研究或者欣赏，使用他人已经发表的作品。②为介绍、评论某一作品或说明某一问题，在作品中适当引用他人已经发表的作品。③为通报时事新闻,在报纸、期刊、广播电台、电视台等媒体中不可避免地再现或者引用已经发表的作品。④报纸、期刊、广播电台、电视台等媒体刊登或播放其他报纸、期刊、广播电台、电视台等媒体已经发表的关于政治、经济、宗教问题的时事性文章,但作者特别声明不许刊登、播放的除外。⑤报纸、期刊、广播电台、电视台等媒体刊登或播放在公众集会上发表的讲话,但作者特别声明不许刊登、播放的除外。⑥为学校课堂教学或科学研究,翻译或少量复制已经发表的作品,供教学或科研人员使用,但不得出版发行。⑦国家机关及其工作人员为执行公务在合理的范围内使用已发表的作品。⑧图书馆、档案馆、纪念馆、博物馆、美术馆等为陈列或保存版本的需要,复制本馆收藏的作品。⑨免费表演已发表的作品,该表演未向公众收取费用,也未向表演者支付报酬。⑩对设置或陈列在室外公共场所的艺术作品进行临摹、绘画、摄影、录像。⑪将中国公民、法人或其他组织已经发表的以汉语言文字创作的作品翻译成少数民族语言文字作品在国内出版发行。⑫将已发表的作品改成盲文出版。

为实施九年制义务教育和国家教育规划而编写出版教科书,除作者事先声明不许使用以外,可以不经著作权人的许可,在教科书中汇编已经发表的作品片段或短小的文字作品、音乐作品或单幅的美术作品、摄影作品,但应当按照规定支付报酬,指明作者姓名、作品名称,并且不得侵犯著作人依法享有的其他权利。

三、著作权中的邻接权

有些权利不是著作权,但是与著作权相关或相邻近,这就是著作权中的邻接权,即作品传播者的权利。根据我国《著作权法》的规定,邻接权主要包括出版者、表演者、录音录像制作者和广播电台、电视台的权利。

(一)出版者的权利

出版者是指图书出版社、报社、期刊社等出版单位。出版者在取得专有出版权后,在传播作品中产生了自己的权利,即对出版物享有邻接权,主要是署名权和版本形式权。出版者有权在自己的出版物上署自己的名称,并且对其出版的图书、期刊的版式、装帧设计享有专有使用权,有权许可或者禁止他人使用其出版的图书、期刊的版式设计。版本形式权的保护期为10年,截至使用该版式设计的图书、期刊首次出版后第 10 年的 12 月 31 日。

(二)表演者的权利

表演是指对文学、艺术作品的表演,表演者是运用自己的知识、技能和技巧解释和传播作品的。根据我国《著作权法》规定,表演者对其表演享有下列权利:表明表演者身份;保护表演形象不受歪曲;许可他人在现场直播和公开传送其现场表演;许可他人录音录像,并获得报酬;许可他人复制、发行录有其表演的录音录像制品,并获得报酬;许可他人通过信息网络向公众传播其表演,并获得报酬。其中前两项权利的保护期不受限制,后四项权利的保护期为 50 年,截至该表演发生后第 50 年的 12 月 31 日。

（三）录音录像制作者的权利

录音录像制作者是指音像出版社等录制录音录像制品的人。录音录像者对其录音制品和录像制品享有署名权,并享有许可他人复制、发行、出租、通过信息网络向公众传播并获得报酬的权利。其中后一项权利的保护期为 50 年,截至该制品首次制作完成后第 50 年的 12 月 31 日。

（四）广播电台、电视台的权利

广播电台、电视台对其播放的广播和电视节目享有下列权利:署名权;禁止未经其许可将其播放的广播、电视转播的权利;禁止未经其许可将其播放的广播、电视录制在音像载体上以及复制音像载体的权利。其中后两项权利的保护期为 50 年,截至该广播、电视首次播放后第 50 年的 12 月31 日。

四、著作权的归属

著作权属于作者,法律另有规定的除外。创作作品的公民是作者。由法人或其他组织主持,代表法人或其他组织意志创作,并由其承担责任的作品,法人或其他组织视为作者。如无相反的证据,在作品上署名的公民、法人或者其他组织为作者。两人以上合作创作作品的作者共同享有著作权。未参加创作的人,不能成为合作作者。改编、翻译、注释、整理和汇编作品的作者享有著作权,但行使著作权时不得侵犯原作者的著作权。电影作品和以类似摄制电影的方法创作的作品的著作权由制片者享有,但编剧、导演、摄影、作词、作曲等作者享有署名和获得报酬的权利。美术等作品所有权转移,展览权随之转移,但不视为作品著作权的转移。

公民为完成法人或其他组织工作任务所创作的作品是职务作品。职务作品的著作权归属根据不同的情况确定。有下列情形之一的,作者享有署名权,著作权的其他权利由法人或其他组织享有,法人或其他组织可以给予作者奖励:①主要利用法人或其他组织的物质技术条件创作,并由法人或其他组织承担责任的工程设计图、产品设计图、地图、计算机软件等职务作品。②法律、行政法规规定或合同约定著作权由法人或其他组织享有的职务作品。除上述两种情形之外,职务作品的著作权由作者享有,但法人或其他组织在其业务范围内有优先使用权,未经单位同意,作者在作品完成两年内不得许可第三人以与单位使用相同的方式使用该作品。

受委托创作的作品,著作权的归属由委托人和受托人通过合同约定。合同未作明确约定或者没有订立合同的,著作权属于受托人。

五、著作权的取得

著作权的取得方式包括原始取得和继受取得。从某种意义上说,著作权的取得是著作权归属的延伸。

（一）著作权的原始取得

在著作权的原始取得问题上,各国大多采取"自动取得"原则,少数国家采取"注册取得"原则。

我国《著作权法》规定:中国公民、法人或者其他组织的作品,不论是否发表,都依法享有著作权;外国人、无国籍人的作品首先在中国境内出版的,依法享有著作权。外国人在中国境外发表的作品,根据其所属国或经常居住地国同中国签订的协议或者共同参加的国际条约享有的著作权受著作权法保护;未与中国签订协议或者共同参加国际条约的国家的作者以及无国籍人的作品首先在中国参加的国际条约的成员国出版的,或者在成员国和非成员国同时出版的,也受我国著作权法的保护。

由此可见,在我国,中国人与外国人、无国籍人原始取得著作权的条件是不同的。对中国人而言,无论作品是否发表,只要创作完成,就可获得著作权,这是一种无条件的"自动取得"。对于外国人和无国籍人而言,只有其作品首先在中国境内发表,方能获得著作权,这是一种有条件的"自动取得"。需要说明的是,对于外国人和无国籍人在中国境外发表的作品,则不存在著作权的"取得"问题,而仅仅是"保护"问题,其著作权的取得则直接由作者所属国的法律或有关的双边或多边的协议或公约予以规定。

（二）著作权的继受取得

在我国,著作权的继受取得,主要包括因继承、转让或许可以及行政决定等方式而获得。继受取得,一般都只是取得著作权中的财产权,即使用权或获得报酬权,人身权是不能继受取得的。

首先,继承是继受取得著作权的最主要方式。因遗赠取得著作权,法人或其他组织变更、终止后由承受其权利义务的法人或者其他组织取得著作权及国家取得公民、法人或其他组织的作品的著作权的方式都是继受取得著作权的方式。

其次,转让和许可是继受取得著作权的方式。转让既可能导致著作权中全部财产权的转移,也可能导致著作权中部分财产权的转移;而许可一般只会导致著作权中部分财产权的转移,且具体权利的范围也较窄,一般仅限于一种使用方式。有些情况下,许可不仅导致使用权转移,也会导致部分修改权的转移。例如,著作权人许可他人将其作品摄制为电影等作品的,视为已同意对其作品进行必要的改动。

再次,行政决定有时也会导致著作权人以外的人取得部分使用权。如《伯尔尼公约》和《世界版权公约》都有关于发展中国家对外国作品的翻译颁发强制许可的规定,而我国已加入这两个公约且已声明我国属于联合国所确认的发展中国家,由此,当我国著作权行政主管部门依法作出颁发强制许可决定时,翻译权就会发生转移。

最后,除上述方式外,其他一些特殊情况也可能导致著作权中的部分权利转移。较多可能出现的是作品原件物权的转移所可能导致的部分著作权的"强制"转移,如美术等作品原件所有权的转移,会导致其展览权的转移。另外,有时法院的判决也可能导致著作权的部分转移,如自然人的离婚、法人的破产等。在这些情况下,都仅限于财产权的转移,而不会涉及人身权。

六、著作权的法律保护

(一)著作权的保护期限

著作权受法律保护有时间限制,著作权期限届满,著作权丧失,该作品便进入"公有领域",任何人不征得原著作权人的同意、不支付报酬都可以使用。我国法律对著作人身权和著作财产权保护期作了区别规定。著作人身权利中的署名权、修改权、保护作品完整权保护期不受限制,受到法律的永久保护;著作财产权和发表权的法律保护是受限制的。根据著作权主体和作品性质不同,规定了不同的保护期限:作者是公民的,为作者有生之年加死亡后50年,截至作者死亡后第50年的12月31日;合作作品截至最后死亡的作者死亡后第50年的12月31日;法人或者其他组织的作品,著作权(署名权)由法人或者其他组织享有的职务作品,为50年,截至作品首次发表后第50年的12月31日,但作品自创作完成后50年内未发表的不再保护;电影作品和类似以摄制电影的方法创作的作品、摄影作品,保护期为50年,截至作品首次发表后第50年的12月31日,但作品自创作完成后50年内未发表的不再保护。

(二)侵犯著作权的法律责任

侵犯著作权是指未经著作权人、与著作权有关的权利人的许可,不按《著作权法》规定的条件,擅自利用受著作权法保护的作品以及表演、录音录像制品和广播电视节目的行为。我国《著作权法》根据侵犯著作权行为的不同性质及危害程度和范围的大小,规定了应当承担的相应法律责任,包括以下几个方面。

1. 民事责任

有下列侵权行为的,承担民事责任:①未经著作权人许可,发表其作品。②未经合作作者许可,将与他人合作创作的作品当作自己单独创作的作品发表。③没有参加创作,为谋取个人名利,在他人作品上署名。④歪曲、篡改他人作品。⑤剽窃他人作品。⑥未经著作权人许可,以展览、摄制电影和以类似摄制电影的方法使用作品,或以改编、翻译、注释等方式使用作品,法律另有规定的除外。⑦使用他人作品,应当支付报酬而未支付。⑧未经电影作品和以类似摄制电影的方法创作的作品、计算机软件、录音录像制品的著作权人或与著作权有关的权利人许可,出租其作品或录音录像制品,法律另有规定的除外。⑨未经出版者许可,使用其出版的图书、期刊的版式设计。⑩未经表演者许可,现场直播或公开传送其现场表演,或录制其表演。⑪其他侵犯著作权以及与著作权有关的权益。

承担民事责任的方式有停止侵害、消除影响、赔礼道歉和赔偿损失等。这几种民事责任方式,既可以单独适用,也可以合并适用。修改后的《著作权法》增加规定,侵犯著作权及其邻接权的,侵权人应当按照权利人的实际损失给予赔偿;实际损失难以计算的,可以按照侵权人的违法所得给予赔偿。赔偿数额还应当包括权利人为制止侵权行为所支付的合理开支。权利人的实际损失或者侵权人的违法所得不能确定的,由人民法院根据侵权行为的情节,判决给予 50 万元以下的赔偿。

2. 行政责任

有下列侵权行为的,除承担民事责任外,如果同时损害公共利益的,还应承担行政责任:①未经著作权人许可,复制、发行、表演、放映、广播、汇编、通过信息网络向公众转播其作品,法律另有规定的除外。②出版他人享有专有出版权的图书。③未经表演者许可,复制、发行录有其表演的录音录像制品,或通过信息网络向公众转播其表演的,法律另有规定的除外。④未经录音录像制作者许可,复制、发行、通过信息网络向公众转播其制作的录音录像制品,法律另有规定的除外。⑤未经许可,播放或复制广播、电视的,法律另有规定的除外。⑥未经著作权人或与著作权有关的权利人许可,故意避开或破坏权利人为其作品、录音录像制品等采取的保护著作权或与著作权有关的权利的技术措施的,法律、行政法规另有规定的除外。⑦未经著作权人或与著作权有关的权利人许可,故意删除或改变作品、录音录像制品等的权利管理电子信息的,法律、行政法规另有规定的除外。⑧制作、出售假冒他人署名的作品。

可以由著作权行政管理部门责令停止侵权行为,没收违法所得,没收、销毁侵权复制品,并可处以罚款;情节严重的,著作权行政管理部门还可以没收主要用于制作侵权复制品材料、工具、设备等。这几种行政处罚手段,既可以单独使用,也可以合并使用。

3. 刑事责任

对于侵犯著作权追究刑事责任的规定,主要见于《中华人民共和国刑法》。该法第217条规定:"以营利为目的,有下列侵犯著作权情形之一,违法所得数额较大或者有其他严重情节的,处三年以下有期徒刑、拘役,单处或并处罚金;违法所得数额巨大或者有其他特别严重情节的,处三年以上七年以下有期徒刑,并处罚金:(一)未经著作权人许可,复制发行其文字作品、音乐、电影、电视、录像作品、计算机软件及其他作品的;(二)出版他人享有专有出版权的图书的;(三)未经录音录像制作者许可,复制发行他人制作的录音录像的;(四)制作、出售假冒他人署名的美术作品的。"该法第218条规定:"以营利为目的,销售明知是本法第二百一十七条规定的侵权复制品,违法所得数额巨大的,处三年以下有期徒刑或拘役,并处或单处罚金。"

此外,著作权法还规定了侵权人的举证责任:复制品的出版者、制作者不能证明其出版、制作有合法授权的,复制品的发行者或电影作品或以类似摄制电影的方法创作的作品、计算机软件、录音录像制品的复制品的出租者不能证明其发行、出租的复制品有合法来源的,应当承担法律责任。

第三节　专利法

一、专利法概述

专利权,简称"专利",是指由国家专利主管机关依法授予专利申请人在一定期限内实施其发明创造的专有权。专利申请人依法被授予专利权后,享有专利法赋予的权利,未经专利权人许可,任何人不得制造、使用、销售其取得专利的发明成果(法律另有规定的除外),否则构成侵权,应受法律的制裁。

专利法是调整在确认和保护发明创造的专有权,以及在利用专有的发明创造过程中产生的社会关系的法律规范的总称。1984年3月,第六届全国人民代表大会常务委员会通过了《中华人民共和国专利法》(下简称《专利法》),自1985年4月1日起施行。1992年9月4日第七届全国人民代表大会常务委员会第二十七次会议对《专利法》进行了第一次修订,2000年8月25日第九届全国人民代表大会常务委员会第十七次会议对《专利法》进行了第二次修订。新的《中华人民共和国专利法实施细则》(下简称《实施细则》)也于2001年6月15日由国务院批准,自2001年7月1日起施行。《专利法》及《实施细则》的颁布、修订和实施,标志着中国的专利保护制度日趋成熟,它在促进发明创造、科技发展、对外开放和国际交流方面发挥着重要的作用。

二、专利权的主体、客体和内容

(一)专利权的主体

专利权的主体,是指可以申请并取得专利的单位和个人。享有专利权的单位和个人统称为专利权人,主要有下列几种。

(1)发明人或设计人。是指对发明创造的实质性特点作出创造性贡献的人。在完成发明创造过程中,只负责组织工作的人、为物质条件的利用提供方便的人或从事其他辅助工作的人,不是发明人或设计人。发明人或设计人具体又可分为:①职务发明人。是指执行本单位的任务①,或者主要是利用本单位的物质技术条件完成发明创造的人。②非职务发明人。③共同发明人。是指共同研制成同一发明的两个或两个以上的人。非职务发明创造,申请专利的权利属于发明人或设计人,申请被批准后,即成为专利权人,职务发明创造,申请专利的权利属于该单位,申请被批准后,该单位即成为专利权人;如果单位与发明人或设计人订有合同,对申请专利的权利和专利权的归属作出约定的,从其约定。两个以上的公民或单位合作完成的发明创造,由合作单位或公民共同提出申请,申请被批准的,专利权即归申请人共有。

(2)依照法律规定或通过委托合同等取得专利权的单位或自然人。主

---

① 执行本单位的任务是指在本职工作中做出的发明创造;履行本单位交付的本职工作之外的任务所做出的发明创造;退职、退休或者调动工作后1年内做出的,与其在原单位承担的本职工作或原单位分配的任务有关的发明创造。

要是指依据职务发明创造取得专利申请权和专利权的单位(专利用本单位的物质条件是指利用本单位的资金、设备、零部件、原材料或不向外公开的技术资料等)。通过委托合同的约定对研究开发方完成的发明创造取得专利申请权和专利权的单位和个人,以及通过接受赠与、遗赠、转让、继承取得专利权的单位和个人。

(二)专利权的客体

专利权的客体,是指专利法保护的对象,即依法可以取得专利权的发明创造,具体是指发明、实用新型和外观设计。

(1)发明,是指对产品、方法或其改进所提出的新的技术方案。发明分为产品发明和方法发明两种。发明不同于发现,发现揭示自然界已经存在但尚未被人们所认识的事物。科学发现依法不能授予专利权。

(2)实用新型,是指对产品的形状、构造或者两者的结合所提出的适于实用的新的技术方案。

(3)外观设计,是指对产品的形状、图案、颜色或其结合所作出的富有美感并适于工业上应用的新设计。外观设计只涉及产品的外表和形状,而不涉及产品的制造和设计技术。

(三)专利权的内容

专利权的内容是指专利权人的权利和义务。

专利权人的权利包括:①独占权,是指专利权人有自己制造、使用和销售专利产品,或者使用专利方法的权利,他人未经专利权人同意,不得支配其专利。②转让权,是指专利权人将专利权通过签订转让合同的方式转让给他人。转让后转让人不再享有专利权,受让人成为新的专利权人。专利权的转让,必须签订书面合同,经专利局登记处公告后才发生法律效力。③许可权,是指专利权人有权许可其他单位或个人制造、使用、销售其专利产品,使用其专利方法。被许可人无权就该专利再许可第三人使用或将该专利转让给第三人。专利实施许可必须签订书面合同。④进口权,是指专利权人有权禁止他人未经其许可进口与其专利产品相同的产品或进口依其专利方法可直接获得的相同的产品。⑤标记权,是指专利权人有权在专利产品的包装上标明专利记号和专利号,发明人和设计人无论是否为专利权人,都有在专利文件上写明自己是发明人或设计人的权利。这种人身权利,不因专利权的转让而消灭。⑥排除侵犯权,是指专利权人在自己的专利权受到侵犯时,有权请求专利管理机关进行处理,或者直接向人民法院起诉。⑦放弃权,是指专利权人通过向专利局提出书面申请或以不缴年费的方式放弃其专利权。放弃专利权,实际上是专利权人对其专利权的一种处分。

专利权人的义务包括:①缴纳年费的义务,是指为维持专利的效力,专利权人依据《专利法》的规定,从获得专利权当年开始,在专利权有效期限内,逐年向专利局缴纳费用的义务。否则,视为放弃专利权。②职务发明创造专利权的单位有支付奖励费的义务,职务发明创造取得专利后,作为专利权人的单位有向发明人或设计人给予报酬、奖励的义务。③实施专利发明创造的义务。专利权人实施其专利,既是一项权利,也是一项义务。否则,国务院专利行政部门有权强制实施。专利的实施有三种情况:一是自己实施,二是许可他人实施,三是强制许可。根据我国《专利法》及其《实施细则》的规定:具备实施条件的单位以合理的条件请求发明或者实用新型专利权人实施其专利,而不能在合理长的时间内获得这种许可时,国务院专利行政部门根据该单位的申请,可以给予实施该发明专利或者实用新型专利的强制许可。自专利权被授予之日起满3年后,任何单位均可依照上述条款的规定,请求国务院专利行政部门给予强制许可。对于关联专利,国务院专利行政部门可根据后一专利权人的申请,给予实施前一发明或实用新型的强制许可。但取得实施强制许可的单位或个人不享有独占的实施权,也无权允许他人实施,并要向专利权人支付合理的使用费。

三、专利权的取得

专利权的取得不同于著作权的"自动取得",而必须经过法定的申请、审查和批准手续。

(一)授予专利权的条件

1.新颖性、创造性和实用性

这是授予专利权的积极(必备)条件根据《专利法》的规定,授予专利权的发明和实用新型,应当具备新颖性、创造性和实用性。

所谓新颖性,是指在申请日以前没有同样的发明或者实用新型在国内外出版物上公开发表过、在国内公开使用过或者以其他方式为公众所周知,也没有同样的发明或者实用新型由他人向国务院专利行政部门提出过申请并且记载在申请日以后公布的专利申请文件中。但是,申请专利的发明创造在申请日以前6个月内,有下列情形之一的,不丧失新颖性:在中国政府主办或者承办的国际展览会上首次展出的;在规定的学术会议或者技术会议上首次发表的;他人未经申请人同意而泄露其内容的。

所谓创造性,是指同申请日以前已有的技术相比,该发明有突出的实质性特点和显著的进步,该实用新型有实质性特点和进步。

所谓实用性,是指该发明或者实用新型能够制造或者使用,并且能够产生积极效果。

授予专利权的外观设计,应当同申请日以前在国内外出版物上公开发表过或者国内公开使用过的外观设计不相同和不相近似,并不得与他人在先取得的合法权利上相冲突。由此可以看出,作为关于美感设计的外观设计专利只要求具备新颖性,明显低于作为技术性方案的发明专利和实用新型专利。

2.授予专利权的消极(禁止)条件

首先,对违反国家法律、社会公德或妨害公共利益的发明创造,不授予专利权。如伪造货币的技术、赌博工具、吸毒工具、"万能钥匙"等,均不能授予专利权。

其次,对下列各项不授予专利权:①科学发现。②智力活动的规则和方法。③疾病的诊断和治疗方法。④动物和植物品种(其生产方法除外)。⑤用原子核变方法获得的物质。

(二)申请专利的原则

1.先申请原则

两个以上的申请人分别就同样的发明创造申请专利的,专利权授予最先申请的人。两个以上的申请人在同一日分别就同样的发明创造申请专利的,自行协商确定申请人。

2.优先权原则(先申请原则的例外)

申请人自发明或者实用新型在外国第一次提出专利申请之日起 12 个月内,或者自外观设计在外国第一次提出专利申请之日起 6 个月内,又在中国就相同主题提出专利申请的,依照该外国同中国签订的协议或者共同参加的国际条约,或者依照相互承认优先权的原则,可以享有优先权,即将其首次申请日当作其后续申请的申请日。

申请人自发明或者实用新型在中国第一次提出专利申请之日起 12 个月内,又向国务院专利行政部门就相同主题提出专利申请的,可享有优先权。

3.单一性(一发明一专利)原则

一件发明或者实用新型专利申请应当限于一项发明或者实用新型。属于一个总的发明构思的两项以上的发明或者实用新型,可以作为一件申请提出。

一件外观设计专利申请应当限于一种产品所使用的一项外观设计。用于同一类别并且成套出售或者使用的产品的两项以上的外观设计,可以作为一件申请提出。

（三）申请专利的程序

1.专利的申请

申请发明或者实用新型专利的,应当提交申请书、说明书及其摘要和权利要求书等文件;申请外观设计专利的,应当提交请求书以及该外观设计的图片或者照片等文件,并且应当写明使用该外观设计的产品及其所属的类别。

2.专利申请的审查和授予

国务院专利行政部门收到发明专利申请后,经初步审查认为符合专利法要求的,自申请日起满18个月,即行公布。国务院专利行政部门可以根据申请人的请求早日公布其申请。实用新型和外观设计专利申请经初步审查没有被发现有驳回理由的,国务院专利行政部门应当作出授予实用新型专利权或者外观设计专利权的决定,发给相应的专利证书,并予以登记和公告。实用新型专利权和外观设计专利权自公告之日起生效。

这里的初步审查,是指审查专利申请的文件是否齐备,文件的写作是否符合要求,申请的内容是否符合国家法律和社会公德及单一性原则,以及其是否属于专利法保护范围等。国务院专利行政部门应当将审查意见通知申请人,要求其在指定期限内陈述意见或者补正;申请人期满未答复的,其申请被视为撤回。申请人陈述意见或者补正后,国务院专利行政部门仍然认为不符合规定要求的,应当予以驳回。发明专利申请自申请日起三年内,国务院专利行政部门可以根据申请人随时提出的请求对其申请进行实质审查;申请人无正当理由逾期不请求实质审查的,该申请即被视为撤回。此外,国务院专利行政部门在必要的时候,可以自行对发明专利申请进行实质审查,但在自行审查时,应当通知申请人。发明专利申请经实质审查没有被发现有驳回理由的,国务院专利行政部门应当作出授予发明专利权的决定,发给发明专利证书,并予以登记和公告。发明专利权自公告之日起生效。

3.对授予专利权异议的处理

自授予专利权公告之日起,任何单位或者个人认为该专利权的授予不符合《专利法》有关规定的,都可以请求专利复审委员会宣告该专利权无效。专利复审委员会对宣告专利权无效的请求应当及时审查和作出决定,并通知请求人和专利权人,宣告专利权无效的决定,由国务院专利行政部门登记和公告。

对专利复审委员会宣告专利权无效或者维持专利权的决定不服的,可以自收到通知之日起 3 个月内向人民法院起诉。人民法院应当通知无效宣告请求程序的对方当事人作为第三人参加诉讼。宣告无效的专利权视为自始即不存在。

四、专利权的法律保护

（一）专利权的保护范围

根据我国《专利法》规定，发明或实用新型专利权的保护范围以其权利要求的内容为准，说明书及附图可以用于解释权利要求。外观设计专利权的保护范围，以其在图片或者照片中表示该外观设计专利产品为准。

（二）专利权的保护期限

在中国，发明专利权的保护期限为 20 年，实用新型和外观设计专利权的保护期限为 10 年，均自申请日起计算。但有下列情形之一的，专利权在期限届满前终止：①没有按照规定缴纳年费的。②专利权人以书面声明放弃其专利权的。专利权的终止，由国务院专利行政部门登记和公告。专利权终止后，自动进入公有领域。

（三）专利违法行为及其法律责任

专利违法行为主要表现为：侵犯专利权的行为和冒充专利的行为。侵犯专利权的行为就是指在专利权有效期内，未经专利权人许可，实施其专利或者假冒其专利的行为。假冒他人专利行为的具体情形有：①未经许可，在其制造或销售的产品、产品的包装上标注他人的专利号。②未经许可，在广告或其他宣传材料中使用他人的专利号，使人将所涉及的技术误认为是他自己的专利技术。③未经许可，在合同中使用他人的专利号，使人将合同涉及的技术误认为是他自己的专利技术。④伪造或变造他人的专利证书、专利文件或专利申请文件。

冒充专利的行为，是指以非专利产品冒充专利产品、以非专利方法冒充专利方法的行为。具体行为表现有：①制造或销售标有专利标记的非专利产品。②专利被宣告无效后，继续在制造或销售的产品上标注专利标记。③在广告或其他宣传材料中非专利技术称为专利技术。④在合同中将非专利技术称为专利技术。⑤伪造或变造专利证书、专利文件或专利申请文件。

为了维护国家和社会的整体利益，促进科学技术研究，我国《专利法》对专利权也设置了若干限制，明确规定了下列行为应不视为侵犯专利权：①专利权人制造、进口或者经专利权人许可制造、进口的产品或者依照专利方法直接获得的产品售出后，使用、许诺销售或者销售该产品的。②在专利申请日前已经制造出相同产品、使用相同方法或者已经做好制造、使用的必要准备，并且仅在原有范围内继续制造使用的。③临时通过中国领陆、领水、领空的外国运输工具，依照其所属国同中国签订的协议或者共同参加的国际条约，或者依照互惠原则，为运输工具自身需要而在其装置和设备中使用有关专利的。④专为科学研究和实验而使用有关专利的。为生产经营目的使用或者销售不知道是未经专利权人许可而制造并出售的专利产品或者依照专利方法直接获得的产品，能证明其产品合法来源的，不承担赔偿责任。

因专利侵权引起纠纷的，当事人可以协商，不愿协商解决或协商不成的，专利权人或利害关系人可以向人民法院起诉，也可以请求管理专利工作的部门处理。管理专利工作的部门处理时，认定侵权行为成立的，责令立即停止侵权行为。假冒他人专利的，由管理专利工作的部门责令改正并公告，没收违法所得，可以并处违法所得 3 倍以下的罚款，没有违法所得的，可以处 5 万元以下的罚款；构成犯罪的，依法追究刑事责任。冒充专利的行为，由管理专利工作的部门责令改正并公告，可以处 5 万元以下的罚款。当事人不服管理专利工作的部门处理的，自收到处理通知之日起15 日内，提起行政诉讼；侵权人期满不起诉又不停止侵权行为的，管理专利工作的部门可以申请人民法院强制执行。

对于专利的侵权行为，专利权人或者利害关系人可以直接请求管理专利工作的部门调解赔偿数额，调解不成的，向人民法院起诉。专利诉讼的时效是两年，自专利权人或利害关系人知道或者应当知道权利受侵害之日起计算。侵犯专利权赔偿额的计算，按照权利人因被侵权所受到的损失或侵权人所获得的利益确定：如被侵权人的损失或侵权人获得的利益难以确定的，参照该专利许可使用费的倍数合理确定。专利权人或者利害关系人有证据证明他人正在实施或即将实施侵犯其专利权的行为，如不及时制止将会使其合法权利受到难以弥补的损害的，在起诉前可以向人民法院申请采取责令停止有关行为和财产保全的措施。

对于违反《专利法》的规定，未经专利权人的同意使用其专利，情节严重的；违反《专利法》关于中国单位和个人向外国申请专利的规定，擅自向外国申请专利，泄露国家重要机密的；专利工作人员及其他有关国家工作人员徇私舞弊的，构成犯罪的，依法追究刑事责任。

第四节　商标法

一、商标法概述

商标,是指商品和服务的标记。商标是区别不同商品生产者或服务来源的标志,即它是商品生产者或经营者及服务提供者用以表明自己所生产或销售的及提供的服务,与其他人生产或销售的同类商品和提供的同类服务相区别的标记。商标是由文字、图形、字母、数字、三维标志和颜色组合等要素组合构成的可视性视觉标志。目前排除了"气味"和"音响"商标。商标具有以下特征:①是用在商品和服务领域的特定标记。②是区别不同商品生产者、经营者和商业服务者的标记,从而使商标与商品的外观装潢区分开来。③可以反映商品的质量和服务水平,为商品的购买者和服务对象提供特殊的信息。

商标法,是指调整在确认、保护商标专用权和商标使用权过程中发生的社会关系的法律规范的总称。1904 年,清朝颁布了《商标注册试行章程》。新中国成立后,1963 年国务院颁布了《商标管理条例》。1983 年实施了《中华人民共和国商标法》,1993 年和 2001 年进行了 4 次修订。《商标法》及其《实施细则》是中国商标法律制度中最重要的法律文件。多年来,它们对于保护商标专用权,促使商标所有人保证商品质量和维护商标信誉,保障消费者利益,治理改革开放的良好环境,促进经济发展等方面,发挥了重要的作用。

二、商标权的主体、客体和内容

(一)商标权的主体

商标权的主体,即商标专用权人,是指注册商标的所有人。凡符合商标注册申请人资格者,经法定程序取得商标注册证,即为商标权的原始主体。自然人、法人或其他组织都可以成为商标权的主体。外国人或者外国企业在我国也可以依法取得商标权的主体。外国人或者外国企业在我国也可以依法取得商标权,从而成为商标权的主体。

(二)商标权的客体

商标权的客体,即商标法保护的对象,是指依法可以取得注册的商标。按商标的用途分,商标主要有:①商品商标,是指用来将一个企业的商品与其他企业的商品区别开来的、看得见的标志。②服务商标,也称服务标志,是指用来将一个企业的服务与其他企业的服务区别开的、看得见的标志。③集体商标,是指以团体、协会或其他组织名义注册,供该组织成员在商事活动中使用,以表明使用者在该组织中的成员资格的标志。④证明商标,是指由对某种商品或服务具有监督能力的组织所控制,而由该组织以外单位或个人使用于其商品或服务,用以证明该商品或服务的原产地、原料制造方法、质量或其他特定品质的标志。⑤联合商标,是指为了防止他人在同类商品或类似商品上使用相同或相近似的商标。联合商标实际上是一种系列商标。比如一个"乐福口"商标,在注册时可将"福口乐"、"口福乐"作为备用商标一同注册。⑥防御商标,是指出于防御目的而使用的商标,即为防止他人将自有的商标使用在其他种类的商品上,而将该商标注册在企业的其他商品上的商标。如日本索尼公司,将"索尼"这一著名商标,分别注册在其生产的许多不同的商品上,以达到防御目的。⑦驰名商标,也称周知商标。是指那些知名度高、持续使用时间较长、商品销售量大、销售范围广、竞争力强、信誉好的商标。驰名商标是《保护工业产权巴黎公约》中规定所属成员国应予保护的商标。

按商标的结构分,商标主要有四种:①字符商标,是指以文字、字母、数字及其组合为标记的商标。字符商标可以使用汉字、汉语拼音,也可以使用阿拉伯数字或外国文字,其特点是通俗、易认、易记、易懂。②图形商标。是指用图形作为商品的标记的商标。它的特点是生动形象,便于记忆。③立体商标,也称三维标志商标,通常是由具有立体感的图形和文字所构成,如茅台的酒瓶形状、带棱的可口可乐玻璃瓶的瓶型等。④组合商标,是指以字符、图形和颜色组合构成的平面或具有立体感的商标。其特点是图文并茂,便于识别,是商标中常用的一种。

我国禁止商标使用的标志有:①同中华人民共和国的国家名称、国旗、国徽、军旗、勋章相同或者近似的,以及同中央国家机关所在地特定地点的名称或标志性建筑的名称、图形相同的。②同外国的国家名称、国旗、国徽、军旗相同或者近似的,但该国政府同意的除外。③同政府间国际组织的名称、旗帜、徽记相同或者近似的,但经该组织同意或者不易误导公众的除外。④与表明实施控制、予以保证的官方标志、检验印记相同或者近似的,但经授权的除外。⑤同"红十字"、"红新月"的名称、标志相同或者近似的。⑥带有民族歧视性的。⑦夸大宣传并带有欺骗性的。⑧有害于社会主义道德风尚或者有其他不良影响的。县级以上行政区划的地名或者公众知晓的外国地名,不得作为商标;但是,地名具有其他含义或作为集体商标、证明商标组成部分的除外;已经注册使用的地名的商标继续有效。

下列标志不得作为商标注册：①仅有本商品的通用名称、图形、型号的。②仅仅直接表示商品的质量、主要原料、功能、用途、重量、数量及其他特点的。③缺乏显著特征的。④复制、摹仿驰名商标的。

(三)商标权的内容

商标权的内容是指商标权人的权利和义务。商标权人的权利,简称商标权或商标专用权,是指商标注册人对其注册商标所享有的权利。商标权的范围,以核准的注册商标和核定使用的商品为限。商标专用权是一个集合的概念,具体内容包括三项权利:①独占权。是指商标的专用权。它和物权一样,具有绝对的、排他的权利性质。②转让权。是指商标注册人将其商标权转让给他人所有。商标的转让,必须是在注册商标的有效期内进行,并以受让人能保证使用该注册商标的商品质量为条件。③使用许可权。是指商标注册人通过订立合同的方式,允许他人使用其注册商标,商标使用许可合同应当报商标局备案,被许可人应当保证使用该注册商标的商品的质量。使用许可的范围,由合同确定;使用许可的形式可以是排他许可、独占许可或一般许可。无论采取哪一种形式,许可方和被许可方均不得滥用其权利,许可方未经被许可人同意,不得在合同的有效期限内放弃续展注册或申请注册商标;被许可方不得擅自将获得使用许可的商际转让给第三人。

商标权人应承担的义务主要有:①确保商品质量的义务,是指商标权人有确保使用注册商标的商品质量的义务。注册商标权人,不仅要保证自己使用注册商标的商品的质量,而且还要在许可他人使用注册商标时,监督被许可人使用其注册商标的商品的质量。②使用注册商标的义务,如连续 3 年停止使用注册商标的,注册商标将被撤销。③依法缴纳各种费用的义务。商标权人注册商际、续展注册商标,依法要缴纳各种费用。

三、商标权的取得

商标只有经过核准注册,才能取得商标权。经过商标管理机关核准注册并刊登在商标公告上的商标为注册商标。商标注册制度是保护商标专用权的一种基本法律制度。非注册商标与注册商标相同或相近似,并用于相同或相近似的产品时,非注册商标应立即停止使用,否则构成侵权。

(一)商标注册的原则

商标注册采取的原则,主要有四个:①自愿与强制注册相结合原则。自愿注册原则,是指商标使用人自行决定是否将其使用的商标进行注册。强制注册原则,是指商标法规定的某些商品,必须使用注册商标,否则不得在市场上出售。目前,我国对人用药品、烟草制品等特殊商品实行强制注册原则。②申请在先原则。是指两个或两个以上的申请人,在同一或者类似的商品上,以相同或者相近似的商标提出注册申请时,商标管理机关注册申请在先的商标。③禁止恶意抢先注册原则。是指申请在先原则必须建立在诚实信用的基础上,不允许盗窃他人已经使用并已经建立信誉的商标作为自己的商标申请注册。也就是说,申请商标注册不得损害他人现有的在先权利,也不得以不正当手段抢先注册他人已经使用并有一定影响的商标。④"一类商品、一个商标、一个申请"的原则,是指一个商标注册申请限用于一类商品。如果同一申请人在不同类别的商品上使用同一商标的,必须另行提出注册申请,另行注册。

(二)商标注册的一般程序

1. 申请

商标注册申请人必须事先向商标局提交"商标注册申请书"、商标图样和黑白墨稿。两个或者两个以上的申请人,在同一种商品或者类似商品上,以相同或者近似的商标申请注册的,按照"申请在先"的原则,初步审定并公告申请在先的商标;同一天申请的,则按照"使用在先"的原则,初步审定并公告使用在先的商标,驳回其他人的申请,不予公告。

作为例外,新的《商标法》增加规定了注册商标申请的优先权。其中第24条规定:商标注册申请人自其商标在外国第一次提出注册申请之日起6个月之内,又在中国就相同商品以同一商标提出商标注册申请的,依照该国同中国签订的协议或者共同参加的国际条约办理,或者按照相互承认优先权的原则,可以享有优先权。《商标法》第25条规定:商标在中国政府主办或者承认的国际展览会展出的商品上首次使用的,自该商品展出之日起6个月内,该商标的注册申请人可以享有优先权。要求优先权须在提出商标注册申请时提出书面声明并在3个月内提交相关证据,否则视为未要求优先权。

2. 审查

商标局依法对申请注册的商标进行初步审定。初步审定分为:①形式审查,即审查该注册商标的申请是否符合法定的条件和程序,从而确定对申请是否受理。②实质审查,即对申请注册的标志的含义及其客观效果同他人在同一种商品或类似商品上已注册的或初步审定的商标是否相同或近似进行审查,凡符合商标法有关规定的商标,予以公告;不符合条件的,驳回申请。商标注册申请人对驳回申请不服的,可在收到通知后15日内向商标评审委员会申请复审,由商标评审委员会作出决定,并书面通知申请人。当事人对商标评审委员会的决定不服的,可以自收到通知后 30 天内向人民法院起诉。

3.异议和核准

对初步审定的商标,自公告之日起 3 个月内任何人均可提出异议,要求撤销初步审定的商标。商标局收到异议书后,依法作出裁定。当事人不服的,可在收到通知后 15 天内申请复审,由商标评审委员会作出裁定,并书面通知异议人和被异议人。当事人对商标评审委员会的裁定不服的,可以自收到通知后 30 天内向人民法院起诉。异议不成立或无异议的商标,由商标局核准注册,发给商标注册证,并予以公告。

四、商标使用的管理

各级工商行政管理部门通过对商标使用的行政管理,监督商品和服务项目的质量,制裁欺骗消费者的行为。

(一)对注册商标使用的管理

注册商标的专用权必须依法行使。如果有下列行为之一的,商标局可以责令限期改正撤销其注册商标:①自行改变注册商标的。②自行改变注册商标的注册人名称、地址或者其他注册事项的。③自行转让注册商标的。④连续 3 年停止使用的。

使用注册商标,其商品粗制滥造、以次充好,欺骗消费者的,由各级工商行政管理部门区分不同情况,责令限期改正,并可予以通报或者处以罚款,或者由商标局撤销其注册商标。

国家规定必须使用注册商标的商品却没有使用注册商标而在市场上销售的,由地方工商行政管理部门责令其限期申请注册,可以并处罚款。

(二)对使用未注册商标的管理

根据商标法的规定,注册商标享有的权利,未注册商标不得享受,对注册商标限制的条款,对未注册商标同样给予限制,如未注册商标不得擅自加注"注册商标"或国家规定的注册标记,或在广告、商品说明书中冒称"注册商标";注册商标规定不得使用的标志,未注册商标也不得滥用;更不许粗制滥造,以次充好,欺骗消费者。否则,将受到相应的行政处罚。

五、商标权的法律保护

(一)商标权的保护期限

注册商标专用权具有时间性。注册商标的有效期为 10 年,从商标核准注册之日起算,期满需要继续使用的,应当申请续展注册,每次续展注册的有效期为10年,在注册商标有效期内,注册受法律保护。注册商标的所有人对其所有的注册商标,享有独占的使用权,未经其许可,任何人都不准在同一种商品或者类似商品上使用与其注册商标相同或近似的商标。当他人侵害了注册商标的专用权时,注册商标专用权人有权采取保护措施,可以使工商行政管理部门予以行政保护,也可以直接请求人民法院给予司法保护。

(二)侵犯商标权的行为及其法律责任

凡具有下列行为之一的,均属侵犯注册商标专用权:①未经注册商标权人许可,在同一种商品上使用与其注册商标相同或者相近似的商标。②销售侵犯注册商标专用权的商品。③伪造、擅自制造他人注册商标标识或者销售伪造、擅自制造的注册商标标识。④未经商标注册人同意,更换其注册商标并将该更换商标的商品又投入市场。⑤给他人的注册商标专用权造成其他损害的,具体包括:经销明知或者应该明知是侵犯他人注册商标专用权商品;在同一种或者类似的商品上,将与他人注册商标相同或近似的文字、图形作为商品名称或者商品装潢使用,并足以造成误认的;故意为侵犯他人注册商标专用权提供仓储、运输、邮寄、隐匿等便利条件的。

对于侵犯他人注册商标专用权的行为,依法可采用行政、民事和刑事三种制裁形式。

行政制裁,是指各级工商管理部门依法作出的制裁。有侵犯注册商标专用权的情况,任何人均可向侵权人所在地或侵权人行为地县级以上工商行政管理机关控告或者检举。认定侵权行为成立的,有关工商行政管理部门有权责令侵权人立即停止侵权行为,没收、销毁侵权商品和专门用于制造侵权商品、伪造注册商标标识的工具,并可依法处以罚款。当事人对工商行政管理部门的处理不服的,可以在收到通知15天内,向人民法院提起行政诉讼。侵权人期满不起诉又不履行的,工商行政管理部门可以申请人民法院强制执行。

民事制裁,是指人民法院依法责令商标侵权人赔偿损失,追究其民事责任的制度。有侵犯注册商标专用权的情况,当事人可以协商解决;不愿协商或协商不成的,商标注册人或利害关系人可以向人民法院起诉,要求停止侵害、排除妨碍、消除危险、赔偿损失、消除影响、恢复名誉、赔礼道歉等。赔偿损失数额,可以是侵权人因侵权所得的利益,可以是被侵权人因被侵权所受到的损失,其中包括被侵权人为制止侵权行为所支付的合理开支。如侵权人因侵权所得的利益,或被侵权人因被侵权所受到的损失难以确定的,可由人民法院根据侵权行为的情节判决50万元以下的赔偿。为防止任何延误给权利人造成不可弥补的损害或证据灭失,商标注册人或利害关系人可以在诉前向人民法院申请,采取责令停止有关行为、财产保全和证据保全等措施。

刑事制裁,是指司法机关对商标侵权构成犯罪的侵权行为,追究其刑事责任的制度。以下行为构成犯罪的,除赔偿被侵权人的损失外,还要依法追究侵权者的刑事责任:①未经注册商标权人许可,在同一种商品上使用与其注册商标相同的商标,情节严重的;②伪造、擅自制造他人注册商标标识或者销售伪造、擅自制造的注册商标标识,情节严重的;③销售明知是侵犯注册商标专用权的商品,销售金额数额较大的。

练习七

一、单项选择题

1. 著作权的下列权利中不受保护期限制的是(   )。

   A. 发表权　　　　B. 使用权　　　　　C. 获得报酬权　　　　D. 署名权

2. 某科研所(全民所有制)研究人员王某在执行本所研究任务中完成了一项发明,现要申请专利,你认为该项发明的类别及专利申请权的归属是(   )。

   A. 职务发明,申请权属于王某

   B. 职务发明,申请权属于该所

   C. 非职务发明,申请权属于该所

   D. 非职务发明,申请权属于王某

3. 在专利申请日之前已经制造出相同产品、采用相同方法的或已做好制造、使用准备的,依照专利法的规定(   )。

   A. 不得继续制造、使用

   B. 可以在原有范围内继续制造、使用,但应当同专利权人订立使用许可合同

   C. 可以在原有范围内继续制造、使用,但应当向专利权人支付费用

   D. 可以在原有范围内继续制造、使用,但不得许可他人制造、使用

4. 根据我国专利法规定,(   )可以授予专利权。

   A. 科学发现　　　　　　　　B. 疾病的诊断和治疗方法

   C. 智力活动的规则和方法　　D. 动物和植物品种的生产方法

5. 为了创造自己的品牌,某内衣专卖店注册了"活得好"商标,该商标的性质属于(   )商标。

   A. 服务　　　　B. 证明　　　　　C. 销售　　　　　D. 制造

二、多项选择题

1.下列著作权中的人身权,( )是不受时间限制的。

　　A.署名权　　　　　　　　　B.发表权

　　C.修改权　　　　　　　　　D.保护作品完整权

2.下列对象中( )受著作权法的保护。

　　A.音乐作品　　　　　　　　B.舞蹈作品

　　C.工程设计　　　　　　　　D.国家机关的命令

3.下列必须使用注册商标的商品有( )。

　　A.化妆品　　　B.人用药品　　　C.烟草制品　　　D.酒类

4.授予专利权的发明和实用新型,应当具备( )。

　　A.新颖性　　　B.创造性　　　C.科学性　　　D.实用性

5.工业产权包括( )。

　　A.专利权　　　B.著作权　　　C.商标权　　　D.发现权

三、简答题

1.简述知识产权的含义和特征。

2.知识产权有哪些种类?

3.著作权是如何取得的?

4.对著作权人的权利有哪些限制?

5.专利权与商标权取得程序有何异同?

6.专利权的客体有哪些?

7.商标注册的原则有哪些?

8.侵犯知识产权的法律责任有哪些?

四、案例分析题

1.画家吴忠经常即兴作画,赠送好友谢某,几年后谢某已收藏吴忠画30多幅。谢某从中选出25幅,以《吴忠画册》为名出版了署名吴忠的25幅画。吴忠得知后十分气愤,认为谢某及出版社侵犯了自己的权利。请问:依照法律,谢某侵犯了吴忠的什么权利?

2.甲、乙两人系同事,甲曾委托乙创作一剧本,乙碍于情面答应为其创作,但双方没有订立任何书面合同,也未作出明确的口头约定。乙按时完稿交甲审阅,甲看后让乙再作修改。后甲因工作关系调到他省工作,乙修改完作品即以自己的名义对外发表。甲知悉后,提出著作权属于自己。请问:依法律规定,此剧本的著作权属于谁?

3.2010年4月1日,某报刊登了一则消息:曹雪芹后裔申请《红楼梦》版权。曹雪芹第16代孙曹某,现定居北京,2009年获得一本流失民间的曹氏家谱,查明自己是曹雪芹的后裔,遂决定向国家版权机构申请拥有《红楼梦》版权。这则新闻是这家报纸的编辑们,在4月1日"愚人节"制造的虚假新闻。请问:说它是假新闻,假在什么地方?

第八章

经济法律制度

【本章导读】

本章内容包括经济法基础理论、市场主体法和市场规制法共三块内容。了解和掌握公司法,个人独资企业和合伙企业法律相关内容及消费者权益保护法,产品质量法,反不正当竞争法的劳动法等相关内容。

【本章重点】

公司分类。

公司设立条件。

责任承担方式。

公司特征、组织机构及其职权。

【本章难点】

董事、经理和监事的任职资格和义务。

消费者基本权益类型及不正当竞争表现形式。

第一节　经济法概述

一、经济法的概念与特征

经济法是调整国家协调本国经济运行过程中发生的经济关系的法律规范的总称。

经济法具有以下特征:①经济性。经济法往往把经济制度、经济活动的内容和要求直接规定为法律,或直接赋予经济规则以法律效力。②政府主导性。经济法是国家干预、从事经济活动,参与经济关系的产物,调整的是直接体现国家意志的经济关系,从而与政府的管理和参与有着密切关系。③综合性。经济法的综合性体现在多方面:在主体上,其范围广泛;在规范构成上,经济法是由一系列法律规范构成的;在调整范围上,经济法调整的是国家协调经济关系的各个方面;在调整方法上,其调整方法既包括直接的强制性规定,也包括间接的疏导式影响。

二、经济法律关系

经济法律关系指的是国家在协调经济过程中所形成的权利义务关系。从经济法律关系的类型而言,它主要包括主体调控关系、市场行为管理关系、宏观经济调控关系和社会经济保障关系四个方面。从经济法律关系的构成而言,它同其他法律关系一样,也包含了主体、内容和客体三个要素。

（一）经济法律关系的主体

经济法律关系的主体大致可分为经济管理主体和经济活动主体两大类。前者包括国家机关,也包括经法律授权承担一定管理职能的组织;后者是指依法成立,从事生产、流通、服务和协作等活动的组织和个人。

（二）经济法律关系的内容

经济法律关系的内容是指经济法律关系主体所享有的权（力）利和承担的义务与职责。经济职权和职责管理主要由经济管理主体承担,依法确立并行使。经济职权是经济管理所享有的权利,同时也是其应承担的义务或职责;经济职责也包含着相应的职权。经济权利是指经济活动主体依法具有的自己为或不为一定行为和要求他人为或不为一定行为的资格。经济义务是指经济活动主体为实现特定的权利主体的权利,在法律规定的范围内所承担的实施或不实施某种行为的义务。

（三）经济法律关系的客体

经济法律关系的客体是指经济法律关系主体的权利义务所指向的对象。主要包括物、行为和精神财富。

三、经济法与相关法的关系

（一）经济法与民法

民法以所有权为核心的物权,主要是确认和保护当事人既得利益的权利,并不涉及分配关系;债权部分又主要是关于当事人之间互相让度物权利益的一种权利,即按照对价原则的交换问题,是已经获得的物质利益之间的交换,也不涉及物质利益的分配。

而经济法的实质就是物质利益的分配法。

（二）经济法与行政法

行政法的分配主要是为了满足国家机器运作的需要,而经济法的分配出于社会物质生产的内生性需要。

第二节　市场主体法

一、公司法

(一)公司的概念及其立法概况

公司是指全部资本由股东出资构成,股东以其出资额或所持股份为限对公司承担责任,公司以其全部资产对公司债务承担责任的依《中华人民共和国公司法》(下简称《公司法》)成立的企业法人。作为企业的一种高级形式,公司具有以下基本特征:①是以营利为目的的企业;②是具有法人资格的企业;③是以股东投资为基础设立的股权式企业;④是依《公司法》设立的企业。

由 2005 年 10 月 27 日第十届全国人民代表大会第十八次会议通过的新《公司法》,已经于 2006 年 1 月 1 日起正式实施,成为公司运行的新准则。我国《公司法》规定的公司包括有限责任公司和股份有限公司。有限责任公司的股东以其认缴的出资额为限对公司承担责任;股份有限公司的股东以其认购的股份为限对公司承担责任。

(二)有限责任公司

1.有限责任公司的概念和特征

有限责任公司是由 50 个以下股东共同出资,每个股东以其所认缴的出资额对公司承担有限责任,公司以其全部资产对公司债务承担责任的企业法人。有限责任公司将资合公司和人合公司的优点综合起来,是一种发展历史较短的公司形式。其基本法律特征有:①公司的全部资产不分为等额股份,不公开发行股票。②股东人数有较严格限制。③股东仅承担有限责任,并按其出资比例享受权利、承担义务。④股东出资的转让有严格的限制。⑤公司的设立程序和公司的组织较简单。在设立上,有限责任公司只允许发起设立而不能募集设立,只要有几个股东缴足出资额即可;在组织上,有限责任公司可由一个或几个董事管理,而不设董事会。

2.有限责任公司的设立

根据《公司法》的规定,设立有限责任公司,应当具备下列条件:

(1)股东符合法定人数。有限责任公司由 50 个以下股东共同出资设立。但国家授权投资的机构或者国家授权的部门可以单独设立国有独资的有限责任公司。

(2)股东出资额达到法定资本的最低限额。有限责任公司的注册资本为在公司登记机关登记的全体股东实缴的出资额。有限责任公司注册资本的最低限额为人民币 3 万元。法律、行政法规对有限责任公司注册资本的最低限额有较高规定的,从其规定。公司全体股东的首次出资额不得低于注册资本的 20%,也不得低于法定的注册资本最低限额,其余部分由股东自公司成立之日起两年内缴足;其中,投资公司可以在 5 年内缴足。股东可以用货币出资,也可以用实物、知识产权、土地使用权等可以用货币估价并可以依法转让的非货币财产作价出资;但是,法律、行政法规规定不得作为出资的财产除外。

(3)股东共同制定公司章程。章程的内容包括公司的名称和住所、经营范围、注册资本额、内部组织机构、股东的权利和义务、公司的解散事项及清算办法等。

(4)有公司名称,建立符合有限责任公司要求的组织机构。有限责任公司名称中必须标有"有限责任公司"字样,其内部组织机构必须符合有限责任公司的要求。

(5)有公司住所。

3.有限责任公司的组织机构

有限责任公司的组织机构包括股东会、董事会和监事会。

(1)股东会。股东会是公司的权力机构,由全体股东组成。股东会主要行使如决定公司的经营方针和投资计划;选举和更换董事,决定有关董事的报酬;选举和更换由股东代表出任的监事,决定有关监事的报酬;审议批准董事会的报告;审议批准监事会或者监事的报告等职权。

(2)董事会。董事会由公司的全体董事组成,是公司法定的常设经营决策和业务执行机关。有限责任公司设董事会,其成员为 3~13 人。两个以上的国有企业或者其他两个以上的国有投资主体投资设立的有限责任公司,其董事会成员应当有公司职工代表。董事会中的职工代表由公司职工民主选举产生。董事会设董事长 1 人,可以设副董事长 1~2 人。董事长和副董事长的产生办法由公司章程规定。董事长为公司的法定代表人。股东少、规模小的公司,也可以不设董事会,只设 1 名执行董事,有限责任公司不设董事会的,股东会会议由执行董事召集和主持。董事会主要行使如召集股东会;并向股东会报告工作;执行股东会的决议;决定公司的经营计划和投资方案;制订公司的年度财务预算方案、决算方案;制订公司的利润分配方案和弥补亏损方案等职权。董事会决议的表决,实行一人一票。

(3)监事会。监事会是对公司的业务活动进行监督和检查的常设机构。经营规模较大的有限责任公司设立监事会,其成员不得少于 3 人。监事会应在其组成人员中推选 1 名召集人。监事会由股东代表和适当比例的公司职工代表组成,具体比例由公司章程规定。股东人数较少和规模较小的,可以设 1~2 名监事。董事、经理及财务负责人不得兼任监事。监事会或者监事主要行使如检查公司财务;对董事、经理执行公司职务时违反法律、法规或者公司章程的行为进行监督等职权。

4. 国有独资公司

国有独资公司是指国家单独出资、由国务院或者地方人民政府授权本级人民政府国有资产监督管理机构履行出资人职责的有限责任公司。国务院规定的生产特殊产品的公司或者属于特定行业的公司,应当采取国有独资公司的形式。国有独资公司不设股东会,由国家授权投资的机构或者国家授权的部门,授权公司董事会行使股东会的部分职权,决定公司的重大事项。但公司的合并、分立、解散、增减资本和发行公司债券必须由国家授权投资的机构或者国家授权的部门决定。国有独资公司设立董事会。董事每届任期不得超过 3 年。董事会成员中应当有公司职工代表。董事会成员由国有资产监督管理机构委派;但是,董事会成员中的职工代表由公司职工代表大会选举产生。董事会设董事长 1 人,可以视需要设副董事长。国有独资公司监事会成员不得少于 5 人,其中职工代表的比例不得低于 1/3,具体比例由公司章程规定。

5. 一人有限责任公司

一人有限责任公司,是指只有一个自然人股东或者一个法人股东的有限责任公司。一人有限责任公司的注册资本最低限额为人民币 10 万元。股东应当一次足额缴纳公司章程规定的出资额。一个自然人只能投资设立一个一人有限责任公司。该一人有限责任公司不能投资设立新的一人有限责任公司。出资人既可以是自然人也可以是法人。一人有限责任公司的股东不能证明公司财产独立于股东自己的财产的,应当对公司债务承担连带责任。

(三)股份有限公司

1. 股份有限公司的概念与特点

股份有限公司是注册资本由等额股份构成,并通过发行股票(或股权证)筹集资本,股东以其所认购股份对公司承担有限责任,公司以其全部资产对公司债务承担责任的企业法人。其基本特征是:①全部资本分为等额股份。②股东应为法定最低人数以上。③股票可以依法自由转让。④股东皆负有限责任。股东以其认购的股份额为限对公司的债务负责,除此之外不对公司或公司的债权人负任何责任。公司不得依据章程或约定超出股份限度,加重股东责任。

2.股份有限公司的设立

设立股份有限公司,应当具备下列条件:

(1)发起人符合法定人数。股份有限公司的设立,可以采取发起设立的方式,也可以采取募集设立的方式。发起设立,是指由发起人认购公司应发行的全部股份而设立公司;募集设立,是指由发起人认购公司应发行股份的一部分,其余股份向社会公开募集或者向特定对象募集。设立股份有限公司,应当有2人以上200人以下为发起人,其中须有半数以上的发起人在中国境内有住所。

(2)发起人认缴和社会公开募集的股本达到法定资本最低限额。股份有限公司的注册资本为在公司登记机关登记的实收资本总额,股份有限公司注册资本的最低限额为人民币500万元。法律、行政法规对股份有限公司注册资本的最低限额有较高规定的,从其规定。以发起设立方式设立股份有限公司的,发起人以书面形式认足公司章程规定发行的股份后,应即缴纳全部股款;分期缴纳的,应即缴纳首期出资。以实物、工业产权、非专利技术或者土地使用权抵作股款的,应当依法办理其财产权的转移手续。以募集设立方式设立股份有限公司的,发起人认购的股份不得少于公司股份总数的35%,其余股份应当向社会公开募集。

(3)股份发行、筹办事项符合法律规定。《公司法》对股份发行、筹办事项作了详细规定,股份有限公司的设立必须符合法律的这些规定。

(4)发起人制定公司章程,并经创立大会通过。

(5)有公司名称,建立符合股份有限公司要求的组织机构。依法设立的股份有限公司,必须在公司名称中标明"股份有限公司"字样。股份有限公司应具备相应的内部组织机构。

(6)有公司住所。

3.股份有限公司的组织机构

股份有限公司的组织机构包括股东大会、董事会和监事会。

(1)股东大会。股份有限公司的股东大会是公司的权力机构,由股东组成,依法行使职权。股东大会应当每年召开一次年会。有下列情形之一的,应当在两个月内召开临时股东大会:①董事人数不足本法规定人数或者公司章程所定人数的2/3时;②公司未弥补的亏损达实收股本总额1/3时;③单独或者合计持有公司10%以上股份的股东请求时;④董事会认为必要时;⑤监事会提议召开时;⑥公司章程规定的其他情形。

根据《公司法》规定,股东大会会议由董事会召集,董事长主持,股东大

会主要行使如决定公司的经营方针和投资计划;选举和更换董事,决定有
关董事的报酬;选举和更换由股东代表出任的监事,决定有关监事的报酬;
审议批准董事会的报告;审议批准监事会的报告;审议批准公司的年度财
务预决算方案;审议批准公司的利润分配方案和弥补亏损方案等职权。股
东大会作出决议,必须经出席会议的股东所持表决权过半数通过。但是,
股东大会作出修改公司章程、增加或者减少注册资本的决议,以及公司合
并、分立、解散或者变更公司形式的决议,必须经出席会议的股东所持表决
权的 2/3 以上通过。

(2)董事会。股份有限公司的董事会是公司必须设立的执行和经营决
策的机构,它对股东大会负责,依法实行对公司的经营管理,股份有限公司
董事会成员为 5～19 人。有限责任公司董事任期的规定以及董事会职权
的规定,适用于股份有限公司董事。

(3)监事会。监事会是股份有限公司必须设立的内部监督机构,行使
对经营管理者的监督权。股份有限公司监事会成员不得少于 3 人,由股东
代表和适当比例的公司职工代表组成,具体比例由公司章程规定。董事、
经理及财务负责人不得兼任监事。监事的任期每届为 3 年,任期届满,连
选可以连任。监事会主要行使如检查公司的财务;对董事、经理执行公司
职务时违反法律、法规或公司章程的行为进行监督;当董事和经理的行为
损害公司的利益时,要求董事和经理予以纠正等职权。

4. 股份发行和转让

股份有限公司的资本划分为股份,每股的金额相等。公司的股份采取
股票的形式。股票是公司签发的证明股东所持股份的凭证。股份的发行,
实行公开、公平、公正的原则,必须同股同权,同股同利。股票发行价格可
以按票面金额,也可以超过票面金额,但不得低于票面金额。

股份有限公司登记成立后,即向股东正式交付股票。股东持有的股份
可以依法转让。股东转让其股份,必须在依法设立的证券交易所进行,同
时股份转让受一定限制,如发起人持有的本公司股份,自公司成立之日起 1
年内不得转让,公司董事、监事、高级管理人员应当向公司申报所持有的本
公司的股份及其变动情况,在任职期间每年转让的股份不得超过其所持有
本公司股份总数的 25%;所持本公司股份自公司股票上市交易之日起 1 年
内不得转让。上述人员离职后半年内,不得转让其所持有的本公司股份。
公司章程可以对公司董事、监事、高级管理人员转让其所持有的本公司股
份作出其他限制性规定。

5.上市公司

上市公司是指其股票在证券交易所上市交易的股份有限公司。根据《中华人民共和国证券法》(下简称《证券法》)规定,股份有限公司申请股票上市,应当符合下列条件:①股票经国务院证券监督管理机构核准已公开发行;②公司股本总额不少于人民币 3000 万元;③公开发行的股份达到公司股份总数的 25％以上;公司股本总额超过人民币 4 亿元的,公开发行股份的比例为 10％以上;④公司最近 3 年无重大违法行为,财务会计报告无虚假记载。

(四)公司债券、财务与会计

1.公司债券

公司债券是指公司依照法定程序发行的,约定在一定期限还本付息的有价证券。

发行公司债券,必须符合下列条件:①股份有限公司的净资产不低于人民币 3000 万元,有限责任公司的净资产不低于人民币 6000 万元;②累计债券余额不超过公司净资产的 40％;③最近 3 年平均可分配利润足以支付公司债券 1 年的利息;④筹集的资金投向符合国家产业政策;⑤债券的利率不超过国务院限定的利率水平;⑥国务院规定的其他条件。

公开发行公司债券筹集的资金,必须用于核准的用途,不得用于弥补亏损和非生产性支出。

2.公司财务与会计报告

公司财务、会计报告是指由公司的业务执行部门按照法律规定,于前一会计年度终了时制作的具有一定内容的反映公司财务状况和经营成果的书面文件。

根据《公司法》的规定,公司财务、会计报告应包含下列内容:资产负债表;损益表;财产状况变动表;财务情况说明书;利润分配表。

(五)公司合并、分立、解散与清算

1.公司合并

公司合并是指两个或两个以上的公司通过订立合并协议,依照法律规定,合并为一个公司的法律行为。

根据《公司法》的规定,公司合并分为吸收合并和新设合并两种形式。吸收合并是指两个以上的公司合并时,其中一个或一个以上的公司并入另一个公司的法律行为。新设合并是指两个或两个以上的公司合并设立一个新的公司,合并各方随之解散的法律行为。

公司合并时,合并各方的债权、债务应当由合并后存续的公司或者新设的公司承继；登记事项发生变更，应到登记机关办理变更登记手续。

2. 公司分立

公司分立是指一个公司依法分成两个或两个以上公司的法律行为。按照《公司法》规定，公司分立可分为新设分立和派生分立两种形式。新设分立是指将原来一个具有法人资格的公司分割成两个或两个以上具有法人资格的公司的法律行为。派生分立是指将原来一个公司的一部分分出去成立一个新的公司的法律行为。

公司分立，其财产作相应的分割；登记事项发生变更，应到登记机关办理变更登记手续。

3. 公司解散与清算

公司解散是指已经成立的公司，因章程规定或法定事由而停止公司经营活动，并开始清算公司未了结的事务或者使公司法人资格消灭的法律行为。

公司清算是指公司出现法定解散事由或者公司章程所规定的解散事由后，公司宣告解散，依法清理公司债权债务的行为。

有下列情形之一的，公司可以解散：①公司章程规定的营业期限届满或者公司章程规定的其他解散事由出现；②股东会或者股东大会决议解散；③因公司合并或者分立需要解散；④依法被吊销营业执照、责令关闭或者被撤销；⑤人民法院依照《公司法》第 183 条的规定予以解散。

清算组在清理公司财产、编制资产负债表和财产清单后，发现公司财产不足清偿债务的，应当依法向人民法院申请宣告破产。

二、个人独资企业和合伙企业

（一）个人独资企业

个人独资企业是指依照《个人独资企业法》在中国境内设立，由一个自然人投资，财产为投资人个人所有，投资人以其个人财产对企业债务承担无限责任的经营实体。该法 1999 年 8 月 30 日由第九届全国人民代表大会常务委员会第十一次会议通过，共 6 章 48 条。根据《中华人民共和国个人独资企业法》第 8 条规定，设立个人独资企业应当具备下列条件：①投资人为一个自然人；②有合法的企业名称；③有投资人申报的出资；④有固定的生产经营场所和必要的生产经营条件；⑤有必要的从业人员。

设立个人独资企业可以用货币出资，也可以用实物、土地使用权、知识产权或者其他财产权利出资。采取实物、土地使用权、知识产权或者其他财产权利出资的，应将其折算成货币数额。投资人申报的出资额应当与企业生产经营规模相适应。

个人独资企业解散后,原投资人对个人独资企业存续期间的债务仍应承担偿还责任,但债权人在 5 年内未向债务人提出偿债请求的,该责任消灭。

(二)合伙企业

合伙企业,是指自然人、法人和其他组织依照本法在中国境内设立的普通合伙企业和有限合伙企业。普通合伙包括特殊的普通合伙,以专业知识和专门技能为客户提供有偿服务的专业服务机构,可以设立为特殊的普通合伙企业。

《合伙企业法》由中华人民共和国第十届全国人民代表大会常务委员会第二十三次会议于 2006 年 8 月 27 日修订通过,自 2007 年 6 月 1 日起施行。

设立合伙企业,应当具备下列条件:①有两个以上合伙人。合伙人为自然人的,应当具有完全民事行为能力;②有书面合伙协议;③有合伙人认缴或者实际缴付的出资;④有合伙企业的名称和生产经营场所;⑤法律、行政法规规定的其他条件。

普通合伙企业名称中应当标明"普通合伙"字样。特殊的普通合伙企业名称中应当标明"特殊普通合伙"字样。有限合伙企业名称中应当标明"有限合伙"字样。

合伙企业的利润分配、亏损分担,按照合伙协议的约定办理;合伙协议未约定或者约定不明确的,由合伙人协商决定;协商不成的,由合伙人按照实缴出资比例分配、分担;无法确定出资比例的,由合伙人平均分配、分担。

合伙协议不得约定将全部利润分配给部分合伙人或者由部分合伙人承担全部亏损。

合伙企业不能清偿到期债务的,债权人可以依法向人民法院提出破产清算申请,也可以要求普通合伙人清偿。

合伙企业依法被宣告破产的,普通合伙人对合伙企业债务仍应承担无限连带责任。

第三节 市场规制法

一、反不正当竞争法

(一)反不正当竞争法的概念及其立法概况

反不正当竞争法是指调整在制止不正当竞争行为过程中发生的经济

关系的法律规范的总称。

1993年9月2日,第八届全国人民代表大会常务委员会第三次会议通过了《中华人民共和国反不正当竞争法》(下简称《反不正当竞争法》),并于1993年12月1日起施行。

(二)不正当竞争行为的概念及其类型

不正当竞争行为是指经营者违反《反不正当竞争法》的规定,损害其他经营者的合法权益,扰乱社会经济秩序的行为。根据我国《反不正当竞争法》的规定,不正当竞争行为主要包括以下几种类型:

(1)在市场交易中采用假冒或擅自使用他人注册商标、标志、名称、包装、装潢等不正当手段损害竞争对手的行为。包括假冒他人的注册商标,擅自使用知名商品特有的标识,擅自使用他人的名称,伪造或者冒用认证标志、名优标志和商品产地。

(2)利用独占地位,排挤其他竞争者的行为。这主要是指公用企业或者其他依法具有独占地位的经营者(如供水、供电、邮政、交通运输等行业的经营者),利用自身的优势地位限定他人购买其指定的经营者的商品,妨碍其他经营者的公平竞争的行为。

(3)滥用行政权力,限制其他经营者正当的经营活动的行为。这主要是指政府及其所属部门滥用行政权力,限制他人购买其指定的经营者的商品,限制其他经营者正当的经营活动;限制外地商品进入本地市场,或者本地商品流向外地市场。

(4)采用财物或者其他手段进行商业贿赂以销售或者购买商品的行为。这主要是指在账外暗中给予对方单位或者个人回扣的行为。

(5)商业广告中的虚假宣传行为。这主要是指虚假广告行为,即广告内容与事实不相符合,使人误解并作出交易决策行为的广告。虚假广告违法性的成立取决于广告的导向和人们的理解,而不要求实际发生损害后果。

(6)侵犯商业秘密的不正当竞争行为。商业秘密是指不为公众所知悉、能为权利人带来经济效益、具有实用性并经权利人采取保密措施的技术信息和经营信息。侵犯商业秘密的行为,不仅是侵权行为,也是一种不正当竞争行为。

(7)低价倾销的不正当竞争行为。这是指经营者为排挤竞争对手,单独地或联合其他有关经营者,故意以低于成本的价格销售商品的行为。当然,并不是所有的低于成本价销售商品的行为,都是不正当竞争行为。·

(8)经营者搭售商品或附加其他不合理条件销售商品的不正当竞争行

为。这种行为违背了购买者的真实意愿，既侵犯了购买者的自主选择权和公平交易权，又以自己拥有的行业优势妨碍他人参与竞争。

(9)从事有奖销售的不正当竞争行为。有奖销售作为一种商业习惯，对促进商品销售、发展市场经济有一定的作用。但有奖销售金额越来越大，使一些实力较弱的企业无法参与竞争，所以巨奖销售是一种显失公平的竞争手段。经营者不得从事下列有奖销售：①采用谎称有奖或者故意让内定人员中奖的欺骗方式进行有奖销售。②利用有奖销售的手段推销质次价高的商品。③抽奖式的有奖销售，最高奖的金额超过5000元。

(10)经营者捏造、散布虚伪事实损害竞争对手的行为。商业信誉和商品声誉是企业的生命，采取捏造、散布虚假事实的手段，诋毁、贬低竞争对手的商业信誉和商品声誉的行为，严重破坏了公平竞争，是应受法律制裁的不正当竞争行为。

(11)投标者串通投标和投标者与招标者相互勾结的不正当竞争行为。在招标活动中，投标者的投标或招标者的招标都应该在公开、公正、平等的条件下进行。投标者串通起来，抬高或压低标价，违反了市场竞争的原则，对招标者来说是不公平的；相反，招标者与部分投标者相互勾结，事前泄露标底，或明为公开招标，实为暗定投标人，对其他投标者来说也是不公平的。

(三)不正当竞争行为的法律责任

根据我国《反不正当竞争法》的规定，经营者只要实施了各种不正当竞争行为以及与不正当竞争有关的违法行为，就要承担相应的法律责任。

1. 民事责任

《反不正当竞争法》规定，如果经营者的不正当竞争行为给其他经营者的合法权益带来损害的，经营者应承担相应的民事责任。

2. 行政责任

《反不正当竞争法》规定的行政责任，要通过不正当竞争行为的监督检查部门对不正当竞争行为的查处来实现。行取责任的形式主要包括责令停止违法行为、责令改正、消除影响以及吊销营业执照等形式。

3. 刑事责任

刑事责任适用于那些对其他经营者、消费者和社会经济秩序损害严重、情节恶劣的不正当竞争行为。《反不正当竞争法》只对经营者承担刑事责任作了原则规定，确定具体的刑事责任要适用我国刑法的相应规定。

二、消费者权益保护法

（一）消费者权益保护法的概念及其立法概况

消费者权益保护法是调整在保护消费者权益过程中发生的经济关系的法律规范的总称。所谓消费者，是指为了满足个人生活消费而购买、使用商品或接受服务的居民。此处的居民是指自然人或称个体社会成员。消费者权益是指消费者依法享有的权利及该权利受到保护时而给消费者带来的应得利益，其核心是消费者的权利。

为了保护消费者的合法权益，维护社会经济秩序，促进社会主义市场经济健康发展，1993 年 10 月 31 日全国人民代表大会常务委员会第四次会议通过了《中华人民共和国消费者权益保护法》（下简称《消费者权益保护法》），并于 1994 年 1 月 1 日起施行。

（二）消费者的权利

根据我国《消费者权益保护法》的规定，消费者的权利主要包括以下内容。

1. 安全保障权

这是指消费者在购买、使用商品或者接受服务时，享有人身、财产安全不受损害的权利。人身和财产安全权是消费者最重要的权利，也是法律赋予每一个公民的最基本的权利之一。无论消费者是否具备商品安全知识或接受服务安全知识，经营者都必须为消费者充分考虑安全的种种因素。

2. 知悉真情权

这是指消费者享有知悉其购买、使用商品或者接受服务的真实情况的权利。消费者有权根据商品或者服务的不同，要求经营者提供商品或者服务的相关情况。如果经营者一问三不知，或者含糊应付，不回答实质问题，消费者有权要求其解释，若其不能解释，消费者有权取消交易，由此发生的损失由经营者承担。

3. 自主选择权

这是指消费者享有自主选择商品或者服务的权利。自主选择权是消费者权益的重要内容之一。如果消费者没有自主选择权，在与经营者交易时，就只能按经营者的意图行事，处于不利地位。不同的消费者因其消费习惯、爱好、经济实力以及其他原因，对消费的种类、品牌以及质量和价格的要求各不相同，必须保证消费者完全按照个人的愿望和需要作出选择的权利。

4. 公平交易权

消费者和经营者之间的商品和服务交易必须公平合理。消费者在购买商品或者接受服务时,有权获得质量保障、价格合理、计量正确等公平交易条件,有权拒绝经营者的强制交易行为。消费者购买、使用商品或接受服务要付出相应的报酬或酬金给经营者,因为付出了酬金,所以消费者有权在此交易中享受诚实信用的交易回报。

5. 请求赔偿权

消费者在购买、使用商品或接受服务时,受到人身、财产损害的,享有依法获得赔偿的权利。这些损害可能是由于经营者的过失或错误造成的,也可能是经销者没有过错而造成。但不论哪种情况,只要消费者在使用商品或者接受服务时,不是由于自身的过错造成的损害,消费者都有权要求生产者、销售者或提供服务者赔偿其损失。这种求偿权是对消费者安全权、选择权、公平交易权受到损害的一种补偿性措施。

6. 其他权利

消费者除了以上五种基本权利外,《消费者权益保护法》还规定了其他一些权利,如依法结社权、接受教育权、人格尊严不受侵犯权、监督批评权等。

(三)经营者的义务

根据我国《消费者权益保护法》的规定,经营者的义务主要有:向消费者提供商品或者服务,应依法律或约定履行义务;经营者应当听取消费者对其提供的商品或者服务的意见,接受消费者的监督;保证其提供的商品或者服务符合保障人身、财产安全;提供真实信息、有问必答和明码标价;经营者应当标明其真实名称和标记。属于租赁他人柜台或者场地的经营者,也应标明其真实名称和标记;经营者提供商品或者服务,应当按照国家有关规定或者商业惯例向消费者出具购货凭证或者服务单据,消费者索要凭证或单据,经营者必须出具;提供的商品或者服务要保证质量;经营者承担包修、包换、包退的"三包"服务和经济赔偿责任;经营者不得对消费者进行侮辱、诽谤或侵犯人身自由等。

(四)消费者权益争议的解决

1. 争议解决的方法

消费者在购买、使用商品时,其合法权益受到损害,可以向销售者或者生产者要求赔偿。如果消费者要求销售者赔偿的,销售者在赔偿后,属于生产者的责任或者属于向销售者提供商品的其他销售者的责任的,销售者有权向生产者或者其他销售者追偿。消费者在接受服务时,其合法权益受到损害的,可以向服务的提供者要求赔偿。

消费者和经营者发生消费权益争议的,可以通过下列途径解决:与经营者协商和解,这主要适用于事实清楚、责任明确的争议,双方把自己的权利和义务亮出来,由未尽义务方承担责任;请求消费者协会调解;向有关行政部门申诉,请求行政保护;根据与经营者达成的仲裁协议,提请仲裁机构仲裁;向人民法院提起民事诉讼,请求司法保护等。

2.责任者

商品责任一旦产生,消费者的损失由谁来承担? 一般情况下由商品的销售者和服务的提供者承担,如原企业已分立、合并,则可向变更后承受权利义务的企业索赔。如果使用他人营业执照的违法经营者提供商品或者服务,损害消费者合法权益的,消费者可以向其要求赔偿,也可以向营业执照的持有人索赔。消费者在展销会、租赁柜台购买商品或者接受服务,其合法权益受到损害的,可以向销售者或者服务提供者要求赔偿;展销会结束后或者柜台租赁期满后,也可以向展销会的举办者、柜台的出租者索赔。消费者因经营者利用虚假广告提供商品或者服务,其合法权益受到损害的,可以向经营者要求赔偿,还可以请求行政部门予以惩处。

(五)法律责任

经营者提供商品或者服务对消费者的人身、财产安全造成损害或消费者在购买、使用商品、接受服务时受到损害的,经营者应分别承担:民事责任,包括财产责任和非财产责任;行政责任,包括警告、没收违法所得、罚款、责令停业整顿、吊销营业执照等;刑事责任。

三、产品质量法

(一)产品质量法的概念及其立法概况

产品质量法是调整产品质量管理关系和产品质量责任关系的法律规范的总称。我国产品质量法调整的产品主要限于经过加工制作用于销售的产品,不包括建设工程(建筑工程使用的建筑材料、建筑构配件和设备除外)和虽经加工、制作,但不用于销售的产品以及天然物品(如初级产品)。

第七届全国人民代表大会常务委员会第三十次会议于 1993 年 2 月 22 日通过了《中华人民共和国产品质量法》(下简称《产品质量法》),并于 1993 年 9 月 1 日起施行,2000 年 7 月 8 日第九届全国人民代表大会常务委员会第十六次会议通过了其修正案。

(二)产品质量的管理与监督

1.产品质量管理体制

依照《产品质量法》的规定,我国产品质量管理体制包括以下层次有别、任务不同的机构:

(1)国务院产品质量监督管理部门主管全国产品质量监督工作。国务院有关部门在各自的职责范围内负责产品质量监督工作。

(2)县级以上地方产品质量监督部门主管本行政区域内的产品质量监督工作。县级以上地方各级人民政府有关部门在各自的职责范围内负责产品质量监督工作。

(3)法律对产品质量的监督部门另有规定的,依照有关法律的规定执行。

2.产品质量的管理制度

(1)企业质量体系认证制度。企业质量体系认证制度,是指国务院产品质量监督管理部门或者由它授权的部门认可的认证机构,依据国际通用的质量管理标准,对企业的质量体系和质量保证能力进行审核,经认证合格,颁发企业质量体系认证证书,以兹证明的制度。

(2)产品质量认证制度。产品质量认证,是指依据具有国际水平的产品标准和技术要求,经过认证机构确认并通过颁发认证证书和产品质量认证标志的形式,证明产品符合相应标准和技术要求的活动。

(3)工业产品生产许可证制度。生产许可证,是指国家对于具备生产条件并对其产品检验合格的工业企业,发给其许可生产该产品的凭证。

3.产品质量的监督

(1)国家监督。产品质量的国家监督,是指国家指定的产品质量专门机构,根据正式产品标准的规定,依照法定职权和法定程序,对企业产品质量实行以抽查为主要方式的监督检查制度。对可能危及人体健康和人身、财产安全的产品,影响国计民生的重要工业产品以及消费者、有关组织反映有质量问题的产品进行抽查。

(2)社会组织监督。保护消费者权益的社会组织可以就消费者反映的产品质量问题建议有关部门负责处理,支持消费者对因产品质量造成的损害向人民法院起诉。

(3)消费者监督。消费者有权就产品质量问题,向产品的生产者、销售者查询;向产品质量监督管理部门、工商行政管理部门及有关部门申诉,接受申诉的部门应当负责处理。

(三)生产者、销售者的产品质量责任和义务

产品质量包含产品的质和产品的量两个方面。产品的质是指产品的内在素质和外观;产品的量是指产品的数量指标。产品质量义务,是产品质量法律关系的主体在产品质量方面应为一定行为或不为一定行为的必要性。

1.生产者的产品质量责任和义务

它主要包括：①产品质量不存在危及人身和财产安全的不合理危险。②产品具备应当具备的使用性能，即生产者提供的产品应当适合于该产品的一切用途，具有适销性。③产品质量应当符合其产品或其包装上注明采用的产品标准，符合以产品说明、实物样品等方式表明的质量状况。④生产者应当提供必要的、真实的、明确的产品标识；凡是剧毒、危险、易碎、储运中不能倒置以及有其他特殊要求的产品，其包装必须符合相应的规定和要求，一定要有明显的警示标志或者中文警示说明，标明储运注意事项。此外，生产者还不得生产国家明令淘汰的产品；不得在生产的产品中掺杂掺假，以假充真，以次充好；不得以不合格产品冒充合格产品。

2.销售者的产品质量责任和义务

它主要包括：①进货时的质量验收义务。销售者在进货时，应当对产品质量进行检查验收，严格执行进货检查验收制度。销售者在进货时，应验明产品合格证明和其他应具有的标识，核实产品质量的名实是否一致，不能停留在产品外观或包装上的检查和验收。②进货后的质量保持义务。销售者在进货后向顾客出售产品之前的一段时间内，应当负责保持产品的质量水平。③销售时的质量保证义务。销售者最重要的义务是保证所销售的产品质量符合要求。销售者的这一义务主要体现在：保证销售给用户、消费者的产品不失效、不变质；保证销售给用户、消费者的产品具备必要的产品标识；产品中不掺杂、不掺假、不存在以假充真、以次充好，以不合格产品冒充合格产品的情况等。

（四）违反产品质量法的法律责任

产品质量责任，是产品的生产经营者违反产品质量义务时应承担的法律责任。产品质量责任分为行政责任、民事责任和刑事责任三类。

1.产品质量行政责任

这是指生产者、销售者违反行政法律规范所应承担的法律后果。生产者、销售者如果不履行法律规范规定的义务，侵犯消费者及社会的公众利益，扰乱正常的产品质量管理秩序，触犯了受法律保护的行政关系，但还没有构成犯罪，生产者、销售者就要承担产品质量的行政责任。主要有责令停止生产、销售，没收违法所得，并处违法所得2倍以上5倍以下的罚款，吊销营业执照等形式。

2.产品质量民事责任

这是产品生产者、销售者在平等主体的产品质量法律关系中，违反产品质量义务应承担的具有民事性质的法律后果。主要有两种：①产品质量瑕疵担保责任;②产品质量损害赔偿责任。产品质量瑕疵担保责任,是商品买卖关系中的卖方违反其对产品质量所做的承诺、保证,提供的产品质量存在瑕疵,因而对买方应承担的降价、修理、更换、退货、赔偿经济损失的责任;产品质量损害赔偿责任,也即一般所说的产品责任,是指产品存在缺陷,给他人人身或者财产造成损失时,产品的生产经营者所应承担的法律责任。对生产者而言,其承担产品责任是不以主观过错为前提条件的严格责任,即无过错责任;生产者的产品只要有缺陷,并对用户、消费者造成人身或财产损害,且两者之间存在因果关系,生产者就要承担产品责任。这是因为生产者对产品质量优劣起决定作用,产品从设计、选料到制造,生产者最熟悉和了解。生产者应从设计、选料到制造各环节都保证产品质量,防止产品缺陷,从而维护用户、消费者的合法权益。当然,生产者承担的无过错责任并不是绝对的,在有些情形下,即使产品存在缺陷并造成损害,生产者也不承担产品责任。对销售者而言,其承担产品责任,一般以主观上存在过错为构成要件,否则,对缺陷所致损害不承担赔偿责任。但是,如果销售者不能指明缺陷产品的生产者,也不能指明缺陷产品的供货者,销售者即使主观上不存在过错,也要承担赔偿责任。

3. 产品质量刑事责任

根据《产品质量法》和《中华人民共和国刑法》中关于生产、销售伪劣商品犯罪的规定,如果生产者、销售者的行为触犯刑律的,应当承担刑事责任。

第四节　劳动法

一、劳动法的概念及其立法概况

劳动法是调整劳动关系以及与劳动关系密切联系的其他社会关系的法律规范的总称。劳动法调整的对象主要是劳动关系,即劳动者与用人单位在运用劳动力、实现社会劳动过程中形成的社会关系;同时,劳动法还调整与劳动关系密切联系的其他社会关系,包括因管理社会劳动力、执行社会保险、组织工会和职工参加民主管理、监督劳动法规的执行、处理劳动争议等发生的社会关系,这些关系本身不是劳动关系,但与劳动关系有密切联系,因此也是劳动法调整的对象。

第八届全国人民代表大会常务委员会第八次会议于1994年7月5日通过《中华人民共和国劳动法》(下简称《劳动法》),并于1995年1月1日起施行。该法是规范我国劳动关系及与劳动关系有密切联系的其他社会关系的基本法律依据。

二、劳动者的权利和义务

(一)劳动者的基本权利

根据我国《劳动法》规定,劳动者享有下列基本劳动权利:①平等就业和选择职业的权利。②取得劳动报酬的权利。③休息休假的权利。④获得劳动安全卫生保护的权利。⑤接受职业技能培训的权利。⑥享受社会保险和福利的权利。⑦提请劳动争议处理的权利。⑧法律规定的其他劳动权利。

(二)劳动者的基本义务

我国《劳动法》规定,劳动者在享有各项基本权利的同时,应履行下列基本义务:①完成劳动任务。②提高职业技能。③执行劳动安全卫生规程。④遵守劳动纪律和职业道德。

三、劳动合同

(一)劳动合同的订立

劳动合同是劳动者和用人单位之间确立劳动关系,明确双方权利和义务的协议。根据《劳动法》规定,订立劳动合同应当遵循平等自愿、协商一致原则,不得违反法律、行政法规的规定。劳动者和用人单位订立劳动合同时,首先必须要合法,亦即应依法订立劳动合同。其次,双方当事人在订立合同时的法律地位平等,订立合同必须完全是出于当事人自己的意志,任何一方不得将自己的意志强加给对方,也不允许第三者进行非法干预。最后,双方当事人在充分表达自己意思的基础上,经过平等协商,取得一致意见,签订劳动合同。

我国法律禁止用人单位在与劳动者订立劳动合同时向劳动者收取定金、保证金(物)或抵押金(物)。

(二)劳动合同的内容

劳动合同的内容亦即劳动合同的基本条款,根据《劳动法》的规定,劳动合同的条款包括必备条款和约定条款两部分。劳动合同的必备条款包括:①劳动合同期限。②工作内容。③劳动保护和劳动条件。④劳动报酬。⑤劳动纪律。⑥劳动合同终止的条件。⑦违反劳动合同的责任。劳动合同的约定条款包括:①合同期限。②最长不超过 6 个月的试用期。③保守用人单位的商业秘密。④当事人认为可以协商约定的其他事项。

（三）劳动合同的终止和解除

劳动合同的终止是指劳动合同的自然失效，不再执行。劳动合同终止的原因包括合同期限届满或者当事人约定的劳动合同终止的条件出现。

劳动合同的解除是指对已生效的劳动合同在未履行完毕之前，因某种原因提前终止。劳动者、用人单位只要符合法定的条件和程序，可以在劳动合同期限届满前终止劳动合同，即解除劳动合同。劳动者解除劳动合同一般有三种情况，即双方协商解除、提前通知解除和随时通知解除。用人单位解除劳动合同一般有五种情况，即双方协商解除、单位立即解除、提前通知解除、随时通知解除和因经济性裁员而解除。当劳动者处于下列特定情形时，用人单位不得以上述理由为依据，解除劳动合同。这些情形是：患职业病或者因工负伤并被确认为丧失或部分丧失劳动能力的；患病或者负伤，在规定医疗期内的；女职工在孕期、产期、哺乳期内的；法律、行政法规规定的其他情形。

四、工作时间和休息休假制度

（一）工作时间

工作时间是指法律规定的劳动者在一定时间内从事生产或工作的小时数。它包括每日工作的小时数和每周工作的小时数和天数。

工作时间分为：①日工作时间。简称工作日。我国的标准工作日时间为8小时。②周工作时间。简称工作周。我国职工每周标准工作时间为40小时。③缩短工作时间。这是法律规定的少于标准工作日和工作周的工作时间。适用于特殊行业和工种。④延长工作时间。这是法律规定的超过标准工作时间的工作时间。适用于从事受自然条件和技术条件限制的突击性或季节性工作以及完成其他紧急任务的职工。⑤综合计算工作时间。这是法律规定的以一定时间为周期，集中安排工作和休息，平均工作时间与标准工作时间相同的工作时间。⑥不定时工作时间。这是法律规定的不受固定工作时数限制的工作时间。适用于高级管理人员、外勤人员等。

（二）休息时间

劳动者在法定工作时间以外不从事生产或工作而自行支配的时间。

（三）休假制度

法律规定的劳动者享有节假日带薪休息的制度。休假分为法定节假日、探亲假、年休假等几种类型。

（四）加班加点

加班是劳动者在法定节日或公休假日从事生产或工作；加点是劳动者在正常工作日超过日标准工作时间继续从事生产或工作。各单位在正常情况下不得安排职工加班加点。如需加班加点，必须符合法律的有关规定。《劳动法》对加班加点作了限制性规定。

五、工资

工资有广义与狭义之分。广义工资，是指用人单位以法定货币形式支付给劳动者的各种劳动报酬，包括基本工资、奖金、津贴、补贴、加班加点工资、特殊情况下的工资；狭义工资，是指用人单位以货币形式支付给劳动者的基本工资。

工资主要有计时工资、计件工资、定额工资、浮动工资、奖金、津贴、特殊情况下的工资等形式。

六、劳动争议及其处理

劳动争议又称劳动纠纷，是指劳动关系双方当事人因执行劳动法律、法规或履行劳动合同发生的争执。劳动争议种类众多。按劳动者人数，劳动争议分为个人劳动争议和集体劳动争议：个人劳动争议是劳动者个人与其所在单位发生的劳动争议；集体劳动争议是劳动者在 3 人以上，并有共同理由的劳动争议。按合同类型，劳动争议分为劳动合同争议和集体合同争议：劳动合同争议是因确认劳动合同效力和履行劳动合同发生的争议；集体合同争议，是因订立、履行集体合同发生的争议。按争议内容，劳动争议分为：因开除、除名、辞退职工和职工辞职、自动离职发生的争议；因执行国家有关工时、工资、保险、福利、培训、劳动保护的规定发生的争议；因履行劳动合同、集体劳动合同发生的争议；法律、法规规定的其他劳动争议。

我国劳动争议处理部门主要有劳动争议调解委员会、劳动争议仲裁委员会和人民法院。劳动争议调解委员会，是依法成立的调解劳动争议的群众性组织，其职责是调解本单位内部的劳动争议。劳动争议仲裁委员会，是依法成立的行使劳动争议仲裁权的劳动争议处理机构，是组织领导劳动争议仲裁工作的最高组织形式。

劳动争议的处理可分为协商、调解、仲裁和诉讼四个阶段。劳动争议发生后，当事人应协商解决；不愿协商或者协商不成的，可以向本单位劳动争议调解委员会申请调解；调解不成的，可以向劳动争议仲裁委员会申请仲裁。提出仲裁要求的一方应当自劳动争议发生之日起 60 日内向劳动争议仲裁委员会提出书面申请。

劳动争议当事人对仲裁裁决不服的,可以自收到仲裁裁决书之日起 15 日内向人民法院提起诉讼。一方当事人在法定期限内不起诉又不履行仲裁裁决的,另一方当事人可以申请人民法院强制执行。

练习八

一、单项选择题

1.经营者从事的抽奖式有奖销售,最高奖的金额不得超过(　　)。

A.1000 元　　　B.5000 元　　　C.10000 元　　　D.20000 元

2.商业秘密必须具备的基本条件是(　　)。

A.秘密性、实用性和技术性　　　B.实用性、创造性和保密性

C.秘密性、实用性和保密性　　　D.专有性、秘密性和实用性

3.某商店卖米缺斤少两,该商店所侵犯的是顾客的(　　)。

A.知悉真情权　　B.自主选择权　　C.公平交易权　　D.其他权利

4.劳动合同可以约定试用期,依照法律规定,试用期最长不超过(　　)。

A.3 个月　　　B.5 个月　　　C.6 个月　　　D.1 年

5.下列关于国有独资公司组织机构的表述中,符合《中华人民共和国公司法》规定的是(　　)。

A.国有独资公司不设股东会

B.国有独资公司必须设 1 名董事长和 1 名副董事长

C.国有独资公司董事长由董事会选举产生

D.国有独资公司监事由董事长任命

6.以募集方式设立的股份有限公司,发起人认购的股份不得少于公司股份总数的(　　),其余股份应向社会公开募集。

A.10%　　　B.20%　　　C.30%　　　D.35%

二、多项选择题

1.一般认为,经济法所调整的一定范围内的经济关系包括(　　)。

A.企业组织管理关系　　　B.市场管理关系

C.宏观经济调控关系　　　D.劳动和社会保障关系

2.某品牌的煤气灶的外包装既无性能、规格、等级、检验合格证明,也没有使用方法和安全问题注意事项说明,更没有售后服务的内容。从保护消费者权益的角度,该产品的生产者侵犯了消费者的(　　)。

A. 知悉真情权   B. 自主选择权

C. 接受教育权   D. 安全保障权

3. 劳动者有下列(   )情形之一的,用人单位可单方面解除劳动合同,但应提前30日以书面形式通知劳动者本人,并依法予以经济补偿。

A. 劳动者患病或非因工负伤,医疗期满后,不能从事原工作也不能从事由用人单位另行安排的工作的

B. 劳动者不能胜任工作,经过培训或调整工作岗位,仍不能胜任工作的

C. 劳动合同订立时所依据的客观情况发生重大变化,致使原劳动合同无法履行,经当事人协商不能就变更劳动合同达成协议的

D. 患职业病或因工负伤并被确认丧失或部分丧失劳动能力的

4. 工资形式主要有(   )。

A. 计时工资   B. 计件工资   C. 定额工资   D. 浮动工资

5. 下列产品中属于我国《产品质量法》所指的"产品"的有(   )。

A. 黄瓜   B. 公路桥   C. 收音机   D. 皮夹克

6. 某有限责任公司欲设立监事会,下列人员中可以担任监事的是(   )。

A. 董事长李某   B. 总经理王某

C. 财务处职工张某   D. 工会主席赵某

7. 下列(   )陈述是正确的。

A. 在我国,合伙企业的合伙人可以是法人也可以是自然人

B. 在我国,合伙企业的合伙人只能是自然人

C. 在我国,合伙人既可以承担有限责任又可以承担无限责任

D. 在我国,合伙人只能承担无限连带责任

三、简答题

1. 消费者权益争议解决的途径有哪些?

2. 不正当竞争行为有哪些表现形式?

3. 怎样解决劳动争议?

4. 简述公司、国有独资公司、一人公司的概念及特征。

5. 试分析有限责任公司和股份有限公司的联系及区别。

6. 如何理解消费者的权利和经营者的义务?

7. 产品质量民事责任的具体内容有哪些?

8. 何谓个人独资企业,其设立条件如何?

9.何谓合伙企业,其分类有几种?

四、案例分析

1.王某于 2010 年 12 月 20 日到某超级市场购物,在化妆品货架上拿了几瓶化妆品看了一会儿,觉得不太满意,就放回货架。王某在离开超市时被超市保安人员拦住。保安对王某说:"你跟我来。"王某随其到治安室。保安人员问:"你是否拿了化妆品?"王某说:"没拿。"保安人员又说:"我们商场有规定,本商场保留检查顾客袋包及搜查之权利。这个规定已经贴在商场内。因此,凡被认为有偷窃嫌疑的人我们都有权进行搜查。"王某不同意保安人员对其搜查,保安人员就不让王某离开,双方僵持了近两个小时,王某只好把手包及外衣让保安人员检查,结果未查出化妆品。王某感到精神受到极大刺激,向人民法院起诉要求追究该超市的法律责任。请问:该超市的"本商场保留检查顾客袋包及搜查之权利"的店堂告示是否有效?为什么?该超市的保安人员是否侵犯了消费者的权利,应如何承担责任?

2.青工谭某在试用期的最后 1 个月被传染病医院确诊患甲型病毒性肝炎,住院治疗 2 个月,谭某出院后遵医嘱休息 1 个月(有病休通知),病假满后谭某被单位告知已在试用期满时被解除劳动合同,只是怕影响他治病没敢告诉他,但为了照顾谭某的实际困难,住院治疗费用及病假期间的工资照付。谭某认为单位的做法不对,向当地劳动行政主管部门反映。单位认为,谭某在试用期内患上严重肝炎,治疗、休息达 3 个月,证明他不适合本职工作,试用期满之后单位有权解除劳动合同。请问:单位是否有权解除与谭某的劳动合同?

3.某百货公司为提高营业额,对部分产品采取有奖销售,其中一等奖为 4000 元,二等奖为 2000 元,三等奖为 1000 元,奖票在有关部门监督下制成。在销售的时候,公司经理告诉单位职工,买最后 50 号以内的单号。请问:公司经理的行为是否属于违法?为什么?

4.某市三个有限公司甲、乙、丙,共同设立有限责任公司丁,丁公司的主要业务为生产计算机显示器,甲公司出资 10 万元,乙公司提供厂房两间,经评估作价 20 万元,丙公司系市政府的下属企业,出资 10 万元现金,同时利用其和市政府的特殊关系,作价 10 万元,计折合股份总额 20 万元。甲、乙、丙三方约定按出资比例进行分成,于是新成立的有限责任公司丁以注册资金 50 万元登记,取得营业执照。请问:

(1)我国《公司法》规定的公司资本具体形式有哪几种?

(2)丙公司能否以其和市政府之间的特殊关系作为出资?

(3)有限责任公司丁能否成立?为什么?

第九章

刑事法律制度

【本章导读】

　　正确理解犯罪的概念和特征，掌握犯罪的构成要件、正当防卫和紧急避险的概念和条件，了解犯罪的预备、未遂和中止的概念与区别，掌握共同犯罪的概念和种类以及我国《刑法》规定的十大犯罪种类。

【本章重点】

　　犯罪的概念和特征。

　　我国刑法的基本原则和效力范围。

　　犯罪构成。

　　正当防卫及其构成要件。

　　共同犯罪。

　　刑罚及其种类。

【难点提示】

　　刑法效力范围的掌握。

　　正确区分过于自信的过失与间接故意、疏忽大意的过失和意外事件。

　　犯罪预备、未遂和中止及正当防卫和紧急避险的条件的把握。

　　主刑中死刑的限制条件，附加刑中剥夺政治权利的起算。

第一节　刑法概述

一、刑法的概念

　　刑法是指国家立法机关通过立法程序制定并以国家名义颁布的，规定什么是犯罪以及对犯罪应追究何种刑事责任的法律规范的总和。简言之，刑法就是规定犯罪及其刑事责任的法律规范的总和。刑法是国家法律体系中的一个重要组成部分，是国家的基本法律之一。

　　刑法的概念有狭义和广义之分。狭义的刑法，是指国家立法机关颁布的刑法典,如《中华人民共和国刑法》。广义的刑法,是指刑事法律规范的总称,即除刑法典之外,还包括刑法修正案、单行刑事法规和其他法律中有关追究刑事犯罪的规定。刑法的定义是从广义上来理解的。

我国首部社会主义刑法典,是 1979 年 7 月 1 日在第五届全国人民代表大会第二次会议上通过,1980 年 1 月 1 日开始实施的。1997 年 3 月 14 日第八届全国人民代表大会第五次会议审议修订了 1979 年《中华人民共和国刑法》(下简称《刑法》),于 1997 年 10 月 1 日起施行。1999 年 12 月 25 日第九届全国人民代表大会常务委员会第十三次会议、2001 年 8 月 31 日第九届全国人民代表大会常务委员会第二十三次会议、2001 年 12 月 29 日第九届全国人民代表大会常务委员会第二十五次会议通过了现行《刑法》的三次修正案。

二、我国刑法的基本原则

刑法的基本原则是指贯穿于刑法始终的,在刑法的立法、解释及适用过程中应当普遍遵循的基本准则。现行《刑法》明确规定了我国刑法的三项基本原则。

1. 罪刑法定原则

罪刑法定原则要求犯罪与刑罚都要由刑法明文规定,定罪和量刑都必须以刑法条文的明确规定为根据。即法律无明文规定者不为罪。现行《刑法》第 3 条明文规定了罪刑法定原则:"法律明文规定为犯罪行为的,依照法律定罪处刑;法律没有明文规定为犯罪行为的,不得定罪处刑。"罪刑法定原则同我国历来所主张的有法可依、有法必依、执法必严、违法必究的方针相一致。

2. 适用法律一律平等原则

适用法律一律平等原则是指任何人犯罪,在适用法律上一律平等。现行《刑法》第 4 条规定:"对任何人犯罪,在运用法律上一律平等。不允许任何人有超越法律的特权。"其基本含义是:对任何公民,不分其民族、种族、性别、职业、家庭出身、宗教信仰、教育程度、财产状况如何,都应当一律平等地适用刑事法律。构成犯罪的,要平等地依法承担刑事责任;未构成犯罪的,都平等地不受刑事追究,平等地受法律保护。

3. 罪刑相适应原则

罪刑相适应原则就是要求刑罚的轻重应当与犯罪分子所犯罪行和承担的刑事责任相适应,即犯多大的罪,便判多重的刑,重罪重判,轻罪轻判,罪刑相称,罚当其罪。现行《刑法》第 5 条规定:"刑罚的轻重,应当与犯罪分子所犯罪行和承担的刑事责任相适应。"我国《刑法》对不同的犯罪规定不同的法定刑,并规定处罚时要根据犯罪的事实、情节、性质和情节,以及对社会的危害性大小承担相应的刑事责任。做到轻罪轻罚,重罪重罚,一罪一罚,数罪并罚,罚当其罪,使罪刑相适应。只有罚当其罪,才能达到惩罚犯罪分子的预期目的。

三、我国刑法的效力范围

刑法的效力范围,也称刑法的适用范围,是指刑法在什么地方、对什么人、在什么时间内具有效力。我国《刑法》第 6 条至第 12 条对此作出了明确的规定。

（一）我国刑法对地域的效力

现行《刑法》第 6 条规定了地域效力问题,即:"凡在中华人民共和国领域内犯罪的,除法律有特别规定①的以外,都适用本法。凡在中华人民共和国船舶或者航空器内犯罪的,也适用本法。犯罪的行为或者结果有一项发生在中华人民共和国领域内的,就认为是在中华人民共和国领域内犯罪。"中国领域,是指中国国境以内的全部区域,又称中国领土,它由领陆、领水、领空构成。领陆,即国境线以内的陆地和岛屿;领水,包括内水和领海;领空,即领陆和领水之上的空间。领陆和领水以下的底土也属于中国领土。中国的船舶和航空器,无论其是民用的还是军用的,即使是停泊或是航行在中国领域之外,也被视为中国领土,属中国管辖。所以,凡在中国船舶或者航空器内犯罪的,均适用中国刑法。

在中国领域内犯罪,有三种情况:①犯罪行为和结果都发生在中国领域以内;②犯罪行为在中国领域内实施,而结果发生在中国领域以外;③犯罪行为在中国领域以外实施,而结果在中国领域以内发生。对于这三种情况,都适用中国刑法。在中国驻外使、领馆内犯罪的,也适用我国刑法。

（二）我国刑法对人的效力

1. 我国刑法对本国公民的效力

中国公民在中国领域内犯罪的,一律适用我国刑法;中国公民在中国领域外犯罪的,原则上也适用我国刑法。对于非国家工作人员或军人的普通中国公民,在中国领域外犯罪,按我国《刑法》规定的最高刑为 3 年以下有期徒刑的,可以不予追究。对于国家工作人员和军人在中国领域之外,只要犯我

---

① 这里的"特别规定",主要是指享有外交特权和豁免权的外国人在中国领域内犯罪的刑事责任的规定。

国《刑法》规定之罪的,无论是什么罪,也不论罪行的轻重,均适用我国刑法。

2.我国刑法对外国人的效力

外国人在中国领域内或者在中国驻外使、领馆内犯罪的,适用中国刑法;但是,享有外交特权和豁免权的外国人的刑事责任问题,应通过外交途径解决。

外国人在中国领域外犯罪,在一定条件下也可以适用中国刑法。这里所指的条件有三个:①必须是对中华人民共和国国家或者公民犯罪;②所犯罪行必须是依照中国刑法规定最低刑为 3 年以上有期徒刑的犯罪;③必须是按照犯罪地的法律也认为应受处罚的犯罪。以上三个条件同时具备时,我国刑法才有管辖权。

3.我国刑法的普遍管辖权

普遍管辖是指对于危害人类和平与安全,威胁国际社会共同利益的国际犯罪,不论犯罪地点是否在本国领域内,不论犯罪人是否本国公民,也不论其行为是否直接侵害本国国家或公民的利益,各有关国家均可对其行使刑事管辖权。

现行《刑法》第 9 条首次在刑法典中明确规定了这一原则:"在中华人民共和国缔结或者参加的国际条约所规定的罪行,中华人民共和国在所承担条约义务的范围内行使刑事管辖权的,适用本法。"

4.我国刑法对人的效力不受外国审判的约束

中国是个主权国家,不受外国司法的干涉和约束。所以我国《刑法》明确规定:凡在中华人民共和国领域外犯罪,依照中国刑法应当负刑事责任的,虽然经过外国审判,仍然可以依照中国刑法追究;但是在外国已经受过刑罚处罚的,可以免除或者减轻处罚。

(三)我国刑法的时间效力

刑法的时间效力,是指刑法的生效时间和失效时间以及对刑法生效前的行为是否适用即是否具有溯及力。

1.刑法的生效、失效时间

刑法的生效时间是指刑法从什么时候开始发生法律效力。这在我国的刑法立法实践中表现为两种情形:①即时生效,即从公布之日起施行。②隔时生效,即在刑法公布一段时间后再施行。

刑法的失效时间即刑法效力的终止时间。一般有两种情况:①由立法机关明文宣布废止。如现行《刑法》第 452 条第 2 款规定:"列入本法附件一的全国人民代表大会常务委员会制定的条例、补充规定和决定,已纳入本法或者已不再适用,自本法施行之日起,予以废止。"②自然失效。由于新法代替了同类内容的旧法,该旧法自行失去效力;或由于原有的立法特殊条件已经消失,该旧法也就当然失效。

2.刑法的溯及力

刑法的溯及力,也称刑法溯及既往的效力,是指一个新的刑法生效后,对它生效以前发生的未经审判或判决尚未确定的行为是否适用的问题。如果适用,新的刑法就有溯及力;如果不适用,新的刑法就没有溯及力。中国刑法对溯及力问题采取"从旧兼从轻"的原则,即新的刑法原则上没有溯及力,但当新的刑法对行为处罚较轻时则适用新法。"从旧兼从轻"原则是目前世界上大多数国家采用的原则。

根据从旧兼从轻原则,如果未经人民法院审判或者判决尚未确定的,应按以下办法处理:①当时的法律不认为是犯罪而现行刑法认为是犯罪的,适用当时的法律,即现行刑法无溯及力,不能按照现行刑法追究刑事责任。②当时的法律认为是犯罪而现行刑法不认为是犯罪的,则应适用现行刑法不定罪,即现行刑法有溯及力。③当时的法律和现行刑法都认为是犯罪的,并且依照现行刑法规定应当追诉的,应按当时的法律追究刑事责任,即现行刑法没有溯及力;但如果现行刑法处刑较轻的,则现行刑法有溯及力,即适用现行刑法,而不适用当时的法律。

第二节 犯 罪

一、犯罪的概念和特征

(一)犯罪的概念

我国《刑法》第13条规定:"一切危害国家主权、领土完整和安全,分裂国家、颠覆人民民主专政的政权和推翻社会主义制度,破坏社会秩序和经济秩序,侵犯国有财产或者劳动群众集体所有的财产,侵犯公民私人所有的财产,侵犯公民的人身权利、民主权利和其他权利,以及其他危害社会的行为,依照法律应当受刑罚处罚的,都是犯罪。但是情节显著轻微危害不大的,不认为是犯罪。"

(二)犯罪的特征

1.犯罪是危害社会的行为,具有社会危害性

社会危害性,是指犯罪行为对我国《刑法》第13条所列举的国家利益、公共利益、集体利益以及公民合法权益的侵犯性。犯罪的本质就在于它危害了国家利益、公共利益、集体利益以及公民合法权益。如果某种行为根本不可能给社会带来危害,或者虽然具有社会危害性但是情节显著轻微危

害不大的,就不能认为是犯罪。行为是否具有社会危害性以及社会危害性的轻重大小,是区别罪与非罪的主要界限。

2.犯罪是触犯刑律的行为,具有刑事违法性

犯罪是具有社会危害性的行为,但并非一切危害社会的行为都是犯罪,危害社会的行为必须同时又是违反刑法的行为,即触犯刑律的行为,才能被认为是犯罪。行为的社会危害性是刑事违法性的前提或基础,刑事违法性是社会危害性在刑法上的表现。

3.犯罪是应受刑罚惩罚的行为,具有应受惩罚性

犯罪是适用刑罚的前提,刑罚是犯罪的法律后果。因此,应受刑罚惩罚是犯罪的又一基本特征。只有对既具有社会危害性,又触犯刑律的行为,才能适用刑罚。对于一般的违法行为,没有构成犯罪,则不能适用刑罚。

以上犯罪的三个基本特征是紧密相联、不可分割的。严重的社会危害性是犯罪最本质的特征,是刑事违法性和应受刑罚惩罚性的基础;刑事违法性和应受刑罚惩罚性则是严重社会危害性的法律表现和法律后果。总之,犯罪是危害社会的、触犯刑律的、应受刑罚惩罚的行为。

二、犯罪构成

犯罪构成是指刑法所规定的、确定某种行为构成犯罪所必须具备的一切客观和主观要件的总和。犯罪构成是犯罪成立的具体标准和规格问题,为划分罪与非罪、此罪与彼罪的界限提供具体标准,是犯罪论乃至整个刑法学的基础和核心。

犯罪构成包括四个方面的共同要件,即犯罪客体、犯罪的客观方面、犯罪主体、犯罪的主观方面。任何一种犯罪的成立都必须同时具备这四个方面的要件,缺一不可。

(一)犯罪客体

犯罪客体是指我国刑法所保护的而为犯罪行为所侵犯的权益。根据犯罪所侵犯的权益的范围不同,可将犯罪客体划分为一般客体、同类客体和直接客体。

1.犯罪的一般客体

一般客体也称共同客体,是指一切犯罪所共同侵害的我国刑法所保护的权益的整体。任何犯罪行为,不管其犯罪性质和具体表现形式如何,都侵犯了我国刑法所保护的合法权益。虽然不同的犯罪侵犯的权益内容不同,但从总体上看都侵犯了合法权益。

2.犯罪的同类客体

同类客体是指某一类犯罪所共同侵犯的同类型的合法权益。由于合法权益享有的主体及其属性的不同,可以将其分为不同的类型,而侵犯的同一类型合法权益的犯罪便成为同类犯罪。我国刑法正是按照同类客体的理论,将各种各样的犯罪划分为十类,并因此建立起科学严谨的刑法分则体系。

3.犯罪的直接客体

直接客体是指每一个具体犯罪行为所直接侵犯的特定的合法权益。犯罪总是具体的,任何犯罪都会侵犯特定的合法权益,如故意杀人罪侵犯的直接客体是他人的生命权利,伤害罪侵犯的直接客体是他人的健康权利,非法拘禁罪侵犯的直接客体则是他人的人身自由权利。犯罪的直接客体决定着罪的性质。我国《刑法分则》所规定的有些犯罪,犯罪构成要件在其他方面有相同或者相似之处,由于行为所侵犯的直接客体不同,决定了犯罪的性质不同。例如,同样是盗窃电线的行为,甲盗窃了正在使用的电话线,侵犯了公用电信设施的安全,构成破坏公用电信设施罪;乙盗窃了库存的电话线,侵犯了财物的所有权,构成盗窃罪。这也说明,犯罪客体与犯罪对象是两个不同的范畴。犯罪的直接客体是每一个具体犯罪构成的必备要件,对于正确定罪量刑具有重要意义。

犯罪的一般客体、同类客体与直接客体,是整体、部分与个别之间的关系。任何犯罪都有直接客体的存在,对直接客体的侵犯,必然对同类客体和一般客体造成侵犯。从认定犯罪的思维过程来看,通常是先看某一行为是否侵犯了一般客体,刑法所保护的合法权益整体是否受到侵犯,从而确定是否构成犯罪,然后进一步分析是哪一方面的合法权益受到侵犯,最后确定是哪一特定的合法权益受到侵犯,以确定该行为构成什么罪。

(二)犯罪的客观方面

犯罪的客观方面是指我国刑法规定的,成立犯罪的所必需的客观外在表现。说明犯罪对象又称行为对象,是指危害行为所直接作用的人或物。犯罪对象与犯罪客体的区别表现在:犯罪客体是一切犯罪构成的必要条件,而犯罪对象仅是极少数犯罪的构成要件(如嫖宿幼女罪),有些犯罪甚至不具有犯罪对象(如偷越国边境罪);任何犯罪都必然使犯罪客体受到一定的侵犯,而犯罪对象却不一定受到损害。犯罪客观方面的事实特征或因素有:危害行为、危害结果及危害行为的时间、地点和方法等。犯罪的客观方面的这些因素在具体犯罪构成中的地位与作用是不同的:危害行为是一切犯罪构成的必要要件,没有危害行为则不构成犯罪;危害结果以及危害行为与危害结果之间的因果关系是绝大多数犯罪构成的必要要件；危害行为的时间、地点和方法则是犯罪客观方面的选择性要件，只在部分犯罪中成为构成要件。

1. 危害行为

危害行为是指在行为人的某种心理支配下发生的危害社会的身体动静。它是一切犯罪构成的必要要件，在整个犯罪构成中居核心地位。危害行为的表现形式尽管多种多样，但基本上可归纳为两类，即作为和不作为。

作为是指行为人以积极的身体活动实施了刑法所禁止的行为。所谓"积极"，是指行为人在其意识与意志支配下，发动对客体实行侵犯的动作。作为包括自身身体的举动以及利用物质工具、利用自然力、利用动物、利用他人的举动等，如举刀杀人、盗窃财物、放火投毒、教唆等。作为是危害行为的基本形式，我国刑法上规定的大多数犯罪都是由作为的形式构成。

不作为是指行为人负有刑法要求必须履行的某种特定义务，能够履行而不履行的消极行为。不作为是一种消极的动作。犯罪的不作为是以行为人负有实施某种特定积极行为的义务为前提的，违反实施某种特定积极行为的义务是不作为构成犯罪的必要条件。不作为中的特定积极行为的义务主要有三种：①由法律直接规定的义务，如父母对子女的抚养教育义务、子女对父母的赡养扶助义务；②由于职务上或业务上要求的义务，如军人在战时负有与敌人作战的义务、医生负有救死扶伤的义务、消防队员负有扑灭火灾的义务；③由于自己的行为而使法律所保护的某种利益处于危险状态所发生的义务，如成人甲带领邻居家的幼儿去游泳，该幼儿有溺水危险时，成人甲就负有积极救助的义务。

2. 危害结果

危害结果是指危害行为对刑法所保护的合法权益所造成或可能造成的具体损害事实。危害结果有物质性的，如生命丧失、财产毁坏、健康受损等；也有非物质性的，如名誉、人格受到侵犯等。根据我国《刑法》的规定，危害结果在不同的犯罪中具有不同的意义。我国《刑法》规定的绝大多数犯罪，都以危害结果的发生作为犯罪既遂的要件；但有的犯罪只要实施了刑法条文所规定的行为，即按犯罪既遂定罪，而不问是否发生某种危害结果；有些犯罪以危害结果的大小轻重作为划分罪与非罪的界限；还有的以发生某种严重后果的危险作为犯罪构成的要件，而把"造成严重后果"作为加重法定刑的根据。

3. 危害行为与危害结果之间的因果关系

刑法上的因果关系，是指行为人所实施的危害行为与危害结果之间的客观必然联系。如果某种危害行为与某种危害结果之间存在内在的必然的联系，同时行为人主体合格且主观上有罪过（故意或过失），那就可以认为这种危害行为就是犯罪行为，应追究刑事责任；反之，如果两者之间没有内在的必然的联系，即不存在刑法上的因果关系，就不能认定是犯罪。因果关系往往具有复杂性和多样性，当数个行为都与危害结果之间存在因果关系时，就应该进一步区分主次，分清责任的轻重。查明刑法的因果关系十分重要，但不能把因果关系和刑事责任混为一谈，如果某一危害结果在客观上确实是某人的行为造成的，但行为人主观上既无故意也无过失，仍然不构成犯罪。

4. 危害行为的时间、地点和方式

危害行为总是在一定的时间、地点，通过一定的方式实施的，但从我国《刑法》的规定来看，绝大多数犯罪的构成对危害行为的时间、地点和方式并无特殊要求，这说明危害行为的时间、地点和方式是犯罪客观方面的选择性要件。在一般情况下，这些要件并不是犯罪构成所必需的，也不决定犯罪的性质，但在《刑法》有明文规定的某些犯罪构成中则具有必要要件的意义。如犯罪的时间和地点对于军人违反职责罪的认定和处罚就具有十分重要的意义，而阻碍军人执行职务罪则要求行为人"以暴力、威胁方法"实施行为。

（三）犯罪主体

犯罪主体是指我国《刑法》规定的，实施严重危害社会行为，应对自己的行为承担刑事责任的自然人或者单位。犯罪主体是犯罪构成中必不可少的构成要件，对定罪量刑都具有重要意义。作为犯罪构成要件的犯罪主体必须具备的条件如下。

1. 犯罪主体必须是自然人或者单位

自然人就是有生命的人类个体，动物、植物、物品、胎儿或死人都不能成为犯罪主体。单位是指法律拟制人格化的组织，包括法人单位和不具有法人资格的企事业单位和机关团体；对单位犯罪的种类范围以法律明文规定为限，即《刑法分则》和其他法律明确规定为犯罪的，才负刑事责任；法律没有规定单位要负刑事责任的行为，不能定为单位犯罪并处以刑罚。

2. 作为犯罪主体的自然人必须达到刑事责任年龄

所谓刑事责任年龄，是指刑法规定的行为人对自己的犯罪行为负刑事责任必须达到的年龄。行为人只有达到一定的年龄，具有识别是非善恶和自觉支配自己行为的能力时，才能对自己的危害行为负刑事责任。我国《刑法》规定：不满 14 周岁的人，实施任何危害行为都不负刑事责任，为完全不负刑事责任年龄;已满14周岁不满16周岁的人,只对8种故意犯罪负刑事责任,即犯故意杀人、故意伤害致人重伤或者死亡、强奸、抢劫、贩卖毒品、放火、爆炸、投毒罪的,应当负刑事责任,为相对负刑事责任年龄;已满16周岁的人犯罪,应当负刑事责任,16周岁为完全负刑事责任年龄。但是,已满14周岁不满18周岁的人犯罪,应当从轻或者减轻处罚。

3.犯罪主体必须具有刑事责任能力

所谓刑事责任能力,就自然人而言,是指《刑法》所规定行为人能够辨认和控制自己行为的能力;就单位而言,其刑事责任能力伴随企事业单位、机关、团体的法人资格或行为能力的取得而获得。对于自然人,我国《刑法》规定,精神病人在不能辨认或者不能控制自己行为的时候造成危害结果,经法定程序鉴定确认的,不负刑事责任;尚未完全丧失辨认或者控制自己行为能力的精神病人犯罪的,应当负刑事责任,但是可以从轻或者减轻处罚;间歇性的精神病人在精神正常的时候犯罪,应当负刑事责任;醉酒的人犯罪,应当负刑事责任;又聋又哑的人或者盲人犯罪,可以从轻、减轻或者免除处罚。

4.有些犯罪主体要求具有特殊身份

特殊身份是指行为人在实施危害行为时所具有的特定资格以及基于特定事实发生的某种特定的关系。特殊身份并不是所有犯罪主体的必要要件,但在有些情况下,特殊身份成为构成某种犯罪的前提条件,不具有该种特殊身份的,就不构成该种犯罪。刑法理论将以特殊身份作为犯罪主体要件的主体称为特殊主体,把这类犯罪称为身份犯。

我国《刑法分则》中规定的身份犯,有以特定公职为内容的特殊身份,如国家工作人员、国家机关工作人员、司法工作人员、邮电工作人员、行政执法工作人员、税务机关的工作人员、海关工作人员、军人等;有以特定职业为内容的特殊身份,如航空工作人员、铁路职工、金融机构工作人员、医务人员等;有以特定法律义务为内容的特殊身份,如纳税人、扣缴义务人,对于没有独立生活能力的人负有扶养义务的人;有以特定法律地位为内容的特殊身份,如证人、鉴定人、记录人、翻译人、辩护人、诉讼代理人等;有以持有特定物品为内容的特殊身份,如依法配备公务枪支的人员、依法配置枪支的人员;等等。

(四)犯罪的主观方面

犯罪的主观方面是指我国《刑法》规定的,犯罪主体对自己所实施的危害行为及其引起的危害结果所持的心理态度。犯罪主观方面的具体内容主要包括罪过(故意和过失)、犯罪的目的和动机等。其中,罪过是一切犯罪构成中主观方面的必要要件;犯罪的目的只是部分犯罪构成中主观方面的必要要件,因而又称为选择要件;犯罪的动机一般不影响定罪,但对于量刑有一定的意义。

罪过,是指行为人对自己所实施的危害行为及其危害结果的一种故意或者过失的心理态度。罪过有两种表现形式,即犯罪的故意和犯罪的过失。

1. 犯罪的故意

故意是指行为人明知自己的行为会发生危害社会的结果,并且希望或者放任这种结果发生的主观心理态度。在这里,明知是指行为人预见到、认识到自己行为的危害结果的意识因素;希望是指行为人积极追求危害结果发生的意志因素;放任是指行为人对危害结果的发生与否抱着听之任之、漠不关心的态度。犯罪的故意分为直接故意和间接故意:直接故意,是指行为人明知自己的行为会发生危害社会的结果,并且希望这种结果发生的主观心理态度;间接故意,是指行为人明知自己的行为可能发生危害社会的结果,并且放任这种结果发生的主观心理态度。

2. 犯罪的过失

过失是指行为人应当预见自己的行为可能发生危害社会的结果,因为疏忽大意而没有预见,或者已经预见而轻信能够避免,以致发生这种结果的主观心理态度。在这里,应当预见是指行为人有义务、有能力预见自己的行为可能发生危害社会的结果。犯罪的过失分为过于自信的过失和疏忽大意的过失:过于自信的过失,是指行为人已经预见到自己的行为可能发生危害社会的结果,但轻信能够避免,以致发生这种结果的心理态度;疏忽大意的过失,是指行为人应当预见到自己的行为可能发生危害社会的结果,因为疏忽大意而没有预见,以致发生这种结果的心理态度。

3. 犯罪的目的和动机

犯罪的目的是指行为人主观上希望通过实施犯罪行为达到某种危害结果的心理态度。如盗窃犯的犯罪目的是非法占有公私财物。犯罪目的只存在于直接故意的犯罪中,在间接故意或过失犯罪中都不存在犯罪目的。犯罪动机是指刺激和推动行为人实施犯罪行为以达到特定犯罪目的的内心起因或者思想冲动。由于犯罪动机与犯罪目的相联系,因而犯罪动机也只存在于直接故意的犯罪中。

三、正当防卫和紧急避险

正当防卫和紧急避险是排除社会危害性的行为。

（一）正当防卫

正当防卫，是指为了使国家、公共利益、本人或者他人的人身、财产和其他权利免受正在进行的不法侵害，采取对不法侵害人造成损害的方法，制止不法侵害的行为。正当防卫是法律赋予公民的合法权利，《刑法》明文规定正当防卫不负刑事责任。但是，正当防卫毕竟是对不法侵害人进行反击的行为，必然会对不法侵害者造成一定的损害。为了保证正当防卫权利的正确行使，避免因为实行不当造成不必要的重大损害，法律规定正当防卫的成立必须同时具备下列条件。

1. 必须有不法侵害存在

存在不法侵害是正当防卫成立的前提条件。这里的不法侵害，是指违反法律规定的危害社会的行为，既包括犯罪行为的侵害，也包括一些严重违法行为的侵害。只能对不法侵害行为实行正当防卫。对于合法行为，如依法执行公务的行为，不能实行"正当防卫"。如果不法侵害并不存在，则失去了正当防卫的前提和基础。

2. 必须是不法侵害正在进行

不法侵害正在进行是正当防卫的时间条件。不法侵害正在进行，首先是指真正发生的、现实的、实际存在的侵害，或者正面临着暴力性的紧迫威胁，如杀人犯正在拔刀、强奸犯正逼近妇女等，而不能是主观想象的或者是臆断推测的侵害；不法侵害正在进行，还指不法侵害已经开始而且尚未结束，其中已经开始是指不法侵害人已经着手直接实行侵害行为，尚未结束是指不法侵害形成的危险状态并未消失，威胁并未解除。对于正在进行的不法侵害，才能进行正当防卫，对于尚未着手实施的侵害或者已经过去了的不法侵害进行"防卫"，构成防卫不适时，而不是正当防卫；对于想象或者推测的"侵害"实行"防卫"，是假想的防卫，也不是正当防卫。

3. 必须具有正当的防卫意图

正当防卫意图是成立正当防卫的目的条件，也是《刑法》规定正当防卫不负刑事责任的重要根据。正当的防卫意图即指为了保护国家、公共利益、本人或者他人的人身、财产和其他合法权利进行防卫。如果是为了保护非法利益而对他人实行的"防卫"，不是正当防卫，构成犯罪的应当依法追究刑事责任。因不具有正当防卫意图而不成立正当防卫的情形主要有防卫挑拨和互相斗殴两种。所谓防卫挑拨，是指行为人出于故意损害他人利益的目的，故意挑逗他人对自己进行侵害，然后以防卫为借口，实施危害他人的行为。防卫挑拨构成犯罪的，应当依法追究刑事责任。

4.必须是对不法侵害者本人实施

这是成立正当防卫的对象条件。实行正当防卫,只能对不法侵害者本人造成损害,不能对没有实施不法侵害的第三者,包括不法侵害者的家属造成损害。不法侵害者,包括共同进行不法侵害的共同犯罪人。造成损害,主要是指对不法侵害者的人身损害,但也包括对其财产或者其他权益的损害。比如不法侵害者纵使其饲养的动物侵害他人,行为人将该动物打死打伤的,就属于以损害不法侵害人财产的方法进行正当防卫。

5.防卫行为不能明显超过必要限度造成重大损害

这是成立正当防卫的限度条件。所谓必要限度,一方面是指防卫行为的性质和强度大体上与不法侵害的性质、强度相当(但并不是相等);另一方面是指以制止不法侵害的实际需要为限。所谓重大损害,主要是指不法侵害人的重大人身伤亡,如重伤或死亡等。《刑法》第20条第2款规定:"正当防卫明显超过必要限度造成重大损害的,应当负刑事责任,但是应当减轻或者免除处罚。"这是对防卫过当的规定。但是,对正在进行行凶、杀人、抢劫、强奸、绑架以及其他严重危及人身安全的暴力犯罪,采取防卫行为,造成不法侵害人伤亡的,不属于防卫过当,不负刑事责任。

(二)紧急避险

紧急避险是指为了使国家、公共利益、本人或者他人的人身、财产和其他权利免受正在发生的危险,不得已采取的损害另一个较小的合法权益,以保护较大的合法权益的行为。我国《刑法》规定:紧急避险行为,不负刑事责任。不过,紧急避险是以损害另一个权益的方法来实施的。为了防止这种权利被滥用给社会造成危害,法律规定紧急避险必须具备以下条件。

1.紧急避险的目的必须是为了使合法的权益免遭损害

行为人必须是在遇到危险的紧急情况下,为了使国家、公共利益、本人或者他人的人身、财产和其他权利免受正在发生的危险,才能实行紧急避险。紧急避险所保护的利益必须是合法的利益,否则不能实行紧急避险。但有关避免本人危险的规定不适用于职务上、业务上负有特定义务的人,如战士在战斗中不能因为有生命危险而逃跑。

2.必须面临正在发生的紧急危险

正在发生的紧急危险是指现实存在的立即要造成危害后果的危险,或者已发生而尚未消除的危险。危险的来源可能来自自然界的自发力量,如山崩、地震等自然灾害;可能来自人的危害行为,如歹徒追杀、精神病人的攻击等;也可能来自人的生理、病理原因或动物袭击所引起的危险。不管危险源自何处,都必须是现实存在和正在发生的。如果误认为有危险存在而实行避险的,是假想避险;如果在危险尚未发生或已经结束时实行避险,是避险不适时。对于假想避险和避险不适时,造成危害的,均应承担相应的法律责任。

3.必须是在迫不得已的紧急情况下

迫不得已是紧急避险成立的重要条件。就是说,只有在别无他法避免正在发生的危险的情况下,不得已而实施。判断行为人是否因不得已而实行紧急避险,应从主客观两个方面进行考察:客观上,考察危险是否紧急,在当时的客观环境下,有无其他可能避免危险的方法,若有可能,就不应当进行紧急避险;主观上,从行为人成年与否、健康状况、心理成熟度等具体情况出发,分析避险人的生理条件和主观认识能力,确定是否可以采取紧急避险。

4.紧急避险行为不能超过必要限度

此处的必要限度,是指紧急避险所造成的损害必须小于所避免的损害,而不能大于或者等于所避免的损害。紧急避险是两个权益的冲突,只有牺牲较小利益,保护较大合法权益才符合我国《刑法》规定紧急避险的目的。如果紧急避险所损害的利益大于或者等于所保护的利益,就会使紧急避险失去意义。因此,我国《刑法》规定,紧急避险超过必要限度造成不应有的损害的,应当负刑事责任,但是应当减轻或者免除处罚。

四、犯罪预备、未遂和中止

故意犯罪过程中的犯罪形态,从犯罪完成程度上划分,基本上有以下两类:①犯罪的完成形态,即犯罪既遂;②犯罪的未完成形态,即犯罪的预备、未遂和中止。犯罪的预备、未遂和中止,只存在于以直接故意实施的、以危害结果作为犯罪构成的必要要件的犯罪之中。

(一)犯罪预备

1.主观上是为了实行犯罪

这是指犯罪预备的行为人在认知因素上,认识到自己是在为实行犯罪并且最终完成犯罪而进行准备;在意志因素上,希望能够为了顺利实行犯罪准备必要的工具与制造顺利实施的条件。

2.客观上实施了犯罪预备行为

这种准备行为有两类:一是准备犯罪工具,就是制造、购买、搜集可供实施犯罪利用的各种物品;二是制造犯罪条件,就是为保证实施犯罪而进行的其他准备活动。

3.由于行为人意志以外的原因使犯罪行为被迫停顿在预备阶段

这是犯罪预备成立的实质条件,也是犯罪预备与犯罪中止相区别的显著标志。如果行为人不是因意志以外的原因停顿下来,而是由于行为人自动放弃犯罪行为的实施,则是犯罪中止,而不是犯罪预备。如果行为人不是因意志以外的原因停顿下来,而是顺利地着手实行了犯罪,也不会出现犯罪预备。犯罪预备行为对社会构成了直接的威胁,故我国《刑法》规定预备犯应当承担刑事责任。但犯罪预备行为毕竟还没有使犯罪客体受到实际损害,在处罚时,可以比照既遂犯从轻、减轻或者免除处罚。

(二)犯罪未遂

犯罪未遂是指已经着手实行犯罪,由于犯罪分子意志以外的原因而未得逞的犯罪行为状态。犯罪未遂的特征如下。

1.犯罪分子已经着手实行犯罪

已经着手实行犯罪是犯罪未遂成立的前提条件,也是犯罪未遂与犯罪预备区别的显著标志。"已经着手"是指已经开始实施可能直接导致行为人所追求的,对犯罪的直接客体造成威胁的危害后果发生的行为,如盗窃犯已潜入被害人住宅、故意杀人的行为人用枪瞄准了被害人等。而如果仅仅是购买一把刀的行为,就不能表明其犯罪意图,也不能直接导致危害结果的发生,因此不能认定已经着手实行犯罪。

2.犯罪没有得逞

犯罪没有得逞是指犯罪分子的行为没有完成具体犯罪构成的全部要件,即没有完成犯罪。犯罪是否得逞,是区别犯罪未遂与犯罪既遂的主要标志。

3.犯罪没有得逞是由于犯罪分子意志以外的原因

犯罪分子意志以外的原因,是指违背犯罪分子本意的其他原因,如被害人的反抗、第三人的阻止、自然力的影响等。这一特征是犯罪未遂与犯罪中止的根本区别。我国《刑法》规定,对于未遂犯,可以比照既遂犯从轻或者减轻处罚。

(三)犯罪中止

犯罪中止是指在犯罪过程中,犯罪分子自动放弃犯罪或者自动有效地防止犯罪结果发生的行为状态。从该定义可以看出,犯罪中止有两种类型。

1.自动放弃犯罪的犯罪中止

它是指在犯罪发展过程中,行为人自愿放弃犯罪意图,自动停止犯罪行为,因而没有发生《刑法》规定的犯罪结果,理论上称为未实行终了的中止。

2. 自动有效地防止犯罪结果发生的犯罪中止

它是指在犯罪行为实行完毕后，犯罪结果尚未发生前，行为人自动有效地防止了犯罪结果的发生，理论上称为实行终了的中止。

犯罪中止有三个特征：①时间性，必须发生在犯罪过程中，并在既遂之前，这是犯罪中止成立的时间条件；②自动性，必须是犯罪分子自动放弃犯罪，这是犯罪中止成立的主观条件；③有效性，犯罪分子必须是有效地防止了犯罪结果的发生，这是犯罪中止成立的客观条件。假如行为人经过努力，但犯罪结果还是发生了，不能认为是犯罪中止。

犯罪中止已消除或减轻了行为的社会危害性。我国《刑法》规定：对于中止犯，没有造成损害的，应当免除处罚；造成损害的，应当减轻处罚。

五、共同犯罪

(一)共同犯罪的概念及构成要件

共同犯罪是指两人以上共同故意犯罪。这是不同于单个人犯罪的一类犯罪现象。构成共同犯罪这一特殊的犯罪形态，必须同时具备三个条件，缺一不可。

1. 犯罪主体必须是两个以上达到刑事责任年龄、具有刑事责任能力的人

如果两个以上实施危害社会行为的人，其中只有一个人达到刑事责任年龄、具备刑事责任能力，其他人都未达到刑事责任年龄或者不具有刑事责任能力，则不能构成共同犯罪。

2. 犯罪的客观方面，必须有共同犯罪的行为

共同犯罪人为了完成一个共同的犯罪，他们的犯罪行为是紧密联系、互相配合、互为条件的。每个共同犯罪人的犯罪行为都是共同犯罪活动的有机组成部分，都与所发生的危害结果存在因果关系。没有共同行为，则不构成共同犯罪。共同行为可以是同时实施的，也可以不是同时实施的；而且可以是共同作为，也可以是共同不作为；还可以是作为与不作为相结合，即部分共同犯罪人的行为是作为，部分共同犯罪人的行为是不作为。

3. 犯罪的主观方面，必须具有共同犯罪的故意

每个共同犯罪人都知道自己不是孤立地进行犯罪，而是和其他人一起共同实施某一犯罪活动；每个共同犯罪人对他们共同犯罪行为会发生的危害结果，都是明知并且抱着希望或者放任其发生的态度。两人以上共同过失犯罪，不构成共同犯罪；故意犯罪行为与过失犯罪行为不成立共同犯罪；

两人以上同时或先后故意实施某种犯罪,以各自行为侵犯同一对象,但彼此间没有意图联络的不成立共同犯罪。

（二）共同犯罪的形式

共同犯罪的形式是指两人以上共同犯罪的内部结构,或者共同犯罪人之间的结合或联系方式。不同的共同犯罪的形式具有不同的特点和不同的社会危害程度,对共同犯罪的形式进行分类研究有助于在定罪量刑时正确适用刑法,区别对待不同形式的共同犯罪以及不同的共同犯罪人。我国《刑法》理论上对共同犯罪形式一般的划分如下。

1.任意共同犯罪和必要共同犯罪

这是从共同犯罪是否能够任意形成上来划分的。前者是指刑法分则规定的一人能够单独实施的犯罪,而由数个人共同实施,如杀人罪、抢劫罪、强奸罪等多数犯罪;后者是指刑法分则规定的必须由两人以上共同实施,单个人不可能完成的犯罪,如组织越狱罪、聚众叛乱罪等。

2.事先通谋的共同犯罪和事先无通谋的共同犯罪

这是从共同犯罪故意形成的时间上来划分的。前者是指共同犯罪人在着手实施犯罪以前,已经形成共同犯罪故意即就实行犯罪进行了策划和商议的情况;后者是指共同犯罪故意不是在着手实行犯罪之前形成的,而是在着手实施犯罪时或者在实行犯罪的过程中形成的。

3.简单共同犯罪和复杂共同犯罪

这是从共同犯罪行为分工上来划分的。前者是指共同犯罪人都共同直接地实行了某一具体犯罪构成的行为,如甲乙共谋偷猪,两人一起将他人的猪捉住捆绑,共同抬到市场上出售,然后对分赃款;后者是指共同犯罪人之间有一定的分工,即有的是教唆犯,有的是帮助犯,有的是实行犯。

4.一般共同犯罪和特殊共同犯罪

这是从共同犯罪有无组织形式上来划分的。前者是指两人以上不存在组织形式的共同犯罪,各共同犯罪人为实施某种特定的犯罪而临时纠合在一起,该犯罪实施完毕,这种共同犯罪的形式就不再存在;后者又叫有组织的共同犯罪,即犯罪集团,是指三人以上为共同实施犯罪而组成的较为固定的犯罪组织。犯罪集团具有严重的社会危害性和危险性,历来是我国刑法打击的重点。

（三）共同犯罪人的种类及其刑事责任

在共同犯罪中,每一个共同犯罪人参与的程度、所处的地位和所起的作用是不完全一致的,因而对社会的危害程度就会有所区别。为了使罪与刑相适应,我国《刑法》把共同犯罪人分为主犯、从犯、胁从犯和教唆犯四种,并对他们规定了不同的刑事责任。

1. 主犯

主犯是指组织、领导犯罪集团进行犯罪活动或者在共同犯罪中起主要作用的犯罪分子。主犯包括两种人:一是组织、领导犯罪集团进行犯罪活动的,即组织犯;二是在犯罪集团或者在一般共同犯罪中,起主要作用或者罪恶重大的犯罪分子。现行《刑法》规定,对组织、领导犯罪集团的首要分子,按照集团所犯的全部罪行处罚;对其他主犯,应当按照其所参与的或者组织、指挥的全部犯罪处罚。

2. 从犯

从犯是指在共同犯罪中起次要或者辅助作用的犯罪分子。从犯分为两种:①在共同犯罪中起次要作用的犯罪分子,是指次要的实行犯,即虽然直接参加实施了犯罪,但在整个犯罪活动中所犯罪行较小,造成的后果不严重,或者情节较轻的犯罪分子;②在共同犯罪中起辅助作用的犯罪分子,是指帮助犯,即没有直接参加实施具体的犯罪行为,而是以供给犯罪工具、指示目标以及采取各种方法,为共同犯罪的实施创造条件,辅助实行犯罪的犯罪分子。对于从犯,应当从轻、减轻处罚或者免除处罚。

3. 胁从犯

胁从犯是指被胁迫参加犯罪的犯罪分子。被胁迫,是指被他人以暴力强制或者精神威胁,被迫参加共同犯罪。胁从犯是知道或者基本知道自己是在进行犯罪,但不是自愿或者完全自愿。胁从犯在共同犯罪中处于被动地位,罪行也比较轻,因此对于胁从犯,应当按照他的犯罪情节减轻处罚或者免除处罚。

4. 教唆犯

教唆犯是指故意教唆他人犯罪的犯罪分子。教唆犯本人不亲自实行犯罪,而是故意唆使他人产生犯罪意图并进而实行犯罪。构成教唆犯,必须有教唆他人犯罪的教唆行为,并且这一教唆行为同被教唆人实行的犯罪行为之间有着必然的因果关系;必须有教唆他人实施犯罪的故意。如果由于言语不慎,无意中引起他人的犯罪意图的,不应认为是教唆犯。我国《刑法》规定:教唆他人犯罪的,应当按照他在共同犯罪中所起的作用处罚;教唆不满18周岁的人犯罪的,应当从重处罚;如果被教唆的人没有犯被教唆的罪,对于教唆犯,可以从轻或者减轻处罚。

六、单位犯罪

单位犯罪是指公司、企业、事业单位、机关、团体为本单位谋取利益,经单位集体研究决定或者由负责人员决定实施的危害社会的行为。单位犯罪的范围,以法律明文规定为限,即刑法分则和其他法律明确规定为犯罪的,才负刑事责任。

单位犯罪的主要法律特征:①犯罪的主观动机限于为本单位谋取利益;②犯罪是由单位决定的,即体现单位的意志。单位犯罪的犯罪意志形成可以是单位集体研究决定,如通过董事会、办公会等形式由单位集体研究决定;也可以是单位负责人员决定,如有权代表单位决策的董事长、经理、厂长等人决定。

对于单位犯罪,一般采取双罚制原则,即单位犯罪的,对单位判处罚金,同时对单位直接负责的主管人员和其他直接责任人员判处刑罚。由于单位犯罪的复杂性,其社会危害程度差别很大,一律适用双罚制的原则,尚不能全面体现罪刑相适应的原则和对单位犯罪起到足以警戒的作用,因此现行《刑法》也规定了例外情况的处理。如根据实际情况认为不宜采用双罚制处罚的单位犯罪,在《刑法分则》中也有规定单罚制的,即单位犯某种刑法规定的罪,对单位不判处罚金,只对直接责任人员判处刑罚。

第三节 犯罪的种类

根据犯罪行为所侵犯的同类客体和社会危害程度,我国《刑法》将犯罪分为十类。具体分类如下。

一、危害国家安全罪

危害国家安全罪,是指故意实施危害中华人民共和国的主权、领土完整与安全,颠覆国家政权、推翻社会主义制度的行为。古今中外的刑法都有这类犯罪的规定,但罪名的规定可能不尽相同。我国《刑法》中的危害国家安全罪是由原来的反革命罪修改而来的。根据我国《刑法》规定,这类罪具有以下特征:

(1)犯罪侵犯的客体是我国的国家安全。国家安全是指国家的生存与发展的安全,具体包括国家的领土完整、主权的统一、独立自决、社会制度和政权的巩固等,其核心是人民民主专政的政权和社会主义制度。

(2)犯罪的客观方面,表现为实施危害国家安全的行为。即危害中华人民共和国主权、领土、统一,危害国家赖以存在、巩固和发展的政治基础和制度的行为。危害国家安全的行为主要有以下几种类型:①危害祖国、分裂国家、颠覆国家政权的行为;②叛乱、叛变、叛逃的行为;③间谍、资敌行为。

（3）犯罪主体必须是达到法定责任年龄、具有刑事责任能力的自然人。其中，多数犯罪是一般主体，不论中国人、外国人或者无国籍人，都可能成为危害国家安全罪的主体。但是，也有少数危害国家安全的犯罪是特殊主体，如叛逃罪，只能由国家机关的工作人员以及掌握国家秘密的国家工作人员构成。

（4）犯罪的主观方面只能是直接故意。即行为人意图通过实施危害国家安全的行为，给我国的社会主义革命和建设事业造成困难和损失，从而为最终推翻我国人民民主专政的政权和社会主义制度创造条件。

危害国家安全的犯罪具有极其严重的社会危害性，因此列在《刑法》分则的各章之首，共有 12 个具体罪。分别是：背叛国家罪，分裂国家罪，煽动分裂国家罪，武装叛乱、暴乱罪，颠覆国家政权罪，煽动颠覆国家政权罪，资助危害国家安全犯罪活动罪，投敌叛变罪，叛逃罪，间谍罪，为境外窃取、刺探、收买、非法提供国家秘密、情报罪，资敌罪。

二、危害公共安全罪

危害公共安全罪是指故意或者过失地实施危害不特定的多数人的生命、健康或者重大公私财产安全的行为。这类罪具有以下特征：

（1）犯罪侵犯的客体是社会的公共安全。公共安全，是指不特定的多数人的生命、健康、重大公私财产以及社会正常的生产、工作和生活的安全。不特定，是指犯罪行为所危害的对象范围或数量不确定。危害公共安全罪对象的不确定性，不仅常常造成极其严重的人身伤亡、财产损毁、秩序混乱等恶性后果，而且使公众普遍陷于这种难以提防的危险所带来的恐惧之中而平添不安全感。我国《刑法分则》单列此类犯罪并将其列在仅次于危害国家安全罪的位置上。

（2）犯罪的客观方面，表现为实施刑法规定的危害公共安全的行为。这类犯罪，只要实施刑法规定的行为，并且足以造成严重后果发生的危险，就构成犯罪既遂；如果造成了实际严重后果，则构成结果加重犯。但是，过失危害公共安全的行为，必须是已经造成严重后果的，才构成犯罪。

（3）犯罪主体，多数是一般主体，少数是特殊主体，即国家工作人员或者从事一定职务或业务的特定人员。我国《刑法》规定，有些危害公共安全罪的主体不仅包括自然人，还可以是单位，如非法出租、出借枪支罪；有的主要是单位，如违规制造、销售枪支罪。

（4）犯罪的主观方面，既有出自故意的，也有出自过失的。危害公共安全的犯罪具有巨大的危险性和严重的社会危害性,因此我国《刑法分则》将此罪列为普通刑事犯罪之首。共有 42 个具体罪名,可以分为以下几类:①用危险方法危害公共安全的犯罪。②危害交通运输安全的犯罪。③破坏公共设备危害公共安全的犯罪。④资助、领导、参加恐怖活动组织罪。⑤与枪支、弹药、爆炸物有关的危害公共安全的犯罪。⑥因重大事故危害公共安全的犯罪。

三、破坏社会主义市场经济秩序罪

破坏社会主义市场经济秩序罪是指违反国家经济管理法规、进行非法经济活动、严重破坏社会主义市场经济秩序的行为。这类罪具有以下特征:

(1)犯罪侵害的客体,是我国的社会主义市场经济秩序。

(2)犯罪的客观方面,表现为违反国家经济管理法规,进行非法经济活动,破坏市场经济的正常运行及国家经济管理活动,扰乱社会主义市场经济秩序的行为。

(3)犯罪主体,有一般主体,也有特殊主体;有自然人,也有单位。

(4)犯罪的主观方面,多数是故意,并且多数犯罪具有获取非法利益的目的;少数罪由过失构成。

破坏社会主义市场经济秩序罪共有 95 个具体罪名,分为以下 8 类:生产、销售伪劣商品罪;走私罪;妨害对公司、企业的管理秩序罪;破坏金融管理秩序罪;金融诈骗罪;危害税收征管罪;侵犯知识产权罪;扰乱市场秩序罪。

四、侵犯公民人身权利、民主权利罪

(一)侵犯公民人身权利、民主权利罪包括的犯罪类型

(1)侵犯公民人身权利罪,是指故意或者过失侵犯他人人身权利和其他与人身直接相关的权利的行为。

(2)侵犯公民民主权利罪,是指非法剥夺或者妨害公民自由行使依法享有的管理国家和参加政治活动等各项权利的行为。

(3)妨害婚姻家庭关系的各项犯罪,是指违反《婚姻法》和《刑法》的规定,妨害社会主义婚姻家庭制度,情节严重的行为。因为这些犯罪往往同时侵犯公民的人身权利、民主权利,互相联系十分密切,所以《刑法分则》将它们按同类客体规定在一章中。

（二）侵犯公民人身权利、民主权利犯罪具有的特征

（1）犯罪侵犯的客体，是公民的人身权利、民主权利或婚姻家庭制度。其中人身权利主要包括生命权、健康权、性的不可侵犯权、人身自由权、人格名誉权、住宅不受侵犯权等；民主权利主要包括选举权和被选举权、批评监督权、申辩权、控告权、检举权、宗教信仰权、通信自由权等。

（2）犯罪的客观方面，表现为非法侵犯公民的人身权利、民主权利或者妨害社会主义婚姻家庭关系的行为。本类罪绝大多数只能由作为构成；但少数犯罪可以由不作为构成；个别罪则只能由不作为构成，如遗弃罪。

（3）犯罪主体，多数为一般主体，少数为特殊主体。单位不能成为本类犯罪的主体。

（4）犯罪的主观方面，除过失致人死亡罪、过失致人重伤罪以外，其他犯罪均由故意构成。这类犯罪共有 37 个具体罪，根据各罪侵犯的直接客体和相互的内在联系，可以分为以下几类：①侵犯他人生命、健康的犯罪；②侵犯女性、儿童身心健康的犯罪；③侵犯他人人身自由、人格尊严的犯罪；④侵犯他人人格、名誉的犯罪；⑤侵犯他人民主权利的犯罪；⑥借国家机关权力侵犯他人权利的犯罪；⑦侵犯通信自由权利的犯罪；⑧妨害婚姻、家庭的犯罪。

五、侵犯财产罪

侵犯财产罪，是以各种手段非法侵犯公私财物的行为。这类罪具有以下特征：

（1）犯罪侵犯的客体，是公共财产和公民私人所有合法财产的所有权。

（2）犯罪的客观方面，表现为使用各种手段非法侵犯公私财物的行为。其行为的具体表现多种多样，概括起来有三种情况：①攫取公私财物的非法占有，即将他人控制之下的财物或自己暂时控制之下的财物非法占有；②"非法挪用"，即行为人严重违反财经管理制度，利用职务上的便利，擅自改变本单位资金或者某些特定款物的既定用途的行为；③毁损公私财物，包括直接使财产丧失或减少其使用价值和通过破坏生产经营活动使生产资料的使用价值丧失或减少两种情形。

（3）犯罪主体，大多是一般主体，只有职务侵占罪、挪用资金罪、挪用特定款物罪的主体是特殊主体。

（4）犯罪的主观方面，只能由故意构成，过失不构成本类犯罪。侵犯财产罪共有 12 个具体罪，可以分为以下几类：①暴力胁迫取得财产的犯罪；②窃取、诈骗财产的犯罪；③抢夺、哄抢财产的犯罪；④侵占财产的犯罪；

⑤挪用财产的犯罪;⑥破坏财产的犯罪。

六、妨害社会管理秩序罪

妨害社会管理秩序罪,是指妨害国家机关对社会的管理活动,破坏社会秩序,情节严重的行为。这类罪具有以下特征:

(1)犯罪侵犯的客体,是国家确立的并由法律维护的正常的社会管理秩序。

(2)犯罪的客观方面,必须表现为违反各种社会管理法规,妨害国家机关的管理活动,破坏社会秩序,情节严重的行为。

(3)犯罪主体,绝大多数是一般主体,少数是特殊主体;多数犯罪由自然人构成,少数犯罪可以由单位构成。

(4)犯罪的主观方面,故意和过失均能构成本类犯罪,但多数是故意,且不少犯罪以特定目的作为构成犯罪的必要条件,如赌博罪、传播淫秽物品罪、倒卖文物罪等,必须以营利或传播为目的。

妨害社会管理秩序罪共有124个具体罪,分为以下九类:①扰乱公共秩序罪;②妨害司法罪;③妨害国(边)境管理罪;④妨害文物管理罪;⑤危害公共卫生罪;⑥破坏环境资源保护罪;⑦走私、贩卖、运输、制造毒品罪;⑧组织、强迫、引诱、容留、介绍卖淫罪;⑨制作、贩卖、传播淫秽物品罪。

七、危害国防利益罪

危害国防利益罪是指破坏或者干扰国防活动,严重危害国家国防利益,依法应受刑罚惩罚的行为。这类罪具有以下特征:

(1)犯罪侵犯的客体,是国家的国防利益。国防利益是指国家为了防备和抵御侵略与颠覆,捍卫国家主权、领土完整和安全而进行的军事及与军事有关的建设和活动所拥有的特殊利益,具体包括国防自身安全、武装力量建设、国防物质基础、军事斗争、国防秩序等方面的利益。国防利益直接影响国家安全,体现国家和人民的根本利益。

(2)犯罪的客观方面,表现为以作为或者不作为方式实施的危害国防利益的行为。有些犯罪只有在"战时"方能构成,即对行为的时间有要求;有些危害国防利益的犯罪无需发生后果就可构成,如阻碍军人执行职务罪、煽动军人逃离部队罪、战时扰乱军心罪等;也有的危害国防利益罪要求危害结果发生才能成立,如阻碍军事活动罪,过失提供不合格武器装备、军事设施罪等。

(3)犯罪主体一般为自然人,少数犯罪可以由单位构成;多数为一般主体,也有的是特殊主体。

(4)犯罪的主观方面,多数由故意构成,少数由过失构成。

这类罪共有 21 个罪,根据犯罪侵犯的直接客体,可以分为以下几类:①妨害国防机构职能的犯罪;②妨害国防资产的犯罪;③侵犯作战利益、逃避国防义务的犯罪。

八、贪污贿赂罪

贪污贿赂罪是指国家工作人员利用职务上的便利,侵犯国家财产所有权、国家机关正常活动和国家廉政制度的行为。这里的国家工作人员,是指在国家机关中从事公务的人员。国有公司、企事业单位、人民团体中从事公务的人员和国家机关、国有公司、企事业单位委派到非国有公司、企事业单位、社会团体从事公务的人员,以及其他依照法律从事公务的人员,以国家机关工作人员论。

贪污贿赂罪具有以下特征:

(1)犯罪侵犯的客体,主要是国家廉政制度或者说是国家工作人员职务行为的廉洁性和国家机关的正常活动,同时有些犯罪还侵犯了公共财物所有权或国家财产所有权。

(2)犯罪的客观方面,一般表现为利用职务之便,侵犯国家财产所有权或损害国家廉政制度。具体为实施了两类危害行为:①侵犯国家财产所有权的行为,如贪污、挪用公款、私分国有资产等;②损害了国家廉政制度的行为,如受贿、巨额财产来源不明、隐瞒境外存款不报等。其中,行贿罪和介绍贿赂罪不要求利用职务之便。大多数行为只能以作为形式实施;少数行为表现为不作为形式,如隐瞒境外存款罪。

(3)犯罪主体,一般是国家工作人员;受贿罪、行贿罪、私分国有资产罪的主体,也可以由国家机关、国有公司、企事业单位、人民团体构成。其中私分国有资产罪的主体只能是国家机关、国有公司、企事业单位、人民团体,而不能是自然人。行贿罪和介绍贿赂罪的主体是一般主体。

(4)犯罪的主观方面,都是直接故意,而且大多具有贪利的目的。

贪污贿赂罪共有 14 个具体罪,根据犯罪侵犯的客体和犯罪手段等的不同特征,可以分为以下几类:①贪污罪;②挪用公款罪;③受贿罪、单位受贿罪、斡旋受贿罪;④行贿犯罪和介绍贿赂罪,单位行贿罪;⑤巨额财产来源不明罪;⑥隐瞒境外财产不申报罪;⑦私分国有资产罪,私分罚没财物罪。

九、渎职罪

渎职罪,是指国家机关工作人员滥用职权或者玩忽职守不尽职责,妨害国家机关的正常活动,损害国家机关的应有威信,致使公共财产、国家利益和社会公共利益遭受重大损失的行为。渎职罪具有以下特征:

(1)犯罪侵犯的客体,是国家机关的正常工作制度和应有信誉。

国家机关的正常工作制度,主要是指国家各级权力机关、行政机关和司法机关等在执行国家职务的活动中必须遵循的制度。它要求国家机关的活动必须合乎法定的标准和程序,具有公正性和有效性,从而在社会中建立起真正的权威和信誉,使国家职能得以顺利履行和实现。国家机关工作人员依法办事、尽职尽责,国家机关的工作制度和应有威信才有保障。如果国家机关工作人员滥用职权或者玩忽职守,必然破坏国家机关的工作制度和应有威信,阻碍国家职能的实现,危害国家利益和社会公共利益。

(2)犯罪的客观方面,表现为国家机关工作人员在其职务活动中违法乱纪、滥用职权、徇私舞弊、玩忽职守的渎职行为,但其社会危害性必须达到一定程度,或者给公共财产、国家利益和社会公共利益造成重大损失的才构成渎职罪。

渎职犯罪行为是在国家机关工作人员代表国家履行职能的职务活动中发生的。与职务活动无关的行为,一般不可能构成渎职罪。渎职犯罪行为包括作为与不作为,都是不严格按照法定的标准和程序行使职权或履行职责的违法乱纪行为。违反有关法纪,是渎职罪的重要特征。

(3)犯罪主体为特殊主体,即国家机关工作人员。只有极少数罪,如泄露国家秘密罪,非国家机关工作人员也能构成。

(4)犯罪的主观方面,多数是故意,也有的罪可以由过失构成。

对于过失性的渎职罪,法律条文中通常都有"玩忽职守"或"严重不负责任"的用语标明。

渎职罪共有 33 个具体罪,根据主体的特征,可以分为以下四种:①一般国家机关工作人员构成的渎职罪;②司法工作人员构成的渎职罪;③行政执法机关工作人员构成的渎职罪;④其他国家工作人员构成的渎职罪。

十、军人违反职责罪

军人违反职责罪是指军人违反职责、危害国家军事利益、依照法律应当受刑罚处罚的行为。军人违反职责罪具有以下特征:

(1)犯罪侵犯的客体,是国家的军事利益。国家的军事利益是指与军事活动有直接关系的国家利益,即国家在国防建设、军队建设、作战行动、军事机密、军事科学研究等方面的利益。

(2)犯罪的客观方面,表现为违反军人职责、危害军事利益的行为。这些行为多数为作为形式,也有一些行为可以由不作为构成。犯罪的时间和地点对于军人违反职责罪的认定和处罚具有十分重要的意义。

(3)犯罪主体为特殊主体,必须具备军人身份。根据我国《刑法》第450条规定,军人的范围包括中国人民解放军的现役军官、文职干部、士兵及具有军籍的学员和中国人民武装警察部队的现役警官、文职干部、士兵及具有军籍的学员以及执行军事任务的预备役人员和其他人员。

(4)犯罪的主观方面,多数犯罪只能由故意构成;少数犯罪出于过失,如武器装备肇事罪。

军职罪共有 31 个具体罪名。根据犯罪的直接客体,可以分为以下几类:①危害作战利益的犯罪;②妨害军事机关职能的犯罪;③侵犯军事秘密、武器装备、军用物资、军事设施的犯罪;④侵犯部属、伤病员、平民、战俘的犯罪。

第四节　刑　罚

一、刑罚的概念

刑罚是人民法院以国家的名义惩罚犯罪的一种强制方法。同行政制裁、民事制裁等其他强制方法相比,刑罚具有以下特点:①刑罚是最严厉的强制方法,它不仅可以剥夺犯罪人的财产和政治权利,而且可以剥夺其人身自由甚至生命。②刑罚只能对触犯刑法构成犯罪的人适用,对无罪的人不能适用刑罚;刑罚只能由人民法院代表国家依法适用,其他任何机关、团体和个人都无权适用。

二、刑罚的种类

我国刑罚分主刑和附加刑两大类。对于犯罪的外国人可以独立适用或者附加适用驱逐出境。

(一)主刑

主刑又叫基本刑,是对犯罪分子适用的主要刑罚方法。主刑只能独立适用,不能附加适用。主刑有以下五种。

1.管制

管制是对犯罪分子不予关押,但限制其一定自由,交由公安机关执行并接受群众监督改造的刑罚方法。管制是最轻的主刑,适用于罪行较轻、有悔悟表现,不关押也不致再危害社会的刑事犯罪分子。我国《刑法》规定,对于被判处管制的犯罪分子,在劳动中应当同工同酬。管制的期限为3个月以上2年以下,数罪并罚时最高不能超过3年。

2.拘役

拘役是短期剥夺犯罪分子的人身自由,并就近实行劳动改造的刑罚方法。拘役是介于管制与有期徒刑之间的主刑,主要适用于罪行情节较轻无须判处有期徒刑而又必须判刑进行短期关押改造的犯罪分子。我国《刑法》规定,拘役的期限为1个月以上6个月以下,数罪并罚时最高不能超过1年。被判处拘役的犯罪分子每月可以回家1~2天;参加劳动的,可以酌量发给报酬。

3.有期徒刑

有期徒刑是剥夺犯罪分子一定期限的人身自由,并强制劳动改造的刑罚方法。有期徒刑是我国刑罚中适用范围最广的主刑。由于它的刑期幅度大,适用面宽,因而既可以适用较重的犯罪,也可以适用较轻的犯罪。它有利于人民法院根据各种犯罪的不同性质、情节和对社会的危害程度,依法在量刑幅度内判处轻重相适应的刑罚。有期徒刑的期限为6个月以上15年以下,数罪并罚的最高期限不能超过20年。

4.无期徒刑

无期徒刑是剥夺犯罪分子终身自由,并实行强制劳动改造的刑罚方法。无期徒刑是仅次于死刑的一种严厉的刑罚。它的适用对象是那些罪行严重,但尚不够判处死刑,而判处有期徒刑又嫌轻的犯罪分子。无期徒刑从性质上讲是一种终身监禁的刑罚,但是根据我国《刑法》的规定,只要犯罪分子认罪伏法,认真遵守监规,接受教育改造,确有悔改或立功表现,在刑罚执行一定期限以后,可以被减为有期徒刑,还可以依法假释。

5.死刑

死刑是剥夺犯罪分子生命的刑罚方法。它是我国刑罚中最严厉的一种刑罚方法。我国《刑法》规定,死刑只适用于罪行极其严重的犯罪分子。同时,对死刑的适用在总体上作了严格的限制。表现为:

(1)从法定情节严格限制死刑的范围。如在《刑法分则》条文中,都是把死刑作为选择法定刑加以规定,只要不是罪行极其严重的,都给予从轻判处其他刑罚的选择余地;在有死刑的条文中,都规定有"重大损失"、"严重后果"等作为严格限制适用死刑的条件。

(2)从主体上对适用死刑作了严格的限制。对于犯罪的时候不满18

周岁的人和审判的时候怀孕的妇女不适用死刑,包括不能判处死缓。

(3)从死刑核准程序上严格控制。死刑除依法由最高人民法院判决的以外,都应当报请最高人民法院核准。死刑缓期执行的,可以由高级人民法院判决或者核准。

(4)保留了死刑缓期执行制度,即死缓制度。死缓制度不是独立的刑种,而是死刑的一种特殊的执行制度。我国《刑法》规定,对于应当判处死刑的犯罪分子,如果不是必须立即执行的,可以判处死刑同时宣告缓期两年执行。对于死刑缓期执行的,在死刑缓期执行期间,如果没有故意犯罪,两年期满以后,减为无期徒刑;如果确有重大立功表现,两年期满以后,减为 15 年以上 20 年以下有期徒刑;如果故意犯罪,查证属实的,由最高人民法院核准,执行死刑。

(二)附加刑

附加刑也称从刑,是补充主刑适用的刑罚方法。它既可以随主刑附加适用,也可以独立适用。一个主刑可以同时附加一个或者几个附加刑。附加刑有以下几种。

1. 罚金

罚金是人民法院判处犯罪分子向国家缴纳一定数额金钱的刑罚方法。主要适用破坏社会主义市场经济秩序罪和其他以贪财图利为目的的犯罪,对那些见利妄为的犯罪分子,给予经济上的必要制裁。罚金不同于行政罚款,罚款是行政执法部门对违法行为人适用的一种行政处罚方法,罚金则是由人民法院对犯罪分子判处的一种刑罚。

2. 剥夺政治权利

剥夺政治权利是剥夺犯罪分子参加国家管理和政治活动权利的刑罚方法。剥夺政治权利是指剥夺下列权利:

(1)选举权和被选举权。

(2)言论、出版、集会、结社、游行、示威自由的权利。

(3)担任国家机关职务的权利。

(4)担任国有公司、企事业单位和人民团体领导职务的权利。

对于危害国家安全的犯罪分子应当附加剥夺政治权利;对于故意杀人、强奸、放火、爆炸、投毒、抢劫等严重破坏社会秩序的犯罪分子,可以附加剥夺政治权利。剥夺政治权利的期限分为以下几种情况:

(1)判处死刑、无期徒刑的犯罪分子,应当剥夺政治权利终身;在死刑缓期执行减为有期徒刑或者无期徒刑减为有期徒刑的时候,应当把附加剥夺政治权利的期限改为 3 年以上 10 年以下。

（2）判处管制附加剥夺政治权利的，剥夺政治权利的期限与管制的期限相等，同时执行。

（3）独立适用剥夺政治权利或判处有期徒刑、拘役附加剥夺政治权利的，剥夺政治权利的期限都应当在 1 年以上 5 年以下。附加剥夺政治权利的刑期，从徒刑、拘役执行完毕之日或者从假释之日起计算；剥夺政治权利的效力当然适用主刑执行期间。

3. 没收财产

没收财产是将犯罪分子个人所有财产的一部分或者全部，强制无偿地收归国有的刑罚方法。主要适用危害国家安全和严重破坏社会主义市场经济秩序、侵犯财产以及以营利为目的的妨害社会管理秩序的犯罪分子。对犯罪分子适用没收财产，既是对其贪财图利的犯罪给予应有的惩罚，也是从经济上摧垮其赖以犯罪的物质基础。没收全部财产的，应当对犯罪分子个人及其扶养的家属保留必要的生活费用；没收财产以前犯罪分子所负的正当债务，需要以没收的财产偿还的，经债权人请求，应当偿还。

三、刑罚的具体运用

（一）量刑

量刑是人民法院对于犯罪分子依法裁量决定刑罚的审判活动。人民法院的刑事审判活动有两个基本环节：一是定罪，二是量刑。定罪是量刑的前提和基础，量刑则是审判工作的中心。人民法院审理刑事案件，只有切实做到定性准确、量刑适当，对犯罪分子罚当其罪，才能实现刑罚的目的，有效地发挥审判工作维护社会主义法制、促进社会主义建设事业的积极作用。

我国《刑法》规定，对犯罪分子决定刑罚的时候，应当根据犯罪的事实、犯罪的性质、犯罪的情节和对社会的危害程度，依照《刑法》的有关规定判处。量刑时，一要以犯罪事实为根据，二要以刑事法律为准绳。我国《刑法》根据犯罪的不同情况和不同情节分别规定了各种犯罪的量刑幅度以及从重、从轻、减轻、免除处罚的具体制度。这里的从重处罚是指审判机关在法定刑的限度内对犯罪人处以较重刑罚，从轻处罚是指审判机关在法定刑的限度内对犯罪人处以较轻刑罚，减轻处罚是指审判机关在法定最低刑以下对犯罪人判处刑罚，免除处罚是指审判机关对犯罪人作有罪宣告但免除其刑罚处罚。我国《刑法》规定的从重、从轻、减轻、免除处罚的制度主要有累犯、自首、立功、缓刑制度等。

（二）累犯

累犯是指受过一定的刑罚处罚，在刑罚执行完毕或者赦免以后，在法定期间内再犯一定之罪的犯罪分子。我国《刑法》规定的累犯分为一般累犯和特殊累犯两种。

1. 一般累犯

一般累犯是指被判处有期徒刑以上刑罚的犯罪分子,刑罚执行完毕或者赦免以后,在5年以内再犯应当判处有期徒刑以上刑罚之罪。其构成的条件是:

(1)前罪和后罪必须都是故意犯罪,这是构成累犯的主观条件。

(2)前罪被判处的刑罚和后罪应当判处的刑罚必须都是有期徒刑以上的刑罚,这是构成累犯的刑度条件。

(3)后罪的发生,必须是在前罪的刑罚执行完毕或者赦免以后,这是构成累犯的前提条件。

(4)后罪发生的时间,必须是在前罪的刑罚执行完毕或者赦免后5年以内,这是构成累犯的时间条件。

2. 特殊累犯

特殊累犯又称危害国家安全罪的累犯,是指危害国家安全的犯罪分子在刑罚执行完毕或者赦免以后,在任何时候再犯危害国家安全罪的。特殊累犯不受一般累犯规定条件的限制,只要前罪和后罪都是危害国家安全罪,在前罪刑罚执行完毕或者赦免以后,不论何时再犯后罪,也不管判处的是何种刑罚,都以累犯论处。

累犯是一种法定的从重处罚情节。我国《刑法》规定,对于累犯应当从重处罚。

(三)自首和立功

自首和立功是我国《刑法》规定的两项从宽处罚制度,也是两个重要的从宽处罚情节。我国刑罚的目的是预防犯罪,包括特殊预防和一般预防两个方面。特殊预防是指预防已经犯了罪的人重新犯罪;一般预防是指预防尚未犯罪的人实施犯罪。

对有自首和立功情节的犯罪分子从宽处罚,是惩办与宽大相结合原则的具体化、法律化,对于分化瓦解犯罪分子,打击少数、争取多数,教育改造罪犯,预防犯罪具有重要意义。

1. 自首

自首是指犯罪分子犯罪以后自动投案,如实供述自己的罪行的行为;被采取强制措施的犯罪嫌疑人、被告人和正在服刑的罪犯,如实供述司法机关还未掌握的本人其他罪行的,以自首论。从自首的定义可以看出,自首包括两种行为:一种是自投行为,另一种是自招行为。自投行为成立自首必须具备的条件是：①犯罪以后必须自动投案。自动投案一般应是犯罪分子自动向公安、检察、审判机关投案；如果犯罪分子就近向所在单位、城乡基层组织或者其他有关负责人投案，也视为自动投案。②必须如实供述自己的罪行。这是自首的实质条件。犯罪分子必须如实供述自己的全部犯罪事实，至少是自己犯罪的主要事实。共同犯罪的犯罪分子除如实供述自己的罪行以外，还应当交代出所知的同案犯。

自招行为成立自首必须具备的条件是：①主体必须是被采取强制措施的犯罪嫌疑人、被告人和正在服刑的罪犯；②必须如实供述司法机关还未掌握的本人的其他罪行。这是自招行为成立自首的实质条件。

所谓"其他罪行"，又称"余罪"，是指被采取强制措施的犯罪嫌疑人、被告人和正在服刑的罪犯被指控、处理的罪行以外的罪行，而且必须是尚未被司法机关发觉的罪行。我国《刑法》规定：对于自首的犯罪分子，可以从轻或者减轻处罚；其中，犯罪较轻的，可以免除处罚。

2. 立功

立功是指犯罪分子揭发其他犯罪分子的罪行，查证属实，或者提供重要线索，从而得以侦破其他案件，或者协助司法机关缉捕其他罪犯，或者有其他一定的对社会有益的行为。我国《刑法》规定，犯罪分子有立功表现的，可以从轻或者减轻处罚；有重大立功表现的，可以减轻或者免除处罚；犯罪后自首又有重大立功表现的，应当减轻或者免除处罚。

（四）数罪并罚

数罪并罚是指一人犯有数罪，人民法院对其所犯的各种罪分别定罪量刑以后，依照法定原则，决定应当执行的刑罚。我国《刑法》对数罪并罚主要采取"限制加重原则"，同时以"吸收原则"和"相加原则"为补充。我国《刑法》适用数罪并罚有以下三种不同的情况。

1. 判决宣告前一人犯有数罪的并罚

我国《刑法》第 69 条规定："判决宣告前一人犯数罪的，除判处死刑或者无期徒刑的以外，应当在总和刑期以下，数刑中最高刑以上，酌情决定执行的刑期，但是管制最高不能超过 3 年，拘役最高不能超过 1 年，有期徒刑最高不能超过 20 年。如果数罪中有判处附加刑的，附加刑仍须执行。"这就是说——

（1）数罪中有一个判处死刑或者无期徒刑的，其他罪判处有期徒刑、拘役或者管制的，采用"吸收原则"，即只执行死刑或无期徒刑，其他主刑被吸收而不执行。

（2）数罪中判处数个有期徒刑、数个拘役或者数个管制的，采用"限制加重原则",即在总和刑期以下,数刑中最高刑以上,酌情决定执行的刑期,但是管制最高不能超过3年,拘役最高不能超过1年,有期徒刑最高不能超过20年。

(3)数罪中有判处附加刑的,附加刑与主刑采取"相加原则",即不论执行什么主刑,如有判处附加刑的,附加刑仍须执行。

2.判决宣告后刑罚未执行完毕前发现"漏罪"的并罚

我国《刑法》第70条规定:"判决宣告以后,刑罚还没有执行完毕以前,发现被判刑的犯罪分子在判决宣告以前还有其他罪没有判决的,应当和新发现的罪作出判决,把前后两个判决所判处的刑罚,依照本法第六十九条的规定,决定执行的刑罚。已经执行的刑期,应当计算在新判决决定执行的刑期以内。"这种计算方法,称为"先并后减"。

3.判决宣告后刑罚未执行完毕前又犯"新罪"的并罚

我国《刑法》第71条规定:"判决宣告以后,刑罚还没有执行完毕以前,发现被判刑的犯罪分子又犯罪的,应当对新犯的罪作出判决,把前罪没有执行的刑罚和后罪所判处的刑罚,依照本法第六十九条的规定,决定执行的刑罚。"这种计算方法,称为"先减后并"。显然,这种处罚方法比上一种明显加重了,实际执行的刑期很可能超过20年。

(五)缓刑

缓刑是指人民法院对于被判处拘役、3年以下有期徒刑的犯罪分子,根据其犯罪情节和悔罪表现,认为暂缓执行原判刑罚确实不致再危害社会的,规定一定的考验期,在考验期内被判刑的犯罪分子不再犯新罪,原判刑罚就不再执行的一种制度。缓刑不是一种独立的刑种,而是刑罚具体运用的一项制度。缓刑不同于免于刑事处分。免于刑事处分是人民法院对被告只作出有罪判决,但不判刑;而缓刑是人民法院不仅对被告定罪,而且判刑,但在一定时期内暂缓执行,同时又保持着执行的可能性。

适用缓刑必须同时具备下列条件:

(1)犯罪分子被判处拘役或3年以下有期徒刑的刑罚。

(2)根据犯罪分子的犯罪情节和悔罪表现,认为暂缓执行原判刑罚确实不致再危害社会,这是适用缓刑的根本条件。

(3)犯罪分子不是累犯。人民法院在宣告缓刑时,应当确定适当的缓刑考验期限。

我国《刑法》规定:拘役的考验期限为原判刑期以上1年以下,但不能少于2个月;有期徒刑的考验期限为原判刑期以上5年以下,但是不能少于1年。缓刑的考验期限,自判决确定之日起计算。被宣告缓刑的犯罪分子,在缓刑考验期限内犯新罪或者发现判决宣告以前还有其他罪没有判决的,应当撤销缓刑,对新犯的罪或者新发现的罪作出判决,把前罪和后罪所判处的刑罚,依照我国《刑法》第 69 条的规定,决定执行的刑期。缓刑考验期限内违反法律、行政法规或者国务院公安部门有关缓刑的监督管理规定,情节严重的,应当撤销缓刑,执行原判刑罚。没有上述情形的,原判的刑罚就不再执行,并公开予以宣告。

（六）减刑

减刑是指对于被判处管制、拘役、有期徒刑、无期徒刑的犯罪分子,由于其在刑罚执行期间确有悔改或者立功表现,适当减轻其原判刑罚的一种刑罚执行制度。

适用减刑的条件为:

(1)犯罪分子被判处的刑罚是管制、拘役、有期徒刑、无期徒刑。

(2)犯罪分子在刑罚执行期间确有悔改或者立功表现,是适用减刑的决定性条件。

(3)减刑必须有一定的限度。

我国《刑法》规定:犯罪分子减刑以后实际执行的刑期,判处管制、拘役、有期徒刑的,不能少于原判刑期的 1/2;判处无期徒刑的,不能少于10 年。

（七）假释

假释是指对于被判处剥夺自由刑的罪犯,在服刑一定时间以后,附条件地将其提前释放的一种刑罚执行制度。

适用假释的条件为:

(1)假释的对象是被判处有期徒刑、无期徒刑的犯罪分子,但对累犯以及因杀人、爆炸、抢劫、强奸、绑架等暴力性犯罪被判处 10 年以上有期徒刑、无期徒刑的犯罪分子,不得假释。

(2)假释只适用于已经执行了部分刑罚的犯罪分子,一般的情况是,被判处有期徒刑的犯罪分子,执行原判刑期 1/2 以上;被判处无期徒刑的犯罪分子,实际执行 10 年以上。

(3)假释只适用于没有人身危险性的犯罪分子,即认真遵守监规,接受教育改造,确有悔改表现,释放后不致再危害社会的犯罪分子。

假释须规定考验期限:有期徒刑的假释考验期限为没有执行完毕的刑期;无期徒刑的假释考验期限为 10 年。假释考验期限,从假释之日起计算。被假释的犯罪分子,在假释考验期限内犯新罪,应当撤销假释,按我国《刑法》第 70 条的规定实行数罪并罚;在假释考验期限内发现"漏罪",应当撤销假释,按我国《刑法》第70条的规定实行数罪并罚;在假释考验期限内违反法律、行政法规或者国务院公安部门有关假释的监督管理规定,尚未构成新的犯罪的,应当依照法定程序撤销假释,收监执行未执行完毕的刑罚。没有上述情形的,就认为原判的刑罚已经执行完毕,并公开予以宣告。

（八）时效

我国《刑法》中的时效又称追诉时效,是指司法机关对犯罪分子追究刑事责任的有效期限。我国《刑法》规定,犯罪经过下列期限不再追诉:

(1)法定最高刑为不满5年有期徒刑的,经过5年。

(2)法定最高刑为5年以上不满10年有期徒刑的,经过10年。

(3)法定最高刑为10年以上有期徒刑的,经过15年。

(4)法定最高刑为无期徒刑、死刑的,经过20年。如果20年以后认为必须追诉的,须报请最高人民检察院核准。但是,在人民检察院、公安机关、国家安全机关立案侦查或者在人民法院受理案件以后,逃避侦查或者审判的,不受追诉期限的限制;被害人在追诉期限内提出控告,人民法院、人民检察院、公安机关应当立案而不予立案的,不受追诉期限的限制。追诉期限从犯罪终了之日起计算;犯罪行为有连续或者继续状态的,从犯罪行为终了之日起计算。在追诉期限以内又犯罪的,前罪追诉的期限从犯后罪之日起计算。

练习九

一、单项选择题

1.已满14周岁不满18周岁的人犯罪,(　　)处罚。
　　A.可以从轻、减轻或者免除　　B.应当减轻或者免除
　　C.可以从轻或者减轻　　D.应当从轻或者减轻

2.我国刑法对溯及力问题采取(　　)。
　　A.从旧兼从轻原则　　B.从新原则
　　C.从旧原则　　D.从新兼从轻原则

3.某甲欲杀某乙,一天路遇某乙扬言:你看着!迟早我结果了你。某甲的扬言属于(　　)。
　　A.犯罪中止　　B.犯罪预备
　　C.犯罪未遂　　D.一般威胁不构成犯罪

4.24周岁的青工张某非常喜欢邻居家4周岁的男孩小涛。一日,张某带小涛到一座桥上玩,张某提着小涛的双手将其悬于桥栏,小涛边喊"害怕"边挣扎,张某手一滑,小涛掉入河中,张某急忙去营救,小

涛已溺水而死。从刑法理论上看,张某对小涛的死亡结果在主观上所持的心理态度是（　　）。

A.间接故意　　　　　　　　B.疏忽大意的过失

C.过于自信的过失　　　　　D.意外事件

5.某甲将他人的一台彩电偷回家中,经其父兄规劝,某甲悔悟。在被盗者未发觉的情况下,又偷偷地把这台彩电送回原处。甲的行为是（　　）。

A.犯罪中止　　　　　　　　B.犯罪既遂

C.犯罪未遂　　　　　　　　D.不当作犯罪处理

二、多项选择题

1.某甲（男,21周岁）与某乙（男,19周岁）素有嫌隙,一日某甲见某乙手持匕首向自己走来,遂随手拿起木棒猛击某乙头部,致乙重伤,后来才发现某乙拿的是一把橡胶制的玩具匕首。某甲的行为是（　　）。

A.犯罪　　　　B.正当防卫　　　　C.紧急避险　　　　D.假想防卫

2.甲、乙因事争执互殴,甲用铁条打乙,乙遂抽刀相向,乙妻恐事情闹大,奋力夺下乙手中的刀,又恐丈夫吃亏,顺手拾起一木板递给其夫,乙持木板与甲相抗,不想木板上的铁钉打中甲的太阳穴,致甲死亡。您认为（　　）。

A.乙构成杀人罪　　　　　　B.乙妻构成故意伤害致死罪

C.乙系正当防卫,不构成犯罪　　D.乙构成故意伤害致死罪

三、简答题

1.我国刑法的基本原则是什么?

2.我国刑法对效力范围有哪些规定?

3.什么是犯罪?犯罪的特征是什么?

4.什么是正当防卫?正当防卫的条件有哪些?

5.什么是犯罪的未遂、预备和中止?

6.什么是刑罚?刑罚的种类有哪几种?

7.什么是自首?什么是立功?

8.我国法律对追诉时效有哪些规定?

四、案例分析

1.被告人张某,男,25周岁,农民;被告人王某,男,22周岁,农民。被告人张某与王某是同乡,两人约好一同外出打工,但没有找到合适的工作,只好返家。途中在株洲转车时,两人身上所带钱已所剩无几,看到车站附

近有一杂货店,顿生邪念,商量去抢劫杂货店,就用剩余的钱买了两把匕首。深夜,两人手持匕首去敲杂货店的门,店主开门后,两人见店内有数人在打牌,犯罪行为难以得逞,转身逃跑,但均被抓获。

请问:张某、王某的行为属于犯罪预备还是犯罪未遂?请说明理由。

2.某保卫干部平某(按规定配枪),家住城郊。精神病人钟某走失,于凌晨1时误入平宅,将睡在外屋的平某的女儿惊醒。平女大叫:"谁?来人哪!"平某闻声持枪冲出,恰与欲进入里屋的钟某相撞,由于天黑情急,遂向自己脚下开了一枪,不料子弹反弹后击中钟某。虽经平某一家急送医院抢救,钟某终因伤势过重死亡。

请问:平某是否构成犯罪,为什么?假设平某惊醒后,持枪冲出,见人影径直向自己闯来,遂抬手向来人躯干部位开枪,不料将紧随其后的女儿打死,这时平某是否构成犯罪,为什么?

3.某甲与某乙均为20周岁,两人约好去某丙家中行窃。经某甲与某乙密谋,由某甲在外面放哨和接应,某乙到某丙家中行窃。当某乙窃得某丙金表一块准备逃走时,恰好碰到下班回家的某丙,某丙要求某乙放下窃取的金表,某乙不同意,并猛击某丙的头部,将某丙打倒在地后携金表逃走。而某甲看到某丙回家后由于担心事情败露,早已逃走。请问:对于某甲和某乙的行为应如何认定?

第十章

诉讼法律制度

【本章导读】

理解掌握诉讼法的基本原则和诉讼的主要制度,诉讼证据种类与举证责任,了解诉讼的主管和管辖,民事诉讼第一审普通程序。

【本章重点】

诉讼法的基本原则和主要制度。

诉讼证据种类与举证责任。

主管和管辖。

民事诉讼第一审普通程序。

【本章难点】

民事诉讼的管辖。

行政诉讼的受案范围。

刑事诉讼的特有原则。

第一节　诉讼法概述

一、诉讼法的概念和种类

(一)诉讼的概念和种类

"诉讼"一词来源于拉丁文。诉,告诉;讼,争辩是非曲直。顾名思义,有了纠纷向法院告诉,以争辩是非曲直,这就是诉讼,俗称"打官司"。它是国家行使司法审判权的一种专门活动,是国家司法机关在当事人和其他诉讼参与人的参加下,为解决纠纷或处理案件所进行的各种活动。诉讼有广义和狭义之分;狭义的诉讼仅指起诉和审判活动,广义的诉讼则包括执行在内。

根据诉讼解决的实体问题、案件的性质及诉讼形式的不同,诉讼可分为三种。

1.刑事诉讼

刑事诉讼是指公安机关、人民检察院和人民法院在当事人及其他诉讼参与人的参加下,依法处理刑事案件即依法揭露犯罪、证实犯罪和惩罚犯罪的活动,俗称"官告民"①。

2.民事诉讼

民事诉讼是指人民法院在当事人及其他诉讼参与人的参与下,审理和解决民事、经济纠纷案件的活动,俗称"民告民"。

3.行政诉讼

行政诉讼是指人民法院在当事人及其他诉讼参与人的参加下,审理国家行政机关所作的具体行政行为是否合法的活动,俗称"民告官"②。

(二)诉讼法的概念和分类

诉讼法亦称程序法,是国家制定的如何进行诉讼活动以及调整由此而产生的各种诉讼关系的法律规范的总称。诉讼法有广义和狭义之分:狭义的诉讼法仅指国家现行的诉讼法典,而广义的诉讼法则包括各种法律文件中有关诉讼程序的法律规范。

与诉讼的种类相适应,诉讼法可分为刑事诉讼法、民事诉讼法和行政诉讼法。这三大诉讼法构成了我国诉讼法的完整体系。三大诉讼法在基本原则、审判组织、诉讼制度和程序等方面的规定上有许多共同或相通之处,尤其是民事诉讼法和行政诉讼法相通或近似的地方更多,但它们毕竟分属于不同的独立法律部门,调整着不同的诉讼活动及由此产生的不同的诉讼关系,因而在很多方面存在着明显的差异。这在以下各部分的内容中将陆续涉及,请注意比较和归纳。

二、诉讼法的任务

我国三大诉讼法的任务是不一样的。

(一)民事诉讼法的任务

根据1991年4月9日第七届全国人民代表大会第四次会议通过并于同日公布施行的《中华人民共和国民事诉讼法》第2条规定,我国民事诉讼法的任务是:

---

① 我国刑事诉讼的方式以公诉为主,自诉为辅。公诉是指人民检察院代表国家向人民法院提起诉讼,要求追究被告人的刑事责任,所以又称"官告民"。

② 行政诉讼的被告是国家行政机关或被授权行使国家行政权的其他社会组织,原告是在行政法律关系中处于被管理地位的公民、法人或其他组织,所以又称"民告官"。

(1)保护当事人行使诉讼权利。

(2)保证人民法院查明事实,分清是非,正确适用法律,及时审理民事案件,确认民事权利义务关系,制裁民事违法行为,保护当事人的合法权益。

(3)教育公民自觉遵守法律。

(4)维护社会秩序、经济秩序,保障社会主义建设事业的顺利进行。

(二)行政诉讼法的任务

根据1989年4月4日第七届全国人民代表大会第二次会议通过,于同日公布,并于1990年10月1日起施行的《中华人民共和国行政诉讼法》第1条规定,我国行政诉讼法的任务是:

(1)保证人民法院正确、及时审理行政案件。

(2)保护公民、法人和其他组织的合法权益。

(3)维护和监督行政机关依法行使行政职权。

(三)刑事诉讼法的任务

根据1979年7月1日第五届全国人民代表大会第二次会议通过,并经1996年3月17日第八届全国人民代表大会第四次会议修订,于1997年1月1日起施行的《中华人民共和国刑事诉讼法》第2条规定,我国刑事诉讼法的任务是:

(1)保证准确、及时地查明犯罪事实,正确应用法律,惩罚犯罪分子,保障无罪的人不受刑事追究。

(2)教育公民自觉遵守法律,积极同犯罪分子作斗争,以维护社会主义法制,保护公民的人身权利、财产权利、民主权利和其他权利,保障社会主义建设事业的顺利进行。

三、诉讼法的基本原则和主要制度

诉讼法的基本原则,是指贯穿于整个诉讼程序之中,指导司法机关和诉讼参与人进行诉讼活动的基本准则。我国三大诉讼法有许多共同的基本原则,又有各自特有的基本原则。

(一)三大诉讼法共有的基本原则和主要制度

1.三大诉讼法共有的基本原则

诉讼法共有的基本原则即适用各种诉讼的基本原则。主要包括:

(1)司法机关依法独立行使职权。这一原则包含两层含义:①司法机关依照法律规定独立享有并行使司法职权,不受行政机关、社会团体和个人的干涉;②司法机关内部各机关必须明确分工,各司其职,不能职责不分或职权相互替代。

(2)以事实为根据,以法律为准绳。以事实为根据,是指人民法院在审理案件时,必须查明案件的客观事实,并以查证属实的事实作为定案的根据,而不能以主观想象、推测为依据;以法律为准绳,是指人民法院在查明案件事实的基础上,严格依法律规定办事,以法律作为唯一标准,判断当事人之间的是非对错。以事实为根据,以法律为准绳,两者紧密联系。以事实为根据,是正确审理案件的基础;以法律为准绳,是正确处理案件的标准和结果。只有两者结合起来,才能正确解决各种纠纷。

(3)公民在适用法律上一律平等。这一原则是指司法机关在进行诉讼时,对所有诉讼当事人,不分民族、种族、性别、年龄、职业、社会出身、文化、财产等差别,不论当事人是单位还是个人,在适用法律上一律平等,不偏袒、不歧视,其合法权益一视同仁受到保护,其违法行为同样受到法律制裁,不允许任何人有超越法律的特权。

(4)使用本民族语言文字进行诉讼。在少数民族聚居或多民族杂居的地区,应当使用当地民族通用的语言文字进行讯问、审理和发布法律文书;对不通晓当地通用语言文字的诉讼参与人,司法机关应免费为其提供翻译。

(5)人民检察院对诉讼进行法律监督。人民检察院作为《宪法》规定的法律监督机关,有权对诉讼实行法律监督。人民检察院对于刑事诉讼的监督是一种主动的、积极的同步监督,包括对侦查、审判、执行等多方面的监督;而对民事诉讼和行政诉讼的监督则表现为被动的、消极的事后监督;当发现人民法院已经生效的民事、行政判决确有错误时,可以依照审判监督程序提出抗诉。

(6)国家主权原则。对外国人犯罪应当追究刑事责任及外国人在我国领域内进行民事诉讼和行政诉讼,均适用我国诉讼法。

(二)民事诉讼法和行政诉讼法共同的基本原则

1. 当事人诉讼地位和诉讼权利平等

在民事和行政诉讼中,不管是原告还是被告,诉讼地位是平等的,都平等地享有诉讼权利,平等地承担诉讼义务,人民法院应当保障和便利当事人行使诉讼权利。

2. 辩论原则

民事、行政诉讼的双方当事人有权在人民法院的主持下,就案件的事实和争议的问题,各自陈述自己的主张和根据,互相进行反驳和答辩,以澄清事实,明辨是非,维护自己的合法权益。辩论原则是双方当事人诉讼法律地位平等的体现,也是社会主义民主的本质要求。它贯穿于整个诉讼过程中,不能把辩论原则狭隘地等同于法庭审理时的辩论阶段,后者只是当事人行使辩论权最集中、最突出的一个阶段。

3.同等原则和对等原则

外国人、无国籍人、外国企业和组织在中国进行民事、行政诉讼,同中国公民、法人和其他组织有同等的诉讼权利和义务;外国法院对中国公民、法人和其他组织的民事、行政诉讼权利加以限制的,中国法院对该国公民、法人和其他组织的民事、行政诉讼权利,也给予对等的限制。

(三)民事诉讼法的特有原则

1.根据合法和自愿的原则进行调解

人民法院审理民事案件,对于能够调解的案件应当采用调解的方式结案,但应当根据自愿和合法的原则进行调解,对调解不成的案件及时作出判决。

2.处分原则

当事人在民事诉讼过程中,对自己所享有的民事权利和诉讼权利有权在法定范围内自由行使,予以主张、变更或放弃,但当事人的处分行为不得违反法律规定,损害国家、集体和他人的合法权益,故需通过人民法院的审查来实现其处分权利。

3.社会支持起诉原则

对于因民事权益受到损害而不敢起诉的单位和个人,对受害者负有保护责任的机关、社会团体和企事业单位,可以支持受损害的单位和个人向人民法院提起诉讼。

4.人民调解原则

人民调解工作是我国司法工作的第一道防线,能把大量民间纠纷解决在基层,消灭在萌芽状态,对预防纠纷、减少诉讼具有重要意义。基层人民法院应积极协同基层人民政府搞好人民调解的指导工作,发挥人民调解组织的作用;人民调解应当自愿、合法,而且不是诉讼的必经程序,当事人不愿调解、调解不成或者反悔的,可以向人民法院起诉。

(四)行政诉讼法特有的基本原则

1.人民法院特定主管原则

与刑事、民事案件统归人民法院审判不同,人民法院只主管法律规定管辖的那一部分行政案件。一般来说,人民法院只主管因具体行政行为引起争议的案件,不管辖因抽象行政行为发生争议的案件;只主管行政机关在管理国家事务时与公民、法人或其他组织发生争议的案件,不管辖行政机关在管理内部事务时发生争议的案件；按照国际惯例，政府所为的国家行为，如外交、国防事务行为，都不属于行政诉讼的范围，人民法院不能管辖。

2.审查具体行政行为合法性原则

人民法院审理行政案件，只对具体行政行为是否合法作出审查，原则上不审查行政机关在自由裁量范围内作出的具体行政行为是否适当。只有在行政处罚这一领域内，人民法院才可以对行政处罚的合理性、适当性进行审查，认为行政处罚显失公正的，可以判决变更。

3.诉讼期间不停止具体行政行为执行原则

在行政诉讼中，当事人争议的具体行政行为不因原告提起诉讼而停止执行，这是由现代国家行政管理的效率性和连续性要求所决定的。但如果被告认为需要停止执行的，原告申请停止执行，人民法院认为该具体行政行为的执行会造成难以弥补的损失，并且停止执行不损害社会公共利益，裁定停止执行的；或者法律、法规规定停止执行的，则停止具体行政行为的执行。

4.不适用调解原则

人民法院审理行政案件，不能进行调解，但赔偿诉讼可以适用调解。

(五)刑事诉讼法特有的基本原则

1.公、检、法三机关分别依法行使职权

对刑事案件的侦查、拘留、执行逮捕、预审，由公安机关负责；检察、批准逮捕、检察机关直接受理的案件的侦查、提起公诉，由人民检察院负责；审判由人民法院负责。除法律特别规定的以外，其他任何机关、团体和个人都无权行使这些权力；公、检、法三机关也应按照法定的职权分工分别行使各自的权力，不能混淆和相互取代。

2.专门机关与群众相结合

公、检、法三机关在办理刑事案件过程中，必须贯彻群众路线，依靠人民群众提供线索和证据，及时侦查案件，揭露犯罪，证实犯罪；依靠群众力量对被判处管制的罪犯实行就地监督劳动改造；对一般违法犯罪而不需要判刑的人，尤其是青少年，也需要依靠群众来教育、挽救和改造的。但是依靠群众绝不是可以削弱或取消自己的专门业务工作，而是要实行依靠广大人民群众和专门机关相结合，并以专门机关为主的原则，防止借口走群众路线，取消专门机关，搞所谓的"群众专政"、"群众定性"、"群众判刑"等违背法制原则的做法。

3.分工负责、互相配合、互相制约

在刑事诉讼中,为了保证准确有效地执行法律,公、检、法三机关依照法律规定的职权范围进行工作,各负其责,各司其职,既不能一个机关行使刑事诉讼的全部职权,超越法定的职权范围,也不能不负各自的职责,互相推诿,贻误办案时机;公、检、法三机关在分工负责的前提下,为完成惩罚犯罪、保护人民的共同任务,要紧密协作,互相支持;公、检、法三机关各守关口,相互监督,互相防止可能发生的错误,互相纠正已经发生的错误。

4.犯罪嫌疑人、被告人有权获得辩护

犯罪嫌疑人、被告人对自己是否实施了犯罪行为,所指控的事实情节是否有出入,对其适用的法律是否正确等有权进行申辩和解释;人民法院有义务保证被告人获得辩护,对于符合事实和法律的应当予以采纳,不得侵犯和剥夺被告人的辩护权,不能把被告人行使正当的辩护权误认为是认罪态度不好而加重对其的刑罚。犯罪嫌疑人、被告人除自己行使辩护权外,还可以委托他人为其进行辩护。

5.未经人民法院依法判决,对任何人都不得确定有罪

刑事案件的定罪权由人民法院统一行使,在人民法院依照法定程序作出有罪判决以前,对任何人都不能认为其是罪犯,即使已采取强制措施,甚至已被起诉和审判,也不能认为其是罪犯,因而犯罪嫌疑人和被告人不承担提供证据证明自己无罪的责任。如果控诉方指控犯罪的证据不足,应当作出无罪判决。

6.保障刑事诉讼参与人依法享有的诉讼权利

公、检、法三机关在进行刑事诉讼的过程中,必须保障在刑事诉讼中处于不同地位的诉讼参与人依法享有的不同的诉讼权利,不得加以限制或剥夺。

7.依照法定情形不予追究的原则

对于情节轻微、危害不大,不认为是犯罪的;犯罪已过追诉时效期限的;经特赦令免除刑罚的;依照刑法规定告诉才处理的犯罪,没有告诉或撤回告诉的;犯罪嫌疑人、被告人死亡的以及其他法律规定免予追究刑事责任的,不追究刑事责任。已经追究的,应当撤销案件,或者不起诉,或者终止审理,或者宣告无罪。

四、诉讼证据

(一)诉讼证据的概念和特征

诉讼证据,是指能够在诉讼中证明案件真实情况的客观事实。它有三

个基本特征：

(1)客观性。证据必须是客观存在的事实,任何主观臆测和虚假材料都不能成为诉讼证据。

(2)关联性。证据必须与特定的案件有内在的必然联系,与该案件没有关联的事实不能成为诉讼证据。

(3)合法性。证据必须符合法律要求的形式,并按法定程序收集、提供和运用。不符合法定形式要求、违反法定程序取得的材料,不能作为诉讼证据,如私自安装摄像探头取得的录像资料不得作为证据。

(二)诉讼证据的种类及三大诉讼法共有的证据

1.诉讼证据的种类

我国的诉讼法是根据证据的表现形式来对证据进行分类的。三大诉讼法的证据种类既有相同之处,又有所区别。《民事诉讼法》规定的证据有7种:书证;物证;视听资料;证人证言;当事人的陈述;鉴定结论;勘验笔录。《行政诉讼法》规定的证据种类与《民事诉讼法》的规定基本相同,唯一的区别是在第7种证据中增加了"现场笔录"。《刑事诉讼法》规定的证据也有7种:物证、书证;证人证言;被害人陈述;犯罪嫌疑人、被告人供述和辩解;鉴定结论;勘验、检查笔录;视听资料。

2.三大诉讼法共有的几种证据

(1)物证。物证是能证明案件真实情况的物品和痕迹。它的特点是以其外部特征和所处的位置反映一定的案情。如:血迹、精斑、刀具、指纹等。

(2)书证。书证是能证明案件真实情况的书面材料。这种材料一般都是使用文字,但也可能是符号和图画,它以其记载的内容证明案件事实。如:同样是一个本子,上面沾有血迹是物证,里面记载的内容、符号则为书证(如日记)。

(3)证人证言。证人是陈述所了解的案情的人。证人陈述的内容就是证言。除不能正确表达意思的人以外,凡是知道案情的人都有作证的法律义务。这意味着哪怕是一个孩子,只要他能正确表达自己的意思,将所听到的、见到的正确表达出来,也可作为证据。

(4)鉴定结论。鉴定结论是指经司法机关指派或聘请的有专门知识的人,对诉讼中需要解决的专门性问题经过科学鉴定后所作出的结论。诉讼中常见的鉴定有:法医学鉴定、司法精神病鉴定、书法鉴定(也称笔迹鉴定)、痕迹鉴定、化学鉴定、会计鉴定等。鉴定结论是非常重要的证据。

(5)勘验(检查)笔录。勘验(检查)笔录是指侦查人员依法对与犯罪有关的场所、物品、人身、尸体等进行勘验或者检查,审判人员对与争议有关的现场和物品等进行勘验、检查所做的笔录。它是在诉讼过程中由侦查、审判人员制作的诉讼文书,不同于一般的书证,是一种独立的证据。

(6)视听资料。视听资料是指将可以重现案件原始声响、形象的录音、录像资料和储存于电子计算机的有关资料及其他科技设备提供的信息,用来证明案件真实情况的证据。

(7)现场笔录。它是行政机关及其工作人员在实施具体行政行为时,对有关事项当场所作出的能够证明案件真实情况的书面记录。由于现场笔录是在实施具体行政行为时形成的,所以不应该在事后或诉讼过程中向原告和证人收集。

(三)诉讼证据的提供与收集

1.举证责任

举证责任是指在诉讼中由谁来提供、收集和运用证据证明案件事实的责任,它意味着负有举证责任的一方如果收集不到或提供不出相应的证据对案件的事实加以证明时,要承担败诉的风险。我国三大诉讼法对举证责任的规定是不一样的。

《民事诉讼法》第64条第1款规定:"当事人对自己提出的主张,有责任提供证据。"即"谁主张谁举证"。原告应负责提供证据来证明自己的诉讼请求,被告应负责提供反驳原告诉讼请求的证据以及证明自己反诉的证据,第三人也对自己的主张负有提供证据加以证明的责任。在法律有特别规定的情形下,会出现举证责任的倒置,即由对方当事人承担举证责任。如因医疗行为引起的侵权诉讼,由医疗机构就医疗行为与损害结果之间不存在因果关系及不存在医疗过错承担举证责任。[①]

《行政诉讼法》第32条第1款规定:"被告对作出的具体行政行为负有举证责任,应当提供作出该具体行政行为的证据和所依据的规范性文件。"即"被告负举证责任"。《行政诉讼法》第34条规定:"人民法院有权要求当事人提供或者补充证据。"即作为当事人一方的原告,也有义务根据法院的要求提供或者补充证据。

根据《刑事诉讼法》第12条、162条和171条规定:公安机关、检察机关和自诉人应当承担证明被告人有罪的举证责任。被告人应如实陈述,但不承担提供证据证明自己有罪或无罪的责任。

2.证据的收集

司法人员在职权范围内,依照法定程序,采取有效方法,广泛收集证

---

① 《最高人民法院关于民事诉讼证据的若干规定》有8种情况,详见第4条。

据,是诉讼活动的主要内容。

《刑事诉讼法》第 43 条规定,审判人员、检察人员、侦查人员必须依照法定程序,收集能够证实犯罪嫌疑人、被告人有罪或者无罪、犯罪情节轻重的各种证据。

《民事诉讼法》第 64 条第 2 款规定,当事人及其诉讼代理人因客观原因不能自行收集的证据,或者人民法院认为审理案件需要的证据,人民法院应当调查收集。

三大诉讼法都规定:司法机关有权向有关单位和个人调取证据,任何单位和个人都不得拒绝。

从以上可看出:刑事诉讼的证据主要靠司法人员收集;民事诉讼和行政诉讼中,当事人虽然有举证责任,但人民法院也要积极主动地收集证据。比如民事诉讼中有关相邻权的诉讼案件,法院的审判人员一般都会亲自去现场勘察取证。

(四)证据保全

证据保全是指在民事诉讼和行政诉讼中,在证据有可能灭失或者以后难以取得的情况下,人民法院根据诉讼参与人的请求或依职权采取一定措施,对证据加以固定和保护的制度。

证据保全分为两类:一类是诉讼证据保全,即在民事、行政诉讼开始或进行中,由人民法院采取措施,对证据加以保全,这是比较常见的;另一类是诉前证据保全,主要由公证机关进行保全,也有在起诉前向人民法院申请证据保全的,人民法院认为需采取保全措施的,就通知申请人于一定期间内起诉。

第二节 民事诉讼法

一、民事诉讼中的管辖

民事诉讼中的管辖,是指人民法院之间受理第一审民事案件的分工和权限。它是确立各级人民法院之间、同级人民法院之间受理民事案件的分工。

民事诉讼法确定管辖依据的原则:有利于公正审理案件,保护当事人合法的民事权益;便于当事人依法行使诉讼权利;坚决维护国家主权,便于人民法院依法进行审理和执行;考虑各级司法机关的职能和工作量的平衡。

根据我国《民事诉讼法》规定,民事案件的管辖可分为级别管辖和地域管辖。

（一）级别管辖

级别管辖是指各级人民法院受理第一审民事案件的权限分工。划分级别管辖的标准是案件的性质和影响的大小。根据《民事诉讼法》规定的级别管辖为:

（1）基层人民法院管辖除法律规定由上级人民法院管辖以外的第一审民事案件。因此,大量的案件一审都由基层人民法院承担。

（2）中级人民法院管辖下列第一审民事案件:重大涉外案件,在本辖区有重大影响的案件,最高人民法院确定由中级人民法院管辖的案件。

（3）高级人民法院管辖在本辖区有重大影响的第一审民事案件。

（4）最高人民法院管辖在全国有重大影响的和它认为应由自己审理的第一审民事案件。

（二）地域管辖

地域管辖,是指同级人民法院之间在受理第一审民事案件上的分工和权限。我国《民事诉讼法》规定的地域管辖,分为一般地域管辖、特殊地域管辖、专属管辖、选择管辖和协议管辖。

1. 一般地域管辖

一般地域管辖是指根据当事人住所地确定案件的管辖法院。通常实行"原告就被告"的原则,即原告起诉,由被告住所地人民法院管辖。所谓被告住所地是指公民的户籍所在地或经常居住地,法人或其他组织的主要营业地或主要办事机构所在地。被告住所地与经常居住地不一致的由经常居住地人民法院管辖。经常居住地是指公民离开住所地至起诉时已连续居住1年以上的地方。

但是,下列民事诉讼,由原告住所地或经常居住地人民法院管辖:①对不在我国领域内居住的人提起的有关身份关系的诉讼;②对下落不明或宣告失踪的人提起的有关身份关系的诉讼;③对被劳动教养的人提起的诉讼;④对被监禁的人提起的诉讼。

2. 特殊地域管辖

特殊地域管辖是指依特定标准确定案件管辖的法院。如因侵权行为提起的诉讼,由侵权行为地或被告住所地人民法院管辖;因合同纠纷提起的诉讼由被告住所地或合同履行地人民法院管辖。①

---

① 特殊地域管辖一共有9类诉讼,详见《中华人民共和国民事诉讼法》第23条至33条。

3.专属管辖

专属管辖是指法律规定某些民事案件只能由特定的人民法院管辖,其他法院无权管辖,也不允许当事人协议变更管辖。主要有以下几类:①因不动产提起的诉讼,由不动产所在地人民法院管辖;②因港口作业发生纠纷提起的诉讼,由港口所在地人民法院管辖;③因继承遗产纠纷提起的诉讼,由被继承人死亡时住所地或主要遗产所在地人民法院管辖。

4.协议管辖

协议管辖是指当事人在纠纷发生前或纠纷发生后,以书面协议的方式来选择处理争议的管辖法院。协议管辖只适用于第一审的合同纠纷案件,并且仅限于在被告住所地、合同履行地、合同签订地、原告住所地和标的物所在地的人民法院中选择。协议管辖不得变更级别管辖和专属管辖。

两个以上人民法院对同一个案件都有管辖权的案件,原告可以在几个有管辖权的法院中选择一个法院为管辖法院,这叫做选择管辖。选择管辖是以共同管辖为前提的。

原告向两个以上有管辖权的人民法院起诉的,由最先立案的人民法院管辖。

人民法院发现受理的案件不属于自己管辖的,或者当事人依法提出管辖权异议,经人民法院审查认为异议成立的,应当移送有管辖权的人民法院,受移送的人民法院应当受理;受移送的人民法院认为受移送的案件依照规定不属于自己管辖的,应当报请上级人民法院指定管辖,不得再自行移送。

有管辖权的人民法院由于特殊原因,如因当事人申请全体回避等,不能行使管辖权的,由上级人民法院指定管辖。人民法院之间因管辖权发生争议,协商不成的,报请共同上级人民法院指定管辖。

二、民事诉讼参加人

民事诉讼参加人是指依法参加民事诉讼活动,享有诉讼权利,承担诉讼义务的人。根据我国《民事诉讼法》的规定,民事诉讼参加人包括当事人和诉讼代理人。

(一)当事人

民事诉讼当事人,是指因民事上的权利义务关系发生纠纷,以自己的名义进行诉讼,并受人民法院判决、裁定或调解协议约束的利害关系人(可以是公民、法人,也可以是其他组织)。当事人具体包括以下几种。

1.原告

原告是因民事权益发生争议和受到侵害,向人民法院起诉要求保护其合法权益的公民、法人或其他组织。

2.被告

被告是指与原告因民事权益发生争议或被指控侵害他人民事权益,并被人民法院通知应诉的公民、法人或其他组织。

3.共同诉讼人

共同诉讼人是指当事人一方或双方为两人以上,两人以上的一方共同起诉或共同应诉的人。两人以上共同起诉的,称为共同原告;两人以上共同应诉的,称为共同被告。当事人一方或双方为两人以上,其诉讼标的是共同的,人民法院认为必须合并审理的诉讼,是必要的共同诉讼,其中一人的诉讼行为,经其他共同诉讼人承认,对全体共同诉讼人发生法律效力;当事人一方或双方为两人以上,其诉讼标的是同一种类,人民法院认为可以合并审理,并经当事人同意合并审理的诉讼,是普通的共同诉讼,其中一人的诉讼行为,对其他共同诉讼人不发生法律效力。

如果共同诉讼的一方当事人人数众多,可以由当事人推选代表人进行诉讼。代表人的诉讼行为对其所代表的当事人发生法律效力,但代表人变更、放弃诉讼请求和承认对方当事人的诉讼请求,进行和解,必须经被代表人的当事人同意。

4.第三人

第三人是指对他人之间的诉讼标的有独立的请求权,或者虽没有独立的请求权,但与诉讼结果有法律上的利害关系,因而参加到他人已经开始的民事诉讼中来,以维护自身合法权益的人。

第三人可分为有独立请求权的第三人和无独立请求权的第三人。有独立请求权的第三人与本诉讼的原被告双方对立,处于原告的地位,享有原告的诉讼权利,承担原告的诉讼义务;无独立请求权的第三人则依附或支持某一方当事人而参加诉讼,在诉讼中享有一定的诉讼权利,人民法院判决其承担民事责任的,还享有提起上诉的权利,以及在二审程序中承认和变更诉讼请求、进行和解、请求执行等权利。

(二)诉讼代理人

诉讼代理人是指为了被代理人的利益,在法定的或者委托的权限范围内,以被代理人的名义进行诉讼活动的人。诉讼代理人可分为法定代理人和委托代理人。

1.法定代理人

法定代理人是指依据法律的规定直接行使代理权的人,如未成年人以其父母为法定代理人;精神病病人以其父母、配偶、成年子女为其法定代理人等。法定代理人之间互相推诿代理责任的,由人民法院指定其中一人代为诉讼。

2. 委托代理人

委托代理人是指依据被代理人或其法定代理人的委托行使代理权的人。当事人或其法定代理人,可以委托 1～2 人代为诉讼。委托代理人必须在委托权限内实施诉讼行为。

三、民事诉讼中的强制措施

民事诉讼中的强制措施,是指人民法院为了保障诉讼活动的顺利进行,而对妨害民事诉讼行为人所采取的一种强制方法。我国《民事诉讼法》规定的强制措施有以下 5 种。

(一)训诫

训诫是指人民法院对违反法庭规则、情节较轻的诉讼参与人和其他人,采取口头批评教育,指出其错误的行为,并告诫其不许再犯的一种强制措施。训诫经合议庭或独任审判员作出决定,由审判长或独任审判员口头宣布,由书记员记入笔录。

(二)拘传

拘传是指人民法院对必须到庭、经两次传票传唤无正当理由拒不到庭的被告,派出司法警察强制其到庭参加诉讼活动的一种强制措施。拘传由合议庭或独任审判员提出,报请院长批准,填写拘传票,并直接送达被拘传人;在拘传前,应向其说明拒不到庭的后果,经批评教育仍拒不到庭的,即拘传其到庭。

(三)责令退出法庭

责令退出法庭是指人民法院在民事案件审判过程中,对违反法庭规则的人所采取的强制其离开法庭的一种措施。对于违反法庭规则的人,经训诫仍不改正,经合议庭或独任审判员决定,由审判长或独任审判员决定口头宣布,责令其退出法庭;不自动退庭的,可由司法警察强制其退出法庭,并将训诫的内容,被责令退出者的姓名、违法事实和危害结果记入笔录。

(四)罚款

罚款是指人民法院对妨碍民事诉讼、情节较重的诉讼参与人和其他人,责令其在一定期限内交付一定数量的货币的强制措施。对个人的罚款金额,为人民币 1000 元以下;对单位的罚款金额,为人民币 1000 元以上30000 元以下。

（五）拘留

拘留是指人民法院对妨害民事诉讼行为情节严重的人，所采取的在一定期限限制其人身自由的一种严厉的强制措施。拘留的期限为15日以下。拘留决定由合议庭或独任审判员提出意见，经院长批准后，由司法警察送交当地公安机关执行。对拘留决定不服的，也可以向上一级人民法院申请复议一次，但复议期间不停止执行。被拘留的人在拘留期间认错悔改的，可以提前解除拘留。

四、民事诉讼审判程序

我国的民事诉讼审判程序可以分为：第一审程序、第二审程序、特别程序、审判监督程序、督促程序、公示催告程序和企业法人破产还债程序、执行程序和涉外民事诉讼程序。

（一）第一审程序

第一审程序，是指人民法院对当事人起诉的民事案件受理后进行初次审判所适用的程序，包括第一审普通程序和简易程序。

1. 普通程序

普通程序是人民法院审理第一审民事案件通常适用的程序，是第一审程序中最基本的程序，是整个民事审判的基础。它具有完整性，从当事人起诉到人民法院受理并作出最后裁决，全部程序均有具体而明确的规定。

（1）起诉。起诉是指原告向人民法院提出诉讼请求的行为。

起诉必须具备4个条件：①原告是与本案有直接利害关系的公民、法人和其他组织；②有明确的被告；③有具体的诉讼请求和事实、理由；④属于人民法院受理民事诉讼的范围和受理人民法院管辖。起诉应向人民法院递送起诉状。

（2）受理。人民法院经过对起诉的审查，认为符合法定起诉条件的，应当在7日内立案，并及时通知当事人。如果认为不符合法定起诉条件的，则应当在7日内裁定不予受理，并及时通知原告。原告对不予受理的裁定不服的，可以在法定期限内上诉。

（3）审理前的准备。人民法院受理起诉后5日内应当将起诉状副本发送被告，告知被告在收到起诉状副本之日起15日内提出答辩状。

（4）开庭审理。开庭审理是指人民法院在法庭上依法对案件进行审理的诉讼活动。包括：宣布开庭、法庭调查、法庭辩论、合议庭评议与宣判等阶段。若是离婚案件，判决宣告后，应当告诉当事人在离婚判决生效前不得另行结婚。

2.简易程序

简易程序,是指基层人民法院和它派出的人民法庭审理简单民事案件①所适用的一种简单易行的程序。简易程序是对普通程序的简化,与普通程序同属于第一审程序。

简易程序起诉方式简便,原告可以口头起诉;审理程序简便,人民法院可以当即审理,不受审理前准备工作与开庭时调查、辩论顺序的限制;传唤当事人、证人方式简便,可以不采取书面形式,也可以不遵循送达方式、送达期间的规定;实行独任审理。

（二）第二审程序

第二审程序又称上诉审程序,是指上一级人民法院根据当事人的上诉,对下一级人民法院尚未发生法律效力的判决或裁定重新进行审理所适用的程序。它并非是人民法院审判一切案件的必经程序,而须有合法的上诉才能引起。

上诉必须由法定的上诉人在法定期限内以上诉状的形式提出。法定的上诉人包括当事人、法定代理人,委托代理人须经被代理人特别授权才能提起上诉。对判决提起上诉的期限为 15 日,对裁定提起上诉的期限为 10 日。上诉状应当通过原审人民法院提出,也可以直接向第二审人民法院上诉。

第二审人民法院对上诉案件,应当由审判员组成的合议庭开庭审理;经过阅卷和调查,询问当事人,在事实核对清楚后,合议庭认为不需要开庭审理的,也可以径行判决、裁定。

第二审人民法院对上诉案件经过审理和合议庭评议,根据不同情况,分别作出以下处理:原判决认定事实清楚、适用法律正确的,驳回上诉,维持原判;原判决适用法律错误的,依法改判;原判决认定事实错误,或者原判决认定事实不清,证据不足,裁定撤销原判决,发回原审人民法院重审,或者查清事实后改判;原判决违反法定程序,可能影响案件正确判决的,裁定撤销原判决,发回原审人民法院重审。

（三）特别程序

特别程序,是人民法院审理特殊类型的案件所适用的程序。所谓特殊类型的案件是指:选民资格案件;宣告失踪、宣告死亡案件;认定公民无民事行为能力或者限制民事行为能力案件;认定财产无主案件。

适用特别程序的案件,除选民资格案件或者重大、疑难案件由审判员

---

① 所谓简单民事案件,是指事实清楚、权利义务关系明确、争议不大的案件。

组成合议庭审理以外,其他案件由审判员一人独任审判,且实行一审终审制。

(四)审判监督程序

审判监督程序,是指人民法院对已经发生法律效力的判决、裁定和调解书,发现确有错误,依照法律规定对案件进行再次审理所适用的程序,也可以称为再审程序。它既不是每个案件必经的审理程序,也不是一般的第一审程序、第二审程序,而是一种专门为纠正已发生法律效力的错误判决、裁定和调解而实行的一种审判程序,是第一审程序和第二审程序之外的、不增加审级的一种特殊程序。

当事人对已经生效的判决、裁定,认为有错误的,或者对已经发生法律效力的调解书,提出证据证明调解违反自愿原则或调解协议的内容违法的,可以申请再审,但应当在判决、裁定发生法律效力后 2 年内提出,并且不因此停止判决、裁定和调解书的执行。

人民法院对于当事人符合法定情形的申请,应当再审。各级人民法院院长对本院已经发生法律效力的判决、裁定,发现确有错误,认为需要再审的,应当提交审判委员会讨论决定;最高人民法院对地方各级人民法院已经发生法律效力的判决、裁定,上级人民法院对下级人民法院已经发生法律效力的判决和裁定,发现确有错误的,有权提审或指令下级人民法院再审。最高人民检察院对各级人民法院已经发生法律效力的判决和裁定,上级人民检察院对下级人民法院已经发生法律效力的判决和裁定,如果发现确有错误,有权按照审判监督程序提出抗诉;人民检察院提出抗诉的案件,人民法院应当再审。按照审判监督程序决定再审的案件,裁定中止原判决的执行,并应当另行组成合议庭进行审理,其中发生法律效力的判决和裁定是由第一审法院作出的,按照第一审程序审理,所作的判决和裁定,当事人可以上诉;发生法律效力的判决和裁定是由第二审法院作出的,按照第二审程序审理,所作的判决、裁定,是发生法律效力的判决、裁定;上级人民法院按照审判监督程序提审的,按照第二审程序审理,所作出的判决、裁定,是发生法律效力的判决、裁定。

(五)督促程序

督促程序,是指债权人申请人民法院发出支付令,督促债务人履行一定给付义务的程序。债权人请求债务人给付金钱、有价证券,在债权人与债务人没有其他债务纠纷,并且支付令能够送达债务人的条件下,可以向有管辖权的基层人民法院申请支付令。它是一种非讼案件程序,在性质上类似于特别程序。它不解决民事权利义务的争议,只是依债权人的申请发布支付令,督促债务人履行债务。

人民法院受理申请后,既不传唤债务人,也不开庭审理,而是书面审查债权人提供的事实、证据,经审查认为债权债务关系明确、合法的,应当在受理之日起 15 日内向债务人发出支付令。债务人应自收到支付令之日起 15 日内清偿债务或向人民法院提出书面异议;债务人在法定期限内不提出异议又不履行支付义务的,债权人可以向人民法院申请执行;债务人提出书面异议的,则终结督促程序,支付令自动失效,债权人可以起诉。

(六)公示催告程序

公示催告程序,是指人民法院根据丧失票据的当事人的申请,以公告的方式催促不明确的利害关系人在规定期限内申报权利、提出票据,否则将判决宣告利害关系人持有的票据无效的一种程序。这种程序没有明确的被告,不存在民事权益争执,只确定某种事实是否存在,因而是一种非讼程序。

公示催告程序适用于可以背书转让的汇票、本票因被盗、遗失或者灭失等情况。还有一些有价证券,如股票、债券、国库券、提单等,在实体法规定可以申请公示催告的情况下,也可以适用公示催告程序。票据支付地的人民法院受理后,同时通知支付人停止支付,并在 3 日内发出公告,催促利害关系人在规定期限内申报权利;没有人申报的,人民法院应当根据当事人的申请,作出判决,宣告票据无效;申请人自判决公告之日起有权向支付人请求支付。

(七)企业法人破产还债程序

企业法人破产还债程序,是指人民法院根据债权人或债务人的申请,宣布因严重亏损,无力清偿到期债务的企业法人破产,并按顺序和比例在全体债权人中间公平分配债务人的全部财产的程序。全民所有制企业的破产还债程序适用《中华人民共和国企业破产法(试行)》的规定,其他企业法人资不抵债、不能清偿到期债务,需要破产还债的,适用《中华人民共和国民事诉讼法》规定的企业法人破产还债程序。

(八)执行程序

民事诉讼中的执行又叫强制执行程序,是指人民法院运用国家强制力,强制义务人履行生效法律文书所确定的义务所应遵循的程序。

发生法律效力的民事判决、裁定和调解书以及其他应当由人民法院执行的法律文书,一方当事人拒绝履行的,对方当事人可以向人民法院申请执行,也可以由审判员移送执行员执行。当事人申请执行的期限,双方或一方当事人是公民的为 1 年,双方是法人或其他组织的为 6 个月。人民法院在执行中,可以采取查询、冻结、划拨存款,扣留、提取被执行人应当履行义务部分的收入,查封、扣押财产,拍卖、变卖财产,强制交付指定的财物或票证,强制迁出房屋或强制办理被执行财产权证照转移手续等执行措施。

(九)涉外民事诉讼程序

涉外民事诉讼程序,是指人民法院审理具有涉外因素的民事、经济纠纷案件和海商海事案件所使用的特别规定。它并不是独立的、完整的诉讼程序,而是一种补充性规定,与前述各种程序是特殊与普通的关系。人民法院在审理涉外民事案件时,本程序有特别规定的,适用特别规定;没有规定的,则适用前面所述的各种程序的规定。

第三节 行政诉讼法

一、行政诉讼受案范围和管辖

(一)行政诉讼的受案范围

行政诉讼的受案范围,是指根据法律规定,人民法院可以受理哪些行政案件,或者说法律授予人民法院可以在多大范围内有权对行政机关的行政行为进行司法审查。根据世界各国通例,人民法院在行政诉讼案件受理方面是有范围限制的。我国《行政诉讼法》采取列举规定和概括规定相结合的办法,规定了人民法院受理行政案件的范围和不受理的行政案件种类。

根据我国《行政诉讼法》第11条规定,人民法院受理公民、法人和其他组织对下列具体行政行为不服提起的诉讼:①对拘留、罚款、吊销许可证和执照、责令停产停业、没收财务等行政处罚不服的。②对限制人身自由或者对财产的查封、扣押、冻结等行政强制措施不服的。③认为行政机关侵犯法律规定的经营自主权的。④认为符合法定条件申请行政机关颁发许可证和执照,行政机关拒绝颁发或者不予答复的。⑤申请行政机关履行保护人身权、财产权的法定职责,行政机关拒绝履行或者不予答复的。⑥认为行政机关没有依法发给抚恤金的。⑦认为行政机关违法要求履行义务的。⑧认为行政机关侵犯其他人身权、财产权的。

根据我国《行政诉讼法》第12条规定,人民法院不受理公民、法人或者其他组织对下列事项提起的诉讼:①国防、外交等国家行为。②行政法规、规章或者行政机关制定、发布的具有普遍约束力的决定、命令。③行政机关对行政机关工作人员的奖惩、任免等决定。④法律规定由行政机关最终裁决的具体行政行为。

（二）行政诉讼的管辖

行政诉讼的管辖，是指人民法院系统内部在受理第一审行政案件上的权限分工。它同民事诉讼的管辖一样，也分为级别管辖和地域管辖。

1. 级别管辖

（1）基层人民法院管辖除法律规定由上级人民法院管辖以外的第一审行政案件。

（2）中级人民法院管辖下列第一审行政案件：确认发明专利权的案件、海关处理的案件，对国务院各部门或者省、自治区、直辖市人民政府所作的具体行政行为提起诉讼的案件以及本辖区内重大、复杂的案件。

（3）高级人民法院管辖本辖区内重大、复杂的第一审行政案件。

（4）最高人民法院管辖全国范围内重大、复杂的第一审行政案件。

2. 地域管辖

我国《行政诉讼法》规定的地域管辖，分为一般地域管辖和特殊地域管辖。

（1）一般地域管辖。它是指根据作出具体行政行为的行政机关所在地来确定行政案件的管辖法院，是对地域管辖的原则性规定，解决除特殊情况外同级人民法院之间在受理第一审行政案件上的权限分工问题。行政案件由最初作出具体行政行为的行政机关所在地人民法院管辖；经复议的案件，复议机关改变原具体行政行为的，也可由复议机关所在地人民法院管辖。

（2）特殊地域管辖。它是指根据特殊行政法律关系来确定行政案件的管辖法院。特殊地域管辖有两种情况：①对限制人身自由的行政强制措施不服提起的诉讼，由被告所在地或者原告所在地人民法院管辖；②因不动产提起的诉讼，由不动产所在地人民法院管辖。

《行政诉讼法》也规定了选择管辖、移送管辖和指定管辖，其内容与《民事诉讼法》的有关规定基本相同。

二、行政诉讼参加人

行政诉讼参加人包括当事人和诉讼代理人。

（一）当事人

行政诉讼中的当事人，是指因具体行政行为发生争议，以自己的名义向人民法院起诉、应诉和参加诉讼，并受人民法院判决、裁定约束的公民、法人和其他组织以及行政机关。当事人具体包括以下几种。

1. 原告

原告是指认为行政机关具体行政行为侵犯了其合法权益而以自己的名义向人民法院提起诉讼的公民、法人和其他组织。有权提起诉讼的公民死亡,其近亲属可以提起诉讼。有权提起诉讼的法人或者其他组织终止,承受其权利的法人或者其他组织可以提起诉讼。

2. 被告

被告是指被原告起诉指控侵犯其行政法上的合法权益或与之发生行政争议,而由人民法院通知应诉的行政主体。被告始终是行政主体,这是行政诉讼的一大特色。

根据我国《行政诉讼法》规定,行政诉讼的被告可能有 6 种情况:①公民、法人或者其他组织直接向人民法院提起诉讼的,作出具体行政行为的行政机关是被告。②经复议的案件、复议机关决定维持原具体行政行为的,作出原具体行政行为的行政机关是被告;复议机关改变原具体行政行为的,复议机关是被告。③两个以上的行政机关作出同一具体行政行为的,共同作出具体行政行为的行政机关是被告。④由法律法规授权的组织所作的具体行政行为,该组织是被告。⑤由行政机关委托的组织所作的具体行政行为,委托的行政机关是被告。⑥行政机关被撤销的,继续行使其职权的机关是被告。

3. 共同诉讼人

共同诉讼人是指当事人一方或者双方为两人以上,因同一具体行政行为发生的行政案件,或者因同样的具体行政行为发生的行政案件,人民法院认为可以合并审理的,为共同诉讼。与民事诉讼中的共同诉讼人基本相同,行政诉讼的共同诉讼人也可分为必要共同诉讼人和普通共同诉讼人。

4. 第三人

第三人是指同被提起诉讼的具体行政行为有利害关系而参加到已经开始的行政诉讼中的公民、法人或者其他组织。

(二)诉讼代理人

行政诉讼代理人是指根据法律规定或当事人授权,以被代理的当事人名义进行诉讼活动的公民。与民事诉讼代理人相同,行政诉讼代理人也可分为法定代理人、指定代理人和委托代理人。

没有诉讼行为能力的公民,由其法定代理人代为诉讼。当事人、法定代理人,可以委托 1~2 人代为诉讼。律师、社会团体、提起诉讼的公民的近亲属或者所在单位推荐的人,以及经人民法院许可的其他公民,可以受委托为诉讼代理人。

三、行政诉讼中的强制措施

行政诉讼中的强制措施,是指人民法院为保证行政案件审判活动的正常进行和法院裁判的顺利执行,对妨害行政诉讼行为的人所采取的强制手段。根据我国《行政诉讼法》规定,行政诉讼中的强制措施有以下 4 种。

(一)训诫

训诫是指人民法院对实施妨碍行政诉讼行为情节轻微的人,以口头方式予以严肃的批评教育,指出其行为的错误,告诫其不许再犯的一种强制措施。其适用程序与民事诉讼中的训诫相同。

(二)责令具结悔过

责令具结悔过是指人民法院对实施妨碍行政诉讼行为情节轻微的人,责令其写出悔过书,保证其不再重犯的强制措施。责令具结悔过的强制措施应当经合议庭决定并宣布,责令行为人就其妨碍行为的错误事实、性质和危害及改正措施,写出书面检讨材料,附卷备查。

(三)罚款

罚款是指人民法院对实施妨碍行政诉讼行为情节较为严重的人,责令其在一定期限内交付一定数量的货币的强制措施。罚款金额为人民币1000 元以下;其适用程序与民事诉讼中的罚款相同。

(四)拘留

拘留是在一定期间内限制其人身自由的强制措施。拘留的期限为15 日以下;其适用程序与民事诉讼中的拘留相同。

四、行政诉讼程序

我国行政诉讼程序分为第一审程序、第二审程序、审判监督程序、执行程序和涉外程序。

(一)第一审程序

第一审程序是指人民法院对当事人起诉的行政案件受理后进行初次审判所适用的程序,也就是人民法院第一次对具体行政行为是否合法进行审查的程序。它是人民法院审理行政案件必经的最基本程序。它与民事诉讼中的第一审程序不同,只有普通程序,没有简易程序。

1.行政复议与起诉

对属于人民法院受案范围的行政案件,公民、法人或者其他组织可以向上一级行政机关或者法律法规规定的行政机关申请复议;对复议不服的,再向人民法院提起诉讼,也可以直接向人民法院提起诉讼。

法律法规规定应当先向行政机关申请复议的,申请人不服复议决定的,可以在收到复议决定书之日起 15 日内向人民法院起诉。复议机关逾期不作决定的,申请人可以在复议期满之日起 15 日内向人民法院起诉。法律另有规定的除外。如对公安机关作出的治安处罚不服的,必须在收到处罚决定书之日起 5 日内向上一级公安机关申请复议;对复议不服的,才能向人民法院提起诉讼。

当事人直接向人民法院提起诉讼的,应当在知道作出具体行政行为之日起 3 个月内提出。法律另有规定的除外。

起诉应当符合下列条件:①原告是认为具体行政行为侵犯其合法权益的公民、法人或者其他组织。②有明确的被告。③有具体的诉讼请求和事实根据。④属于人民法院受案范围和受诉人民法院管辖。

2. 受理

人民法院接到诉状后,经审查,应在 7 日内立案或者作出裁定不予受理。原告对裁定不服的,可以在收到裁定之日起 10 日内向人民法院提起上诉。

3. 审理

人民法院审理行政案件以法律和行政法规、地方性法规为依据,参照规章。合议庭审理行政案件的步骤和程序与民事案件的第一审普通程序基本相同,但人民法院审理行政案件,不适用调解。公民、法人或者其他组织就具体行政行为侵权损害赔偿提起诉讼的,赔偿诉讼部分可以适用调解。

4. 判决

人民法院审理行政案件,可根据不同情况,作出以下判决:判决维持原告作出的具体行政行为;判决撤销或者部分撤销被告的具体行政行为,并可以判决被告重新作出具体行政行为;判决被告在一定期限内履行其法定职责;判决变更显失公正的行政处罚。

(二)第二审程序

行政诉讼的第二审程序与民事诉讼的第二审程序基本相同。所不同的是,在审理方式上,《行政诉讼法》明文规定,人民法院对上诉案件,认为事实清楚的,可以实行书面审理。

(三)审判监督程序

行政诉讼的审判监督程序与民事诉讼的审判监督程序基本相同,但《行政诉讼法》只规定当事人有申诉的权利,而没有像《民事诉讼法》那样明确规定当事人有申请再审的权利。对当事人符合法定情形的再审申请,人民法院应当再审。此外,《行政诉讼法》对审判监督程序的规定较《民事诉讼法》对此的规定要简单得多,实践中均参照《民事诉讼法》的有关规定。

（四）执行程序

《行政诉讼法》的执行程序是指人民法院或有权力的行政机关,强制义务人履行生效法律文书所确定的义务所遵循的程序。具有法定强制执行权的行政机关在充当行政案件被告角色的同时,又作为行政案件的执行组织,这是行政诉讼执行的特点之一。当然,绝大部分行政案件的强制执行权属于人民法院,《行政诉讼法》也主要是规定人民法院执行生效法律文书的问题。

行政诉讼的执行程序同民事诉讼的执行程序一样,也因当事人申请执行和审判员移送执行而引起。当事人申请执行的期限为3个月。人民法院对于行政机关拒绝履行判决、裁定的,可以采取划拨存款、罚款、提出司法建议予以处理等措施;对于情节严重构成犯罪的,依法追究主管人员和直接责任人员的刑事责任。

（五）涉外行政诉讼程序

涉外行政诉讼程序是指当事人一方为外国人的行政诉讼,即外国人因不服我国行政机关的具体行政行为而向法院提起的诉讼。它与涉外民事诉讼不同,仅仅是因为当事人的涉外性引起的,而涉外民事诉讼则可以因当事人涉外或诉讼标的物在外国或法律事实发生在国外而引起。当然,涉外行政诉讼程序也与涉外民事诉讼程序一样,并不是独立的、完整的诉讼程序,而是一种补充性规定。

第四节　刑事诉讼法

一、刑事案件的管辖

刑事案件的管辖是指公、检、法三机关在直接受理刑事案件范围上的分工以及人民法院系统内部在审判第一审刑事案件权限上的划分。其中前者叫职能管辖,后者叫审判管辖。

（一）职能管辖

职能管辖又叫立案管辖,是指人民法院、人民检察院和公安机关（包括国家安全机关）受理刑事案件的分工和权限。它解决某个具体的刑事案件应当由公、检、法三机关中哪一个机关首先受理的问题。根据我国《刑事诉讼法》规定,公、检、法三机关在直接受理刑事案件上的基本分工是:

（1）刑事案件的侦查由公安机关进行,法律另有规定的除外。

(2)贪污贿赂犯罪,国家工作人员的渎职犯罪,国家机关工作人员利用职权实施的非法拘禁、刑讯逼供、报复陷害、非法搜查等侵犯公民人身权利的犯罪以及侵犯公民民主权利的犯罪,由人民检察院立案侦查。对于国家工作人员利用职权实施的其他重大的犯罪案件,需要由人民检察院直接受理的,经省级以上人民检察院决定,可以由人民检察院立案侦查。

(3)自诉的刑事案件,包括告诉才处理的案件,被害人有证据证明对被告人侵犯自己人身、财产权利的行为应当依法追究刑事责任,而公安机关或人民检察院不予追究被告人刑事责任的案件,由人民法院直接受理。

(二)审判管辖

审判管辖,是指人民法院系统内部在受理第一审刑事案件上的分工和权限。审判管辖又分为级别管辖、地域管辖和专门管辖。

1.级别管辖

级别管辖是指上下级人民法院在受理第一审刑事案件上的分工和权限。我国《刑事诉讼法》规定:

(1)基层人民法院管辖第一审普通刑事案件,但是依法由上级人民法院管辖的除外。

(2)中级人民法院管辖下列第一审普通刑事案件:危害国家安全案件、可能判处无期徒刑或死刑的普通刑事案件和外国人犯罪的案件。

(3)高级人民法院管辖本辖区的重大刑事案件。

(4)最高人民法院管辖全国范围内有影响的重大刑事案件。

2.地域管辖

地域管辖,是指同级人民法院之间在受理第一审刑事案件上的分工和权限。根据我国《刑事诉讼法》规定:刑事案件由犯罪地人民法院管辖,如果由被告居住地的人民法院审判更为适宜的,可以由被告居住地的人民法院管辖。如果几个同级人民法院都有管辖权的,由最初受理案件的人民法院审判;在必要的时候,可以移送主要犯罪地人民法院审判。

由于案件管辖不明引起几个同级人民法院对管辖权发生争议的,由共同的上级人民法院指定下级某一人民法院审判,也可以指定某一下级人民法院将案件移送其他人民法院审判。

3.专门管辖

专门管辖,是指专门人民法院之间以及专门人民法院与普通人民法院之间在审判第一审刑事案件上的权限分工。到目前为止,我国专门法院有军事法院、铁路运输法院、森林法院和海事法院。

军事法院管辖的是现役军人和军内在编职工的刑事案件;铁路运输法

院管辖的是铁路公安机关侦破的案件；森林法院管辖的是严重危害和破坏森林，违反《森林法》的犯罪案件以及所辖林区职权范围内的一切刑事案件。其中海事法院不受理刑事案件。

二、刑事诉讼参与人

刑事诉讼参与人是指除了侦查、检察和审判人员以外，依照法律规定和诉讼的需要而参与到刑事诉讼活动中来的人，包括当事人和其他诉讼参与人两大类。

（一）当事人

当事人是指以自己的名义进行诉讼、与案件处理结果有直接利害关系、受司法机关处理决定约束的诉讼参与人。当事人具体包括以下几种。

1. 被害人

被害人是指遭受犯罪行为直接侵害的人，这里特指公诉案件中的刑事被害人。

2. 犯罪嫌疑人

犯罪嫌疑人是指公诉案件中被指控犯有罪行，并已被司法机关立案侦查、审查起诉，但尚未向人民法院提起公诉的人。

3. 被告人

被告人是指被指控犯罪而交付审判要求人民法院依法追究其刑事责任的人。

4. 自诉人

自诉人是指刑事自诉案件的原告人，通常是被害人或法定代理人；被害人死亡的，其近亲属有权向人民法院起诉而成为自诉人。

5. 附带民事诉讼的原告人和被告人

附带民事诉讼的原告人是指在刑事诉讼过程中要求被告人赔偿因其犯罪行为而直接遭受财产或物质损失的人。附带民事诉讼的被告人是指因犯罪行为造成财产损失而被起诉索赔的当事人，通常是刑事案件的被告人或未成年刑事被告人的法定代理人以及对刑事被告人依法负有经济赔偿责任的公民、法人或其他组织。

（二）其他诉讼参与人

其他诉讼参与人是指除了当事人以外的其他参与到刑事诉讼中的人。其他诉讼参与人具体包括以下几种。

1. 法定代理人

法定代理人是指无诉讼行为能力的当事人的监护人或负有监护责任

的机关的代表。

2.诉讼代理人

诉讼代理人是指公诉案件的被害人及其法定代理人或者近亲属、自诉案件的自诉人及其法定代理人委托代为参加诉讼的人和附带民事诉讼的当事人及其法定代理人委托代为参加诉讼的人。

3.辩护人

辩护人是指受犯罪嫌疑人、被告人委托或人民法院指定而为犯罪嫌疑人、被告人进行辩护,维护其合法权益的人。

4.证人

证人是指除了当事人以外的了解案件情况并向司法机关作证的人。

5.鉴定人

鉴定人是指接受公、检、法机关的指派或聘请,以其专门知识和技能对案件中的专门性问题进行鉴别判断并作出结论的人。

6.翻译人员

翻译人员是指接受公、检、法机关的指派或聘请,在诉讼中进行语言、文字翻译的人员。

三、刑事诉讼中的强制措施

刑事诉讼中的强制措施,是指国家司法机关为了保护侦查、起诉和审判工作的顺利进行,防止犯罪嫌疑人、被告人、现行犯或者重大嫌疑分子逃跑、隐匿罪证、继续犯罪或者进行其他破坏活动,依法采取的暂时限制其人身自由的方法。

我国《刑事诉讼法》规定了以下五种强制措施。

(一)拘传

拘传是指公安机关、人民检察院或者人民法院,强制未被羁押的被告人、犯罪嫌疑人等刑事诉讼参与人到案接受讯问的一种强制方法。它是强制措施中最轻的一种。它适用的对象一般是罪行不太严重或者证据掌握得尚不充分的被告人、犯罪嫌疑人。拘传应出示拘传通知书或拘传票,拘传后应立即进行讯问,持续的时间最长不得超过 12 小时,不得以连续拘传的形式变相拘禁犯罪嫌疑人或被告人。

(二)取保候审

取保候审是指人民法院、人民检察院和公安机关对未被羁押的犯罪嫌疑人、被告人,依法责令其提供保证人或缴纳保证金,并出具保证书,保证被告人、犯罪嫌疑人不逃避或者妨碍侦查、起诉和审判,并随传随到的一种强制措施。

取保候审适用的对象是:可能判处管制、拘役或者独立适用附加刑的;可能判处有期徒刑以上的刑罚,采取取保候审不致发生社会危险性的;应当逮捕的犯罪嫌疑人、被告人患有严重疾病,或者是正在怀孕、哺乳自己婴儿的妇女;已被拘留需要逮捕而证据尚不充分的;正在被侦查、起诉、审判的在押犯罪嫌疑人、被告人,不能在法定期限内结案,需要继续查证、审理的。取保候审最长不得超过 12 个月。

(三)监视居住

监视居住是指人民法院、人民检察院和公安机关对未被羁押的犯罪嫌疑人、被告人依法责令其不得擅自离开指定住所或居所,并对其活动加以监视和控制的一种强制措施。

监视居住的适用对象与取保候审相同,一般是在犯罪嫌疑人、被告人找不到保证人或者不能缴纳保证金的情况下适用监视居住。监视居住最长不得超过 6 个月,由公安机关执行。被监视居住的犯罪嫌疑人、被告人在监视居住期间应当遵守以下规定:①未经执行机关批准不得离开住所,无固定居所的,未经批准不得离开指定的居所;②未经执行机关批准不得会见他人;③在传讯的时候及时到案;④不得以任何形式干扰证人作证;⑤不得毁灭、伪造证据或者串供。违背上述规定,情节严重的,予以逮捕。

(四)拘留

拘留又称刑事拘留,是指公安机关在法定的紧急情况下,对现行犯或者重大犯罪嫌疑分子所采取的一种短期剥夺人身自由的强制方法。刑事拘留不同于行政拘留和司法拘留。适用拘留应具备两个法定条件:①拘留对象必须是现行犯或重大嫌疑分子;②必须有法定的紧急情况。

根据我国《刑事诉讼法》第 61 条的规定,公安机关对现行犯或者重大嫌疑分子,如果有下列情形之一的,可以先行拘留:①正在预备犯罪、实行犯罪或者在犯罪后即时被发觉的;②被害人或者在场亲眼看见的人指认他犯罪的;③在身边或者住所发现有犯罪证据的;④犯罪后企图自杀、逃跑或者在逃的;⑤有毁灭、伪造证据或者串供可能的;⑥不讲真实姓名、住址,身份不明的;⑦有流窜作案、多次作案、结伙作案重大嫌疑的。公安机关进行拘留时,必须出示拘留证。

(五)逮捕

逮捕是指公安机关、人民检察院、人民法院为了防止犯罪嫌疑人、被告人逃避侦查、起诉、审判,防止发生社会危害性,依法采取的在一定时间内剥夺其人身自由,并且予以羁押的强制方法。适用逮捕措施必须具备三个条件:①有证据证明有犯罪事实;②可能判处有期徒刑以上的刑罚;③采取取保候审、监视居住等方法尚不足以防止发生社会危险性而有逮捕必要。逮捕犯罪嫌疑人、被告人须经人民检察院批准、决定或者人民法院决定,由公安机关执行。它是强制措施中最严厉的一种。

四、刑事附带民事诉讼

刑事附带民事诉讼是指司法机关在当事人及其他诉讼参与人的参加下,在依法处理追究被告人的刑事责任的同时,根据被害人等提出的诉讼请求,附带解决由于被告人的犯罪行为而使被害人遭受物质损失的赔偿问题所进行的诉讼活动。

附带民事诉讼是一种特殊的诉讼制度,是以特定的刑事诉讼为前提,从属于刑事诉讼的具有民事性质和内容的诉讼活动。

提起附带民事诉讼必须具备三个条件:①必须以被告人的犯罪行为成立为前提;②必须是因为被告人的行为直接造成了被害人的物质损失;③必须在刑事诉讼开始以后判决宣告以前提起。

附带民事诉讼原则上应当同刑事案件一并审判,以避免一个案件刑、民两部分的事实与结论不相协调的情况出现。在审判时,可依民事诉讼程序,对双方当事人进行调解;调解不成的,可以同刑事部分一并判决。只有为了防止刑事案件审判的过分迟延,才可以先审判刑事案件,然后由同一审判组织继续审理附带民事诉讼。

五、刑事诉讼程序

我国的刑事诉讼程序可分为两大类:①普通程序,包括立案、侦查、起诉、一审、二审和执行,这是一般案件均适用的程序;②特殊程序,包括死刑复核程序和审判监督程序,这是特殊案件才适用的程序。

(一)立案

立案是指公安机关、人民检察院、人民法院对报案、控告、举报和犯罪嫌疑人自首的材料进行审查,根据事实和法律,认为有犯罪事实发生并需追究刑事责任时,决定作为刑事案件进行侦查或审判的诉讼活动。刑事诉讼活动的开始阶段,只有完成立案程序,才能进行侦查、起诉、审理等其他诉讼活动。

根据《刑事诉讼法》的规定,立案包括三方面的内容:发现立案材料或对立案材料的接受;对立案材料的审查和处理;人民检察院对不立案的监督。根据《刑事诉讼法》第86条规定,立案应同时具备两个条件:①有犯罪事实发生；②依法需要追究刑事责任。

对以下三类情况不应立案，已经立案的，应撤销案件：①被告人、犯罪嫌疑人具有危害社会的行为，但情节显著轻微危害不大，刑法不认为是犯罪的；②被告人、犯罪嫌疑人的行为虽构成犯罪，但依法不予追究或者免除其刑事责任的；③被告人、犯罪嫌疑人死亡的。

（二）侦查

侦查是指公安机关、人民检察院及其他特定的机关在办理刑事案件的过程中，依法定程序进行的专门调查工作和所采取的有关强制措施。

人民检察院对于贪污贿赂犯罪、渎职犯罪以及非法拘禁、刑讯逼供、报复陷害、非法搜查等侵犯公民人身权利和民主权利的犯罪行使侦查权；国家安全机关对危害国家安全的案件行使侦查权；军队保卫部门对军队内部发生的刑事案件行使侦查权。除上述机关以外，任何机关、团体、企事业单位和个人都没有侦查权。

侦查的主要任务是：依照法定程序收集和审查证据材料，查清犯罪事实，查获犯罪嫌疑人，为起诉做好准备。侦查是刑事诉讼中的独立诉讼阶段，是公诉案件的必经程序。

侦查的主要内容有：讯问犯罪嫌疑人；询问证人、被害人；勘验、检查；搜查；扣押物证、书证；鉴定；通缉。侦查机关在认为事实清楚，证据确实、充分，足以认定是否构成犯罪、犯何种罪，不需要继续侦查时，即可终结侦查。公安机关侦查终结的案件，应当根据不同情形，写出起诉意见书，连同案卷材料、证据一并移送同级人民检察院审查起诉，或者撤销案件；人民检察院侦查终结的案件，应当作出提起公诉、不起诉或撤销案件的决定。

（三）起诉

刑事诉讼中的起诉包括提起公诉和自诉两种情况，并且以公诉为主、自诉为辅。

提起公诉是指人民检察院代表国家将刑事被告人提交给人民法院审判，要求追究其刑事责任的诉讼活动。人民检察院对公安机关侦查终结移送起诉的案件以及自行侦查终结的案件经过审查后，认为犯罪嫌疑人的犯罪事实已经查清，证据确实、充分，依法应当追究刑事责任的，应作出起诉的决定，并制作起诉书，连同案卷材料及有关证据一并移送有管辖权的人民法院。

提起自诉是指被害人或者其法定代理人、近亲属向人民法院起诉，要求人民法院进行审判，追究被告人刑事责任的诉讼活动。

（四）第一审程序

第一审程序就是人民法院对于人民检察院提起公诉或自诉人提起自诉的刑事案件进行初次审判的程序。它是人民法院审判活动必经的基本程序。

人民法院根据管辖的规定受理公诉案件和自诉案件后，对于起诉书中有明确的指控犯罪事实并且附有证据材料的公诉案件和犯罪事实清楚、有足够证据的自诉案件，应当开庭审判。在开庭前的准备工作就绪后，开庭审判按照开庭、法庭调查、法庭辩论、被告人最后陈述、评议和宣判的步骤进行。

（五）第二审程序

第二审程序又称上诉审程序，是上一级人民法院根据当事人的上诉或者人民检察院的抗诉，对下一级人民法院作出的尚未发生法律效力的第一审判决或裁定进行第二次审理所适用的程序。它并非人民法院审判一切案件的必经程序，而须有合法的上诉或抗诉才能引起。

根据《刑事诉讼法》规定，被告人、自诉人和他们的法定代理人有权提出上诉；被告人的辩护人和近亲属，经被告人同意，也可以提出上诉；附带民事诉讼的当事人及其代理人，可以就附带民事诉讼部分提起上诉；地方各级人民检察院认为本级人民法院第一审的判决、裁定确有错误时，应当向上一级人民法院提出抗诉；被害人及其法定代理人不服地方各级人民法院第一审判决、裁定的，有权请求人民检察院提出抗诉，由人民检察院作出是否抗诉的决定并且答复请求人。不服判决上诉和抗诉的期限为 10 日，不服裁定上诉和抗诉的期限为 5 日，自接到判决书、裁定书的次日起算。

第二审人民法院对上诉案件，应当组成合议庭开庭审理；合议庭经过阅卷和调查，讯问被告人，听取其他当事人、辩护人、诉讼代理人的意见，认为事实清楚的，也可以径行判决、裁定；对人民检察院提出抗诉的案件，第二审人民法院应当开庭审理。经过审理，根据不同情形作出驳回上诉或抗诉、维持原判，改判或撤销原判、发回重审的判决或裁定。第二审人民法院审判被告或其法定代理人、辩护人、近亲属上诉的刑事案件，不得加重被告人的刑罚，即"上诉不加刑"。但人民检察院提出抗诉或者自诉人提出上诉的，不受此限。

（六）死刑复核程序

死刑复核程序是人民法院对判处死刑的判决和裁定进行审查核准的一种特殊程序，是专门适用于判处死刑案件的一个独立审判程序。判处死刑的案件，必须进入复核程序。死刑判决或者裁定，经核准后才能生效执行。

根据《刑事诉讼法》规定,死刑由最高人民法院核准;死刑缓期 2 年执行的案件,由高级人民法院核准。中级人民法院判处死刑的第一审案件,被告人不上诉的,应当由高级人民法院复核后,报请最高人民法院核准;高级人民法院判处死刑的第一审案件被告人不上诉的,以及判处死刑的第二审案件,都应当报请最高人民法院核准;中级人民法院判处死刑缓期 2 年执行的案件,由高级人民法院核准。最高人民法院根据需要依法将一部分死刑案件的核准权授予各高级人民法院行使。

(七)审判监督程序

审判监督程序又称再审程序,是指人民法院对已经发生法律效力但又确有错误的判决和裁定进行再次审理所适用的程序。它不是每个案件必经的审判程序,也不是一般的第一、第二审程序,而是专门为了纠正已发生法律效力的错误裁判而实行的一种审判救济程序,是一种特殊的程序。

根据我国《刑事诉讼法》规定,当事人及其法定代理人、近亲属,对已经发生法律效力的判决和裁定,可以向人民法院或人民检察院提起申诉,但是不能停止判决、裁定的执行;人民法院对于当事人及其法定代理人、近亲属符合法定情形的申诉,应当重新审判。各级人民法院院长对本院已经发生法律效力的判决、裁定,如果发现确有错误的,应当提交审判委员会处理;最高人民法院对各级人民法院已经发生法律效力的判决、裁定,上级人民法院对下级人民法院已经发生法律效力的判决和裁定,发现确有错误的,有权提审或指令下级人民法院再审。最高人民检察院对各级人民法院已经发生法律效力的判决和裁定,上级人民检察院对下级人民法院已经发生法律效力的判决、裁定,如果发现确有错误,有权按照审判监督程序提出抗诉;接受抗诉的人民法院应当组成合议庭重新审理,对于原判事实不清、证据不足的,可以指令下级人民法院再审。

人民法院按照审判监督程序重新审判的案件,应当另行组成合议庭进行审理。如果原来是第一审案件,应当按照第一审程序审判,所作的判决和裁定,可以上诉、抗诉;如果原来是第二审案件,或者是由上级人民法院提审的案件,应当按照第二审程序进行审判,所作的判决、裁定,是终审的判决、裁定。

(八)执行

刑事诉讼中的执行是指公、检、法和劳动改造机关,将已生效的判决、裁定所确定的内容付诸实现的活动。它是刑事诉讼程序的最后一个阶段,通过执行程序使《刑事诉讼法》的任务得以最终实现。

最高人民法院判处和核准的死刑立即执行的判决,或者高级人民法院根据授权核准的死刑立即执行的判决,分别由最高或高级人民法院院长签发执行死刑的命令,下级人民法院在接到执行死刑命令后的 7 日内交付执行,可以在刑场或指定的羁押场所内采用枪决或注射等方法执行。对于被判处死刑缓期 2 年执行、无期徒刑、有期徒刑的罪犯,由公安机关依法将该罪犯送交监狱执行;对于被判处有期徒刑的罪犯,在被交付执行刑罚前,剩余刑期在 1 年以下的,由看守所代为执行。对于被判处拘役、管制、剥夺政治权利的罪犯,由公安机关执行。对于被判处徒刑缓刑的罪犯,由公安机关交所在单位或者基层组织予以考察。对于被判处罚金、没收财产的,由人民法院执行。

执行是刑事诉讼的最后程序,只有通过执行程序,刑事诉讼法的任务才能最终完成。

练习十

一、单项选择题

1. 在诉讼法原则中,能够适用于民事诉讼而不能适用于刑事、行政诉讼的是( )原则。

　　A. 不调解　　　　　　　　　B. 公开审判

　　C. 处分　　　　　　　　　　D. 被告人有权获得辩护

2. 在各种民事案件中,应当由原告住所地人民法院管辖的是( )的诉讼。

　　A. 因合同纠纷发生　　　　　B. 因港口作业发生纠纷提起

　　C. 因侵权行为发生　　　　　D. 对被监禁的人提起

3. 对国务院各部门或者省、自治区、直辖市人民政府所作的具体行政行为提起诉讼的第一审行政案件,应由( )人民法院管辖。

　　A. 基层　　　　B. 中级　　　　C. 高级　　　　D. 最高

4. 16 周岁以上不满 18 周岁的未成年人犯罪的案件,( )不公开审理。

　　A. 不能　　　　B. 可以　　　　C. 一般　　　　D. 一律

5. 杭州某高校学生甲,国庆期间回老家义乌,在参与父母与邻居乙的宅基地纠纷争斗过程中,用木棍敲击乙头部数下,致乙当场倒地死亡。案发后,司法机关依法对甲采取强制措施,甲的案件应当由( )人民法院管辖。

　　A. 义乌市

B.金华市中级(义乌市法院的上一级法院)

C.杭州市

D.该高校所在的杭州某城区

二、多项选择题

1.王某的住所地为甲县,其主要财产在乙县,他有一子一女均在丙县工作。2011年10月,他从甲县到丁县旅游,在丁县患了重病,临终前立了遗嘱,并经公证机关公证。在分割遗产时,他的子女发生争议。对于这一案件有管辖权的是(　　)县人民法院。

A.甲　　　　　B.乙　　　　　C.丙　　　　　D.丁

2.当事人不服第一审人民法院的判决、裁定的,有权在判决书、裁定书送达之日起(　　)内提出上诉。

A.行政判决 15 日　　　　　B.刑事判决 10 日

C.民事裁定 10 日　　　　　D.行政裁定 5 日

三、简答题

1.三大诉讼各有哪些特有原则?

2.诉讼法的主要制度有哪些?

3.简述诉讼证据的概念、特征和种类。

4.比较三大诉讼法的一般地域管辖规定。

5.何谓起诉、上诉、抗诉、反诉、申诉、公诉、自诉?

6.行政诉讼的受案范围有哪些?

四、案例分析

1.精神病患者李聪,一日突然用木棍将邻居杨启的孩子杨帆(8周岁)击伤,经抢救治疗后脱离危险。双方就损害赔偿问题未能达成一致协议。杨启遂向所在地的基层人民法院起诉,要求被告李聪赔偿损失。李聪的父亲李德海先是提出李聪是精神病患者,法院不应受理以李聪为被告的起诉,并拒绝应诉;继而又提出如果应诉的话,要求委托一名律师和一名医师与他一道出庭代理诉讼。请问:

(1)本案中,李聪处于何种诉讼地位?

(2)本案中,李德海处于何种诉讼地位?

(3)本案中,杨帆在诉讼中处于何种地位?

(4)本案中,杨启处于何种诉讼地位?

(5)本案中,李德海能否委托一名律师和一名医师代理诉讼?

2.被告人卫某,男,16周岁,中学生。2011年4月3日,卫某与自己的同班同学小刚在自家玩耍。卫家住在四楼。小刚说:"你敢将花盆推下去吗?"卫某回答:"有啥不敢。"伸手将花盆从阳台推下。花盆恰好将路过的李某砸死。这一事件被正在楼下散步的黄某看见。此案在审理过程中,办案人员收到了卫某学校出具的证明材料。其内容是证明卫某的年龄和在校期间的表现。请问:

(1)为查明案件,办案人员应收集哪些证据?指出证据的种类。

(2)学校出具的证明材料,可否当作证人证言使用?

3.2010 年 8 月,孙某、许某、冯某三人合伙做生意,与李某有生意往来。在一次交易中欠李某货款 10 万元,言明年底(2010 年 12 月 31 日)前结清,并写了欠条,由孙某、许某、冯某三人共同签名(欠款人)。2011 年元旦过后,孙某、许某、冯某三人未按约定还钱,李某向他们索要,三人互相推诿,仍不还钱,李某准备向法院起诉。现知李某住北京海淀区,孙某住北京朝阳区,许某住北京崇文区,冯某住北京丰台区。

问:李某如果到法院起诉,案件应由哪个法院管辖?

4.于淑兰有两子一女,长子李辉,次子李健,女儿李艳。于某有房屋六间,她与次子一家住三间,其余三间租给田某。于某死后,次子独自料理了于淑兰的丧事,并将全部遗产房屋六间卖给了田某。李辉得知后,以李健为被告,向人民法院提起诉讼,要求兄弟两人平分遗产。诉讼进行中,李艳向法院起诉,要求分割遗产。

请问:本案中上述人处于什么诉讼地位?

5. 张某、王某、李某共同诈骗一案,县人民法院在庭前初步审查过程中,认为起诉书事实不清、证据不足,退回人民检察院补充侦查。检察机关补充侦查后再起诉。

一审法院经过审查,以诈骗罪判处张某有期徒刑 8 年,黄某有期徒刑 5 年,李某有期徒刑 2 年、缓期执行 3 年。一审宣判后,张某向市中级人民法院提出上诉,黄某、李某表示不上诉。

于是,一审法院在将判决书送达给三被告的次日,将被告黄某、李某交付执行,张某由市中级人民法院进行二审。二审法院经过审理认为:一审适用法律不当,裁定撤销原判,将案件发回一审法院重审。一审法院由原合议庭成员对案件重新审理后,改判张某有期徒刑 5 年,并宣布改判后的判决为终审判决,被告人不得上诉。

请问:根据《刑事诉讼法》的规定,此案在处理上存在哪些诉讼程序上的错误?并简要说明。

主要参考书目

[1] 林来梵,夏立安.法律导读.北京:高等教育出版社,2003

[2] 孙笑侠.法律教程.杭州:浙江教育出版社,2002

[3] 子平,黎斌.法律基础.南昌:江西高校出版社,2001

[4] 梅因.古代法.沈景一译.北京:商务印书馆,1959

[5] 孟德斯鸠.论法的精神(上下).张雁深译.北京:商务印书馆,1961

[6] 王人博.宪政文化与近代中国.北京:法律出版社,1997

[7] 方世荣.行政法与行政诉讼法(第2版).北京:中国政法大学出版社,1999

[8] 杨敦先,杨春洗.中国刑法论(第2版).北京:北京大学出版社,2001

[9] 林秀雄.婚姻家庭法之研究.北京:中国政法大学出版社,2001

[10] 黄立.民法总则.北京:中国人民大学出版社,2002

[11] 王利明.物权法研究.北京:中国人民大学出版社,2002

[12] 张文显.法学概论.北京:机械工业出版社,2002

[13] 谌中乐.法治国家与行政法治.北京:中国政法大学出版社,2002

[14] 樊崇义.诉讼原理.北京:法律出版社,2003

[15] 杨荣馨.民事诉讼原理.北京:法律出版社,2003

[16] 马怀德.行政诉讼原理.北京:法律出版社,2003

[17] 章武生等.司法现代化与民事诉讼制度的建构,修订本.北京:法律出版社,2003

后 记

　　《法律教程》是为适应高等学校教育教学改革的需要编写的。在编写过程中,我们尽可能地考虑当前大学生学习的特点,注意知识的实用性和应用性,尽可能多地反映本学科以及相关学科的新的理论成果和实践成就,吸收新颁布的有关法律内容。为了便于学生自测,在每章后面都附有一定的练习题。

　　本书是在作者多年教学实践和教学研究基础上编写而成的,由浙江大学城市学院石华琴副教授担任主编,并负责各章节的写作定稿。

　　本书在编写过程中,参考了有关教材和著作,得到了有关部门领导、专家的热情支持和帮助。特别要感谢浙江大学出版社,为教材的编写出版创造了诸多便利条件。在此一并致谢。

　　由于水平与能力有限,书中难免存在疏漏或不妥之处,恳请同行专家和广大读者予以批评指正,将不胜感谢!

编　者

2011 年 12 月